JN273730

運であった。

　また，本書を執筆するにあたっては，大変多くの方々にご迷惑をかけた。中国でのアンケート・インタビュー調査の通訳や翻訳の役割を担ってくれたのは，本学大学院ビジネス研究科の筆者のゼミナール大学院生（張斌君，楊明君）であった。さらに，韓国と中国での実証調査のさいに暖かく迎えていただき，友好的にアンケート・インタビュー調査に応じていただいた企業関係者の方々に対しても，この場を借りて深く感謝の意を表したい。本書は，これらの方々のご理解とご協力なしには書き上げられないものであった。最後に，本書を，日頃より精神的に支えてくれた韓国にいる両親をはじめ，家族に捧げたい。

　なお，本書の研究については，日本学術振興会科学研究費補助金「基盤研究（C）」（課題番号：16530289，平成16～18年度，研究代表者：金　亨洙）の交付を受けた，その研究成果の一部である。また，平成16年度には石橋財団による研究費助成，平成18～19年度には久留米大学付属ビジネス研究所による研究費助成金の交付を受けた。さらに，本書の出版にあたっては，久留米大学商学部中央研究費による助成金の交付を受けた。大学および関係者の方々に哀心より感謝の意を述べたい。

2007年5月
御井キャンパスの研究室にて
金　亨洙

小売企業のグローバル戦略と移転

―小売ノウハウの海外移転の理論と実証―

金　亨洙著

文眞堂

はしがき

　ボーダー無きグローバル化の発想は、一国の経済のみならず、企業や一般消費者、および個々人の考え方にまで拡散されており、企業行動そのものにおいてもかつてとは大いに異なり、それらの構図と形成は複雑化されている。それゆえ、今日製造業のみならず小売産業においても、グローバル競争戦略の構築が重要な研究テーマの一つとなっている。しかし、企業のグローバル化・戦略の研究においては、もっぱら製造企業を対象とした研究が多く、小売企業を対象としたそれらの論議は必ずしも多いとは言えない。このように小売企業のグローバル化研究が遅れた理由の一つは、小売産業は製造業とは違い、立地・地域・生活文化といった性質を有しており、いわゆる消費者を対象とする地域性が強いドメスティック産業であると見做される傾向があったからであると言える。しかし、1990年代に入ってから小売産業においては、小売企業の海外出店などによるグローバル化の活動が本格的に展開されており、小売企業を対象としたグローバル化・戦略の論議がなされはじめた。小売企業のグローバル化に関する初期の研究は製造企業の研究成果を応用しながら、小売企業の理論的枠組みとして提示し、いわば製造企業のグローバル化・戦略理論の小売企業への適用可能性の可否を示すことであったと言える。

　近年、小売企業の活動範囲は単なる国境を越える国際化というよりも、むしろすでに市場を一元的に捉えるグローバル化にまで進展しており、グローバル小売競争がいっそう激化している状況にある。このような状況のなかで、小売企業のグローバル戦略の一般化理論研究について、少なからず国内外の研究者らが積極的に取り組んでおり、一定の枠組みと方向性が提示されてきた。しかし、これらの研究においても、二つの側面から課題が提起される。一つ目は小売企業のグローバル化研究そのものへの提起である。二つ目

は小売企業のグローバル戦略そのものへの提起である。つまり，これらの研究の焦点が標準化（適用化）と適応化の問題である。換言すると，小売企業がどのような戦略（標準化ないし適応化）を採るべきかの枠組みである。ところが，小売企業が駆使している戦略的技法のうち，どのような技法を具体的に標準化あるいは適応化すべきなのかについてまでは明らかにされていない。ここで注目すべき点として，小売産業の発展は小売ノウハウの進歩とその移転なしにはあり得ないことは言うまでもないことであり，したがって小売ノウハウの海外移転のプロセスを如何に解明するかが小売企業のグローバル戦略の一般化理論の切り口の一つであると言っても過言ではない。

そこで，本書においては，これらの研究課題を考慮し，一つの解決すべき方法論として海外移転の視点から小売企業のグローバル戦略の一般化理論の構築を試みる。簡単に紹介すれば，① 小売ノウハウ（技術依存型ないし管理依存型）と ② 文化的要因，③ 経済的要因，④ 企業組織的要因との関係といったそれぞれの座標軸をもとに，小売ノウハウの海外移転の可能性を検討する。つまり，各国の小売ノウハウが，どの程度本国からローカル市場に移転されているのか，またそのノウハウがどの程度修正され現地に移転可能なのか，あるいは移転不可能なのか，不可能な場合それは何故かなどについて，韓国と中国の小売企業を対象に実証研究を行い，小売ノウハウの海外移転についての理論化を試みる。これらの海外移転プロセスを明確にすることによってこそ，小売企業のグローバル戦略の一般化理論の枠組みの構想が固められることになる。

この研究成果は，中央大学大学院商学研究科に入学して以来，現在に至るまでご指導いただいている高橋由明先生をはじめとして多くの方々からのご指導とご支援をいただいた賜物であると感謝している。とくに高橋由明先生からは専門研究に対する厳しい姿勢とともに，そうしたなかでも暖かいご指導をいただいたことに対し，心より厚くお礼申し上げたい。また，研究分野に限らず，研究者としての姿勢や生き方にわたるまで多くのことを学ぶことができ，人生の良き師に巡り合えたことに誇りを感じるとともに，非常に幸

また，本書を執筆するにあたっては，大変多くの方々にご迷惑をかけた。中国でのアンケート・インタビュー調査の通訳や翻訳の役割を担ってくれたのは，本学大学院ビジネス研究科の筆者のゼミナール大学院生（張斌君，楊明君）であった。さらに，韓国と中国での実証調査のさいに暖かく迎えていただき，友好的にアンケート・インタビュー調査に応じていただいた企業関係者の方々に対しても，この場を借りて深く感謝の意を表したい。本書は，これらの方々のご理解とご協力なしには書き上げられないものであった。最後に，本書を，日頃より精神的に支えてくれた韓国にいる両親をはじめ，家族に捧げたい。

　なお，本書の研究については，日本学術振興会科学研究費補助金「基盤研究（C）」（課題番号：16530289，平成16～18年度，研究代表者：金　亨洙）の交付を受けた，その研究成果の一部である。また，平成16年度には石橋財団による研究費助成，平成18～19年度には久留米大学付属ビジネス研究所による研究費助成金の交付を受けた。さらに，本書の出版にあたっては，久留米大学商学部中央研究費による助成金の交付を受けた。大学および関係者の方々に哀心より感謝の意を述べたい。

2007年5月
御井キャンパスの研究室にて
金　亨洙

目　　次

はしがき

序　章　本書の研究概要と構成 …………………………………… 1

第 1 節　本書の研究概要 ……………………………………………… 1
1．本研究の背景と目的 ……………………………………………… 1
2．本研究の特徴 ……………………………………………………… 2
第 2 節　本書の構成 …………………………………………………… 3

第 1 章　小売産業のグローバル戦略の一般化理論 …………… 7

第 1 節　小売産業のグローバル化の展開と概要 …………………… 7
1．小売企業の初期のグローバル化展開の経緯 …………………… 7
2．小売企業のグローバル化の概要 ………………………………… 9
3．小売企業のグローバル化の遅れと背景 ………………………… 12
第 2 節　小売産業のグローバル戦略の一般化理論の潮流 ………… 14
1．小売企業のグローバル研究の領域・方法 ……………………… 14
2．小売企業のグローバル戦略の一般化理論の研究 ……………… 18
第 3 節　小売産業のグローバル戦略の一般化理論の課題 ………… 24
1．小売企業のグローバル化研究の問題点 ………………………… 24
2．標準化と適応化の問題 …………………………………………… 26
補　節　小売産業のグローバル提携戦略 …………………………… 28
1．小売企業のグローバル戦略的提携の概要 ……………………… 28
2．小売企業間のグローバル戦略的提携の類型と特徴 …………… 34

第2章 「移転論」から捉えた小売業態発展の理論的枠組み … 47

- 第1節 小売業態の概念と形成・発展の背景 ……………………… 47
  - 1．小売業態の概念 …………………………………………… 47
  - 2．今日的な小売業態の形成・発展の背景 ………………… 49
- 第2節 小売業態発展論の既存研究と問題点 …………………… 51
  - 1．小売業態発展の諸理論仮説の特徴 ……………………… 51
  - 2．諸理論仮説の問題点 ……………………………………… 58
- 第3節 米・日・韓の小売業態発展と理論仮説との矛盾 ……… 60
  - 1．米・日・韓の小売業態の発展メカニズム ……………… 60
  - 2．日・韓小売業態の展開と諸理論仮説の矛盾点 ………… 65
- 第4節 移転論からの拡張型「小売の輪」（移転論型「小売の輪」）の枠組み …………………………………………………… 66
  - 1．移転論型「小売の輪」の理論的枠組み ………………… 66
  - 2．移転論型「小売の輪」と移転モードの方向性 ………… 69

第3章 小売ノウハウ（技術）の海外移転モデルの構築
　　　　―製造企業との比較の視点から― ………………………… 76

- 第1節 移転研究の背景と問題提起 ……………………………… 76
- 第2節 小売ノウハウの海外移転に関する既存研究のレビュー ……… 78
  - 1．小売ノウハウの海外移転の既存研究 …………………… 78
  - 2．既存研究の限界と問題点 ………………………………… 84
- 第3節 小売ノウハウの内容とその類型化 ……………………… 85
  - 1．小売機能と小売ノウハウとの関わり …………………… 85
  - 2．小売ノウハウの類型（技術依存型ないし管理依存型） … 88
- 第4節 小売ノウハウの海外移転モデル
  　　　　―製造企業との比較視点から ……………………………… 91
  - 1．経営管理方式の海外移転の可能性（TAKAHASHIモデル）…… 91
  - 2．小売ノウハウの海外移転の可能性に関するモデル化 ………… 95

第5節　小売ノウハウの海外移転の前提条件 …………………………… 100

第4章　小売ノウハウ（技術）の海外移転に関する実証研究
　　　　―韓国と中国― ……………………………………………………… 106

　第1節　調査の前提と方法 ………………………………………………… 106
　第2節　アンケート調査から得られた結果と帰結 ……………………… 107
　　1．アンケート調査の結果 ……………………………………………… 107
　　2．アンケート調査から得られた帰結 ………………………………… 122

第5章　東アジアにおけるコンビニエンスストアの
　　　　グローバル競争と戦略・移転 ……………………………………… 126

　第1節　アメリカ型コンビニエンスストアの生成と移転 ……………… 126
　　1．アメリカ型コンビニエンスストアの成立と特徴 ………………… 126
　　2．日本と韓国における初期のコンビニエンスストアの移転と背景 … 128
　第2節　日・米・韓におけるコンビニエンスストアの定義と展開 …… 133
　　1．コンビニエンスストアの定義に関する比較 ……………………… 133
　　2．コンビニエンスストアの展開に関する比較 ……………………… 135
　第3節　韓国と中国におけるコンビニエンスストアの競争構造と戦略 … 139
　　1．韓国におけるコンビニエンスストアの競争構造と戦略 ………… 139
　　2．中国におけるコンビニエンスストアの競争構造と戦略 ………… 141
　第4節　韓国と中国における日本型コンビニエンスストアの移転と展開 … 143
　　1．日本型コンビニエンスストアの形成と特徴 ……………………… 143
　　2．韓国と中国への日本型コンビニエンスストアの移転の理論的
　　　含蓄 …………………………………………………………………… 145
　第5節　韓国と中国における日本型コンビニエンスストアの海外移転と
　　　　戦略 …………………………………………………………………… 148
　　1．日本型コンビニエンスストアの海外移転モデルの概要 ………… 149
　　2．韓国と中国における日本型コンビニエンスストアの移転と戦略 … 150

第6章 東アジアにおけるディスカウントストアのグローバル競争と戦略・移転 …… 165

第1節 欧米型ディスカウントストアの生成と特徴 …… 165
　1．欧米型ディスカウントストアの成立と特徴 …… 165
　2．ディスカウントストアの分類と機能 …… 167
　3．欧米型ディスカウントストアの特徴 …… 169
第2節 東アジアにおける欧米型ディスカウントストアの移転と展開 … 173
　1．日本における欧米型ディスカウントストアの移転と背景 …… 173
　2．韓国と中国における欧米型ディスカウントストアの移転と展開 … 175
第3節 東アジアにおけるディスカウントストアの競争構造と戦略 … 176
　1．日本におけるディスカウントストアの競争構造と戦略 …… 176
　2．韓国におけるディスカウントストアの競争構造と戦略 …… 178
　3．中国におけるディスカウントストアの競争構造と戦略 …… 181
第4節 東アジアにおける欧米型ディスカウントストアの海外移転と戦略 …… 185
　1．韓国と中国におけるディスカウントストアの類似度と移転関係 … 185
　2．韓国と中国における欧米型ディスカウントストアの移転と戦略 … 189

結 章　本研究の検証結果と残された課題 …… 201

第1節 本研究の検証結果 …… 201
第2節 残された課題 …… 207

付属資料 （アンケート調査票） …… 209

索引 …… 226
初出論文一覧

序章
本書の研究概要と構成

第1節　本書の研究概要

1．本研究の背景と目的

　筆者は，小売産業の国際マーケティング行動，とくに日・米・韓の流通の国際比較と小売企業のグローバル化を中心に研究してきたが，本研究は，これまでの研究をより発展させて，グローバル化の進展のもとでの東アジア小売市場における小売ノウハウ（技術）の海外移転に焦点を合わせている。これまで，日本と韓国の小売業態構造をアメリカとの比較の視点から分析を行い，各国の小売産業の位置づけとその特徴，およびその問題点を検討してきた。しかし，各国小売企業が直面し実施すべきマーケティング戦略の課題が，その国の経済・市場の発展レベルとの関係において，当然のことながら各国間に時間的なズレがあることが認識された。「小売の輪」などの従来の理論では，アメリカでの発展を説明し得ても，日本と韓国の小売市場での事情についてはほとんど説明しきれていない。その主な理由は，日本と韓国では，その業態ないし小売ノウハウの技法が，独自に考案・生成されたのでなく，欧米先進諸国から新しい小売ノウハウとして導入し，移植され，発展したケースが多いからである。それゆえ，各国の小売産業が直面する課題とマーケティング戦略の展開過程を研究するためには，小売ノウハウの海外移転に関する研究が不可欠なのである。

　本研究の目的は，東アジア流通市場で小売活動を展開している小売企業に対象を限定して，各国小売企業のグローバル化の視点から分析し，第1に，東アジアの小売企業のグローバル化に関する理論的枠組みを構築すること，

第2に，製造企業との比較の視点から小売ノウハウの海外移転について分析し，一般的モデルを検討することである。その際，筆者は，小売ノウハウの海外移転を考察する視点として，① 小売ノウハウ（技術依存型ないし管理依存型）と ② 文化的要因，③ 経済的要因，④ 企業組織的要因との関係といったそれぞれの座標軸をもとに，小売ノウハウの海外移転の可能性を検討することを意図している。具体的には，製造企業における経営管理技術の海外移転に関する先行研究のレビューを前提に，小売ノウハウの海外移転モデルを提示し，それに基づいて韓国と中国の現地小売企業を対象にアンケート・インタビュー調査を実施した。現地調査で得られたデータなどを基礎に，小売ノウハウが，どの程度本国からローカル市場に移転されているのか，またそのノウハウがどの程度修正され現地に移転可能なのか，あるいは移転不可能なのか，不可能な場合それは何故なのかなどについて，多角的な分析検討を行った。それと同時に，この実証調査により得られたデータを基礎にして，これまで経営学分野で蓄積されてきた製造企業における経営管理技術の海外移転に関する理論化の到達点との比較を念頭に，小売ノウハウの海外移転についての理論化を試みる。さらに，日本の小売企業がグローバル小売市場で競争優位性を獲得するための理論的枠組みの構想が固められることを期待している。

　これまでの先行研究は，ほとんど特定の2国間の比較研究の段階に留まっており，小売企業のグローバル化に関する理論的な枠組みは明示されていない。さらに，小売ノウハウの海外移転に関する研究と言えば，若干の欧州文献に限られており，しかもその研究内容をみると，その移転対象となる小売ノウハウの分類が不明確であり，さらに理論的枠組みを見出そうとする意識は皆無であるといっても過言ではない。

2．本研究の特徴

　そこで，本書においては小売ノウハウの種類をいくつかのレベルに分類し，その移転の可能性ないし不可能性について，換言するなら小売ノウハウ移転の難易程度の視点から的確に分類する。さらに，東アジア（韓国と中

国）の小売企業（業態別）を対象として現地調査を行い，小売ノウハウについて，どのような種類のノウハウがどの程度まで現地に移転されているか，もしくはなぜ移転不可能なのかについて，① 文化的要因によるものなのか，② 経済発展レベルの要因によるものなのか，それとも ③ 企業の組織・戦略要因によるものなのかについて分析する。さらに，製造企業における経営技術の海外移転に関する研究の成果をふまえて，小売ノウハウの海外移転に関する試論的モデルを構築しようとしている。本研究は，まさに製造業における経営技術の移転との比較において，小売ノウハウの海外移転の理論化を試みる点で，先行研究に無い特徴があり，本研究の意義はここにある。また，この点が理論化され一定の提言ができるなら，本研究の成果は，現実の小売企業に対するマーケティング政策論および戦略論的な意義もあるといえる。

　本研究の特徴は，小売企業のグローバル戦略と競争優位性の構築を念頭におき，製造企業の経営技術の海外移転のケースとを比較する視点から，東アジア小売市場における小売ノウハウの海外移転の可能性を理論的に検討することである。このような「小売企業のグローバル戦略と競争優位性の構築」という観点からの小売ノウハウの海外移転に関する先行研究は，これまで十分なものがなかった。そこで，欧米の若干の小売ノウハウの移転に関する研究文献を手がかりとし，韓国と中国の状況を日本の実態につき合わせながら相対化した上で，小売企業のノウハウの海外移転に関する理論的一般化の可能性を検討する。この研究が，一方で，日本小売企業のグローバル競争戦略の再構築に適した小売ノウハウの海外移転に関する一般化理論の発見にも寄与することを願う次第である。

第2節　本書の構成

　本書は，序章と終章を含む全8章から構成されている。
　まず，序章では，本書の研究概要と構成を述べている。
　第1章では，小売企業の初期のグローバル化展開の経緯とその概要を検討する。そのうえで，それらのグローバル化研究と戦略の潮流を検討しつつ，

小売企業のグローバル戦略の一般化理論とその課題を明らかにする。これらの研究課題は二つの側面から提起される。一つ目は小売企業のグローバル化研究そのものへの提起である。二つ目は小売企業のグローバル戦略そのものへの提起である。詳しく言えば，グローバル小売市場において小売企業が標準化戦略を採るべきかまたは適応化戦略を採るべきかが主な論点であるが，小売企業が駆使している戦略的技法（ノウハウ）のうち，どのような技法を具体的に標準化もしくは適応化すべきなのかについてまではいまだ明らかにされていない。そこで，筆者は本研究の切り口として「移転論」の視点から小売企業のグローバル戦略の一般化理論の構築を示唆する。

　以上の研究課題を考慮し，第2章では，新しい小売業態は先進諸国から発展途上国へと移転されており，海外移転の視点から小売業態発展の理論的枠組みの構築を試みる。まず，第1に小売業態の概念をはじめ，今日的な小売業態の制度的環境条件，小売業態発展の諸理論仮説について検討しながら，諸仮説の特徴や問題点を提起する。第2に，米・日・韓の小売業態の発展メカニズムと諸理論仮説とを照らし合わせて，その矛盾点について検討する。そのうえで，第3に，移転論の視点から捉えた拡張型「小売の輪」の枠組み（移転論型「小売の輪」）を提示し，今日における小売業態の形成・発展の方向性を試みる。

　第3章では，小売企業のグローバル戦略の一般化理論に関する研究の一環として，小売ノウハウとは何かをはじめ，小売ノウハウを具体的かつ的確に分け（「技術依存型」・「管理依存型」の小売ノウハウ），それらの位置づけを試みる。そのうえで，製造企業における経営技術の海外移転の成果をふまえつつ，小売ノウハウの海外移転に関するモデルを構築し，その移転の可能性を検討する。すなわち，高橋由明教授による「経営管理方式の海外移転の研究」（TAKAHASHIモデル）に依拠しながら，小売ノウハウの海外移転に関するモデル化を試み，その移転の可能性と前提条件を検討する。詳しく言うならば，海外小売市場において，小売ノウハウがどのようなメカニズムで移転され，小売ノウハウのうちどのような側面が適用しやすいか（適用化），あるいは適用しにくいか（適応化），それはなぜなのかを検討する。

すでに筆者が提示した「小売ノウハウの海外移転モデル」(第3章) に基づいて，第4章では，韓国と中国の両国における小売企業を対象に実証調査を行い，現地調査で得られたデータなどにより国別・業態別小売ノウハウの類似度を測定し比較検討する。測定された小売ノウハウの属性は，1) 店舗関連，2) マーチャンダイジング関連，3) 販売関連，4) 賃貸関連，5) 教育関連，6) 保管・物流関連，7) 文化事業関連，8) 情報システム関連から構成される。小売ノウハウの類似度は，これらの八つの小売ノウハウをさらに 35 の細項目に分類し，7 点尺度を用いて測定する。一方，小売ノウハウを規定する決定要因の依存度合（影響度合）については，各項目の数値化が非常に困難であるため，35 の細項目の小売ノウハウのうちマニュアル化・図示化またはプログラム化しやすいと思われる項目を七つ選定してもらい，その難易度によって 7 点尺度として測定する。類似度が高いことは，各国小売ノウハウの間の隔たりが小さくなるということである。それは，各国において特定の小売ノウハウがそのまま持ち込まれ，「適用」の移転によるものである。しかし，各国の小売ノウハウ間の類似度の数値が高ければ高いほど類似性が低く，いわゆる各国小売ノウハウ間の異質性が強くなる。その理由は，各国において小売ノウハウを規定する三つの決定要因によってさまざまな制約を受け，修正されたりすることによって，特定の小売ノウハウがそのまま持ち込まれず，「適応」の移転によるものであるといえる。

以上の韓国と中国現地調査の結果を基礎に，まず，第5章では，東アジアにおけるコンビニエンスストアの移転と背景，および日本型コンビニエンスストアの形成とその特徴について検討する。そのうえで，韓国と中国におけるコンビニエンスストアの競争と戦略を比較分析し，日本型コンビニエンスストアの海外移転と戦略について検討する。また，第6章では，欧米型ディスカウントストアの生成と特徴をはじめ，東アジアにおけるディスカウントストアの移転と展開，およびそれらの競争と戦略を比較分析したあと，具体的に韓国と中国における欧米型ディスカウントストアの海外移転と戦略について検討する。さらに，これらから得られた移転結果に基づき，今後，小売企業が採るべきグローバル小売競争戦略のあり方をも示唆する。第5・6章

で用いられる分析の枠組みは，第3章の「小売ノウハウの海外移転モデル」と第4章の韓国と中国での実証調査を踏まえながら，移転対象となる小売ノウハウがペーパーにマニュアル化可能なのか不可能なのかの度合（7尺度）を横軸とし，それらを規定する決定要因の依存度合（7尺度）を縦軸にとり，四つの空間において小売ノウハウを移転分布図として位置づける。そのうえで，東アジアにおける日本型コンビニエンスストアと欧米型ディスカウントストアの海外移転と戦略について具体的に検討する。

　さらに結章では，本研究の検証結果をまとめると同時に，移転論の視点から今後小売企業が採るべきグローバル競争戦略のあり方について示唆し，最後に残された課題を述べる。

第1章
小売産業のグローバル戦略の一般化理論

　本章においては，小売企業の初期のグローバル化展開の経緯とその概要を検討し，またそれらのグローバル化研究と戦略の潮流を検討しつつも，さらに小売企業のグローバル戦略の一般化理論とその課題を明らかにする。つまり，小売企業のグローバル戦略の一般化理論の枠組みと方向性を提示する。

第1節　小売産業のグローバル化の展開と概要

1．小売企業の初期のグローバル化展開の経緯

　小売企業のグローバル化に関する動きの原型は，18世紀から19世紀の植民地時代まで溯ることができる。つまり，ヨーロッパの貿易商などが植民地において現地の相手と貿易をするために，現地に貿易交換所を設立して現地の原材料と本国の工産物を交換する場所として利用した。そして，本国から派遣された管理者と商人などに対して本国と同様の水準の商品を供給するために，現地に百貨店などのような近代的小売業態を設立したことが，小売企業の海外進出の始まりであったといえる。しかし，このような植民地型小売企業の海外進出は，第二次世界大戦の終了とともに幕を下ろした[1]。

　その後，1960年代までは，ウールワース（Woolworth）やシアーズ・ローバック（Sears Roebuck）などのアメリカの小売企業が海外展開の先陣を切って積極的に海外に出店しながら，小売企業の初期のグローバル化を図ってきた。しかし，1970年代には，アメリカ小売企業による海外進出の勢いが失われ，むしろヨーロッパの小売企業による海外事業の展開が目立つようになった。さらに，1970年代末にヨーロッパの小売企業は，小売先進国

であるアメリカ市場へ逆に参入する動きさえも現れるようになった。ヨーロッパ小売企業による初期の海外事業の展開は西ヨーロッパ域内とその周辺国を舞台として始まったが，1980年代に入ってからは本格的な海外進出を試み，進出地域においてもアメリカや南米諸国のみならず，文化的・地理的にも遠く離れたアジア地域にまで広がった。この時期，ヨーロッパ小売企業の海外進出の舞台であったアメリカでの進出形態としては，主にアメリカの小売企業を買収するという参入戦略が最も多かった[2]。

一方，アジア地域においては，台湾，香港，シンガポールを中心にタイ，マレーシアなどにおいても諸外国からの小売企業の参入規制が緩和され，日・米・欧の巨大小売企業が積極的に参入している。アジア地域において，最も多く進出している小売企業は日本のそれである。日本の小売企業の海外進出は早くも1950年代半ば頃から始まったと言われている。例えば，1958年のニューヨークへの高島屋の進出をはじめとし，1959年ハワイへの白木屋（現在，東急百貨店が併合）の進出，1960年タイのバンコクへの大丸の進出などがその事例である。当時の進出は，いずれも小売企業として採算のめどが立つケースが少なく，現地に住む日本人や日本人観光客相手のごく小規模なものが多く，現地の商品買いつけの事務所を兼ねるものが多かったといえる[3]。しかし，1980年半ばに入ってからは，日本の小売企業によるアジア地域への海外事業展開が最も盛んであった。アジア地域における日本小売企業の海外進出の背景としては，第1に，アジア経済の発展に伴う所得や生活水準の向上によってアジア地域が今後有望な市場となること，第2に，日本の国内市場の飽和状態の打開，つまり大店舗規制などによる国内での出店が困難であった小売企業がその突破口として海外，とくにアジア地域に目を向けたことがあげられる。さらに，日本とアジアは欧米に比べ，歴史・文化・地理的な関連性が深いこと[4]も，その理由の一つであるといえよう。しかし，1990年代に入ってからは，アジア市場からの日本の小売企業の撤退も顕著である。

2．小売企業のグローバル化の概要
(1) 小売企業の国際化とグローバル化の意味

　小売産業においては，小売企業の海外進出の活動が著しくなるにつれて，「国際化」または「グローバル化」という言葉の使い方も混在しているが故に，それらの概念についての捉え方も論者によって異なる。しかし，小売企業の活動や戦略の範囲は国際化・グローバル化へと向かっていることについては誰も否定できないだろう。しかし，ここで提起できる課題はそれらの活動や戦略の場（範囲）を，国際化の概念として捉えるべきなのか，またはグローバル化の概念として捉えるべきなのかである。この点について，いち早く向山雅夫氏[5]は，小売産業は独自の特性（ドメスティック産業）があるが故にグローバル化は困難であるという論議に対して，むしろ小売企業のグローバル化の方向性について品揃えの視点から検討した。また川端基夫氏[6]も，すでにこれらの概念の使い方は曖昧であると指摘し，国際化は国境の存在や意義を意識した行動や現象であるとし，国境を越えるごとに経営のやり方や商品を変えて対応することを意味する（また多国籍化と呼ばれることもある）としている。それに対して，グローバル化は国境の意義を乗り越えたボーダレスな行動（地球単位で営まれる行動）であるとし，国境を越えても経営のやり方や販売商品を変えないこと（いわば標準化が進んだ商品や経営手法で世界進出すること）を意味するとし，二つの概念を区別しつつも，小売業態によってはグローバル化が可能であることを示唆している。

　そこで，本書では，小売企業の海外進出に対して国際化という言葉（概念）を採らず，むしろグローバル化という言葉として捉えたい。なぜならば，いくつかの既存研究においてもみられるように，市場あるいは経営活動の場を国内市場と海外市場とに区別する「国際化」においても，国内および海外の市場を一元的に捉える「グローバル化」においても，結局求められる小売企業の戦略的理論化の枠組みは標準化（適用化）[7]－適応化の問題であり，それがその戦略の根幹になるからである。この場合，製造企業のみならず，小売企業においてもグローバル戦略は標準化であり，多国籍戦略は適応化であるという見解もあるが，この標準化－適応化の論争についてはのちに

詳しく述べることとし，結論を先どりして言えば小売企業のグローバル戦略は標準化－適応化を相反とした概念として採らず，むしろシンクロナイズする現象として認識することが今後の小売企業のグローバル戦略のあり方ともいえるからである。もう一つ，本書では，百貨店・ディスカウントストア・コンビニエンスストアなどの小売業態が研究の対象となっており，小売業態そのものはすでにグローバル化しており，グローバル戦略を展開しているからである。このような状況を考慮し，本書においては「グローバル」という言葉を一貫して使うことにする。しかし，既存研究文献を紹介するにあたっては，International・Internationalization は国際的・国際化の言葉として，Global・Globalization はグローバル・グローバル化の言葉として訳すことにする。

(2) 小売企業のグローバル化の定義と諸側面

すでに述べたように小売企業のグローバル化の動きは，最近の現象とはいえない。しかしながら，このような動きを研究対象として取り上げはじめたのは，それほど遠いことではない。それゆえ，小売企業のグローバル化の概要に関する研究業績は，必ずしも多いとはいえない。そこで，以下では国内外の短編的かつ数少ない包括的研究に基づいて，小売企業のグローバル化に関する定義と諸現象・側面について検討する。

小売企業のグローバル化の定義について，原田保氏は，「従来から行われている貿易活動を中心とした海外との関係を高度化しながら同時に流通システムそのものの変革を国際的な次元で実現することを目的としたグローバル流通活動である」[8]と述べ，「その活動を変化する経済環境として捉えて，① 商品調達力，② 提案力，③ 直接進出力，④ プロモーション力，⑤ 輸出・事業の推進力について物財の国際的移転を伴う商機を，効果的にビジネス活用するマーケティングの新しいプログラムをもつことである」[9]としている。そして，Alexander は，「小売（企業の）国際化（international retailing）」について，「小売経営技術を海外移転させること，もしくは国際的取引関係を確立することであり，それは，規制，経済，社会，文化，小売構造などの国境を克服するなどして，小売業を自国とは異なる環境のなかで成立させる

という国際的統合段階にまで小売組織を進展させることである」[10]と言及している。さらに，向山氏は小売企業のグローバル化の定義について，「国内完結型の活動では決して獲得することのできない競争上の優位性を求めて小売企業が戦略活動を深めていくことである」[11]としている。

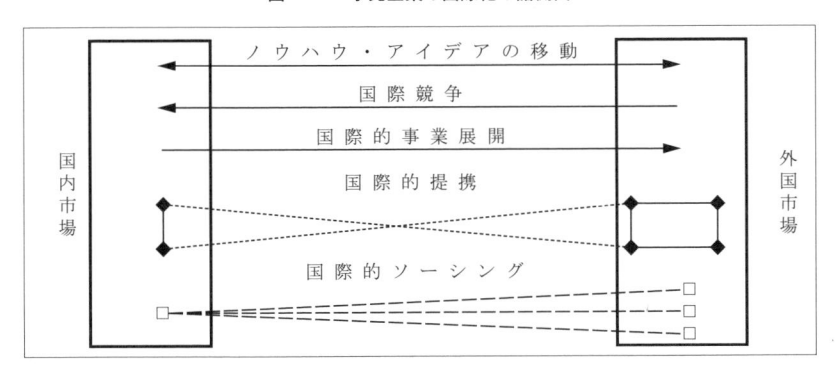

図1-1　小売企業の国際化の諸側面

出所：McGoldrick, Peter J., and Gary Davies, *International Retailing : Trends and Strategies*, Pitman Publishing, 1995, p.2.

このような小売企業のグローバル化について，McGoldrick[12]は，①国内外の小売市場からの小売ノウハウ・アイデアの移動・移転（flow of know-how/ideas），②国際競争（foreign competition），③国際的事業展開（international expansion），④国際的提携（international alliances），および⑤国際的ソーシング（international sourcing）という五つの側面から進展してきたとしている（図1-1を参照）。また，矢作敏行氏[13]も，鈴木安昭氏による「ある国の小売業の経済活動が国際経済社会に組み込まれることである」[14]という定義を引用しつつも，小売企業の国際化をつぎの三つの局面として説明している。第1の側面は商品の国際化であり，これらの国際化の程度によって種々の制約をうける国々において小売競争を考慮する際に重要な視点である。第2の側面としては，経営技術の移転問題が取り上げられている。具体的な移転モードについては，フォーマル移転とインフォーマル移転とがあり，その具体的な事例については日本小売企業への欧米先進小

売企業のフォーマル技術移転と，日本や欧米へのインフォーマルな技術移転が活発であったとしている。第3の側面としては資本の国際化をあげており，小売企業の国際化は資本の自由化政策から直接的に影響を受けているとし，小売企業にとって資本の自由化が最も重要であるとしている。さらに，川端基夫氏[15]は，小売企業の国際化の諸側面について，①店舗立地，②商品調達，③資金，④金融機能，⑤海外での異分野への進出による非小売事業，⑥労働力といった六つの国際化の側面から製造業の国際化との比較の視点に立ち，小売企業のグローバル化の現象の解明を試みている。

以上のように，小売企業のグローバル化の諸側面に関する見解においても，論者によりそれらの捉え方は若干異なるが，一般的に小売企業は「商品（品揃え）」・「資金」・「販売」という三つの側面からグローバル化を図っているといえる。言い換えれば，小売企業のグローバル化は商品や資本や販売の側面において，競争優位性の構築の一環としてグローバル市場へと参入を図ったといえる。その場合，佐藤善信氏もすでに指摘したように，本国で洗練させたビジネスモデルのコア部分を進出先に移植して流通活動を展開しようとするグローバルな小売企業は「顧客満足の実現，顧客満足提供の基本属性，そして経営資源とビジネスプロセスの三つのバランスを整合的に，どのようにして調整するかが今後の課題である」[16]といえる。

3．小売企業のグローバル化の遅れと背景

今日，小売産業においては，商品のみならず，技術・ノウハウや資本などのあらゆる面でグローバル化の傾向がいっそう強められ，さらにグローバルな小売競争が繰り広げられている状況にある。しかし，それらの研究と言えば，製造業と比較しても，その質と量はともにその研究文献が少ない状況である。その理由は，製造企業に比べ，小売企業のグローバル化が遅れたことと，小売活動はドメスティック範囲であるという認識が強く，その研究を無視する傾向があったことからである。

このような小売企業のグローバル活動の遅れはいくつかの要因としてまとめることができるが，それについてEnrico Collaは，商業の国際化の視点

から，つぎの六つの原因[17]があると述べている。第1の原因は，非物質的で輸出できないという，商業の提供するサービスの性質実体を指摘する者もある。第2は，工業製品の消費は商業サービスの購入よりも普及しやすい。第3は，商業サービスは工業製品よりも模倣しやすい。第4は，流通企業の大部分は家族経営であり，小規模であり，ある地方ないし地域をカバーすることで満足している。第5の要因として取り上げたのは，政治的抵抗であり，種々の法律や行政的規範を通じて，革新的商業の先進的行動を妨害し，伝統的小売商を保護してきたことである。第6の要因は，いったん決定されても，流通企業の国際化はつねに工業製品の国際化より時間がかかるとしている。

また，小売企業のグローバル化が遅れた理由として Salmon and Tordjman[18]も，欧米地域では消費文化の相互連結性の向上に伴い，グローバル市場が形成され，それを契機として製造企業はいち早くグローバル・マーケティング戦略を展開してきた。しかし，小売企業は，① 企業規模が小さいのみならず，国際化を担う財務能力と経営能力がなかったこと，② 市場拡大の優先順位が国内であったこと，③ 海外市場の知識不足，④ 国内志向の集中購買と生産性の向上を図る傾向があったからとしている。

しかし今日，欧米のみならず，日本においても，小売市場が成熟化し，小売企業が成長の限界に直面し，新しい市場を求めて積極的に海外進出を図るケースが多くみられるようになってきた。それゆえ，初期の小売企業の海外進出とは異なるパターンのグローバル化が進んでおり，小売企業のグローバル戦略に関する研究は今日の重要なテーマの一つである。小売企業がグローバル化を図る要因について，McGoldrick and Davies[19]は外部的要因と内部的要因とに分類し，つぎのように述べている。外部的要因として，まず第1には国内市場の飽和化を，第2にはいくつかの国々での海外出店の規制緩和をあげている。また，第3の要因は小売資本と小売業態の進出による市場の拡大と情報システムの向上，および輸送コストの削減を図ることとし，さらに第4のそれは異文化を超えた製品の同質化に伴う国際的ニッチ市場の発見であるとしている。一方，内部的要因としては，第1に，自国市場

よりも海外市場での成長性と収益性が高いこと，第2に，地理的リスクの分散を図ること，第3に，海外市場に通用する小売ノウハウを開発したこと，第4に，製造業の国際化に対して販売力と交渉力を高めることをあげている。

第2節　小売産業のグローバル戦略の一般化理論の潮流

1．小売企業のグローバル研究の領域・方法

小売企業のグローバル化に関する研究として，欧米においてはYoshinoの「International Opportunities for American Retailer」[20]，Hollanderの「Multinational Retailing」[21]，Kackerの「International Flow of Retailing Know-how : Bridging the Technological Gap in Distribution」[22]，Salmon and Tordjmanの「The Internationalization of Retailing」[23]，Treadgoldの「International Retailing」[24]，Pellegriniの「The Internationalisation of Retailing」[25]などがあげられる。Burtは，Yoshinoが小売企業の国際事業展開の主な要因を検討しており，比較的初期段階での小売企業のグローバル化に関する研究であるが，本格的小売企業のグローバル化に関する研究の出発点はHollanderの研究であり，Hollanderの研究は多くの研究者に影響を与えたとしている。さらに，同氏は，これらの研究の潮流について，小売企業のグローバル化の研究が「地理的・時間的・戦略的」側面からその枠組みを提示し展開されてきた[26]としている。

地理的側面からの研究領域・方法としては，Kacker（小売企業の移転傾向）[27]，Exstein & Weitzman（小売企業の直接投資）[28]，Hamill & Crosbil（小売業の買収）[29]，Wrigleyの研究，Bruine（オランダの小売企業の国際化）[30]，Blumle & Briw（スウィースの小売企業の国際化）[31]，Davies（東南アジアへの百貨店の海外進出）[32]などがあげられる。また，統合的研究（分野・構造・地理的）には，Laulajainen（トイザらス・イケア・ルイビトンの国際化）[33]，Bunce（Laura Ashleyの国際化）[34]，Treadgold（Laura Ashley・Dixonsの国際化）[35]の研究が含まれる。しかし，これらの研究で

は，ある特定の市場への内部投資ではなく，どちらかというと外部投資の重要性のみが強調されており，自国市場（Host Market）の国際化，いわば小売産業の内なる国際化がその特徴といえる。

それに対して，Hallsworth[36]は小売企業の国際化の偶然性と前後関係を判断する要素が静止的ではないとし，時間的側面からの国際化を強調していると Burt はいう。しかし，時間的側面からの本格的な国際化研究の試みはTreadgold[37]であり，彼はイギリスの Tesco と Sainsbury などの小売企業の事例研究を通じて，小売企業の国際化は典型的に「消極的段階（Reluctance）」からスタートし，また「注意深い段階（Caution）」を経て，さらに「野心的段階（Ambition）」へと進展するとし，小売企業の国際化は時間が経つにつれてその学習曲線に沿って進展していくとしている（図1-2を参照）。

図1-2　小売企業の国際化のプロセス

（縦軸：地理的要因，横軸：時間的要因）

- 消極的段階（Reluctance）
- 注意深い段階（Caution）
- 野心的段階（Ambition）

注：Karstadt, Tesco, Cora は消極的段階に属し，Sainsbury, Casino, Auchan は注意深い段階に属し，C&A, Quelle, Carrefour, Aldi は野心的段階に属する小売企業である。

出所：Treadgold, A. D., "The Emerging Internationalisation of Retailing: present status and future challengers", Irish Marketing Review, 5 (2), 11-27. in Peter J. McGoldrick and Gary Davies, *International Retailing: Trends and Strategies,* Pitman Publishing, 1995, p.6.

さらに，戦略的側面からの研究は，① 動機研究と，② それに関連する経営管理メカニズムという二つの流れとして展開されてきたと Burt はいう。① 動機研究は，プッシュ・プル要因 (Push and Pull Factors) からの研究方法が多く，外部的環境の影響を強調している。これらの初期の研究は Yoshino の研究であるが，Yoshino が提示した小売企業の国際化の動機要因[38]についてはのちに Treadgold, Davies, Alexander, Pellegrini, Williams などによって再び検討されてきた[39]。それに対して，② 小売企業のグローバル化の経営管理メカニズムについては，1970 年代の Hollander と Waldman の研究があるが，本格的に研究されはじめたのは 1980 年代の後半からである[40]としている。例えば，Treadgold の研究についてはのちに詳しく述べることにするが，Salmon and Tordjman は小売企業の国際化戦略のパターンには潜在的パートナーへの投資を含む直接投資，多国籍化，グローバル化という三つの基本的戦略があるとしている（表 1-1 を参照）。直接投資とは外国での部分的販売活動と現地小売市場への資本の移動であり，多国籍化戦略とは現地小売市場への小売ノウハウの適応化であり，グローバル化戦略とは世界市場への同一の小売ノウハウの標準化である[41]と述べている。また Williams[42]は，小売企業の国際化のプロセスを地理的拡散と海外投資の視点から把握し，小売企業の国際化の重要な要因が企業の差別化であると強調している。同氏はその差別化の構成要素として，① 小売マーケティング・スキルと専門化，② 大規模小売企業，③ 独自の小売企業の概念，④ 強力な小売ブランドをあげている。さらに，Pellegrini and Dawson[43]は海外直接投資の Dunning の折衷論[44]を借用し，小売企業の国際化の事例を所有特殊的優位 (ownership-specific advantage)，立地特殊的優位 (location-specific advantage)，内部化優位 (internalization advantage) という三つの枠組みに当てはめ，小売企業の海外進出の概念を検討している。

一方，日本においても，以上の既存研究を踏まえながら，1980 年代から小売企業のグローバル化を対象とした研究が行われはじめたが，体系的かつ総括的研究は向山氏による『ピュア・グローバルへの着地』（1996 年）と川

表1-1 小売企業の国際化の概念

	グローバル戦略	多国籍戦略	直接投資
定　義	世界市場への小売ノウハウの標準化	現地市場への小売ノウハウの適応化	部分的海外販売活動 現地市場への資本の移動
小売業態	専門店チェーン	ハイパーマーケット，百貨店，バラエティストア	小売企業，非小売企業
	グローバル・セグメンテーション グローバル・ポジショニング マーケティングミックスの標準化 品揃え・価格・店舗設計・サービス・広告の統一化	小売コンセプトは適用化であるが，マーケティング・ミックスは適応化である。 (店舗装飾・価格戦略・サービス戦略は適用化戦略であるが，品揃えと広告戦略は現地市場に合せる適応化である。)	非マーケティングの含蓄
組織的含蓄	デザイン・生産過程・流通システムの垂直的な統合	マルチ・ドメスティック・アプローチ	外国取引のポートフォリオ分析
経営管理的含蓄	集中型経営管理 優れた情報システム 迅速な成長能力 規模の経済性 僅かな小売ノウハウの移転	分散型経営管理 本部との頻繁なコミュニケーション 平均的成長能力 規模の経済性なし 小売ノウハウの移転の重要性	部分的統制型経営管理 迅速な海外進出 ロー・リスク 技術（Skills）の移転

出所：Salmon, Walter J., and Andre Tordjman, "The Internationalization of Retailing", *International Journal of Retailing*, Vol.2, 1987, p.12.

端氏による『小売業の海外進出と戦略』(2000年)であるといえる。これらの研究においては，初期的小売企業のグローバル化研究の限界を超え，むしろ小売企業のグローバル戦略の総括的かつ一般化理論の嚆矢であるといえる。すなわち，向山氏は小売企業のグローバル化の側面を動機研究と参入規定因研究に分類し検討しつつも，さらにそれらの類型化についても理論的に検討している。また川端氏も，小売業の国際化の現象を，①国際化の実態・進展状況，②進出動機・進出理由・意思決定過程，③背後にある戦略，④国際化への障壁，⑤進出市場に与える影響，⑥国際小売企業といった六つの側面から，広範囲かつ体系的に検討している。

以上のように，小売企業のグローバル化研究の一般化理論の研究領域・方法は統一されたわけではない。しかし，向山氏と川端氏などもすでに示唆したように，小売企業のグローバル化研究ではほとんどの議論が海外市場への

参入前の行動に焦点を当てているが、それらのグローバル戦略の研究では海外市場への参入後どのような戦略を採るべきなのかがその研究の焦点となり、標準化－適応化戦略の方向性を提示することがグローバル研究の範囲であったといえる。そこで、以下では、小売企業のグローバル戦略の視点からの一般化理論研究を中心に検討し、それぞれの枠組みと特徴、およびその方向性について明らかにする。

2．小売企業のグローバル戦略の一般化理論の研究

小売企業のグローバル戦略の一般化理論への試みの研究は、すでに紹介したいくつかの研究文献があるが、以下ではその研究を代表とするTreadgoldや向山氏や川端氏の見解を中心に検討する。

(1) Treadgoldの一般化理論

小売産業においては、その業態や取扱商品が多種多様であるため、グローバル戦略の展開にも限界が生じるが、Treadgoldは地理的出店度合（四つの出店政策）を縦軸とし、海外進出・経営戦略に用いられる三つのコスト・管理（コントロール）レベルを横軸にとり、小売企業のグローバル戦略の一般化理論を提示している[45]。ここでいう海外進出・経営戦略に用いられるコスト・経営管理レベルは、① 高コスト・コントロール、② 中コスト・コントロール、③ 低コスト・コントロールの三つのレベルがある。ここでいう高コスト・コントロール・レベルとは完全な企業買収や圧倒的多数の株式所有などのこと、中コスト・コントロール・レベルとは50：50の資本分担による合弁事業などのこと、低コスト・コントロール・レベルとは少数の株式所有やフランチャイズ契約などのことであるとしている[46]。

また、Treadgoldは小売企業のグローバル戦略の出店政策について、「集中的出店政策（concentrated Internationalization），分散的出店政策（dispersed Internationalization），多国籍出店政策（multinational），グローバル出店政策（global）」[47]に区別し説明している。第1の出店政策は、特定地域への集中的出店政策である。この政策は小売企業の最も基礎的海外出店政策であり、地理的に適用される（類似性のある）地域や国への国際化であ

る。ここでいう地理的とは単に距離・物理的意味のみならず，消費市場・社会環境のことをも含む。つまり，自国市場内への距離的近接というよりも，自国市場環境と類似性のある近隣地域や国を指す。第2のそれは，分散的出店政策である。つまり，自国市場と地理的にも離れ，文化的にも隔たりのある市場への海外出店をも含む政策である。これらの事例としては，その国と歴史的に関係のある地域や国，とりわけ旧植民地への出店があげられる。この政策は多国籍化政策の展開への過度的段階であり，恐らく非常に短期間であり，海外でより広範囲のポートフォリオを展開する初期段階の小売企業によって選択されるとしている。第3の政策は多国籍出店であり，多数の海外市場への事業展開を意味する。それゆえ，これらが活動する海外市場は，必然的に自国市場環境とは異なり，いわば地理的にも文化的にも離れている場合が多い。最後の第4は，グローバル出店政策である。この政策は，世界市場を標的とした真の意味のグローバル出店を意味し，経営管理方式やマーケティング戦略の標準化・統一化が求められる（例えば，ベネトンなどの海外出店政策がここに含まれる）。

そのうえで，Treadgoldは，小売企業のグローバル戦略の一般化理論の枠組みとして，① 慎重な国際化志向小売企業，② 大胆な国際化志向小売企業，③ 攻撃的国際化志向小売企業，④ ワールド・パワー国際化志向小売企業という四つのタイプに分けて，それぞれの特徴についても述べている（図1-3を参照)[48]。

①クラスターⅠ（慎重な国際化志向小売企業）

このクラスターⅠ（The Cautious Internationalists）には，最も多くの小売企業が属しているが，自国市場の取引環境（trading environments）と類似性のある地域や国への集中的国際化戦略[49]を展開していることが，その特徴である。また，海外経験が極めて乏しい故に，完全子会社または現地小売企業の完全買収などによって参入し，高コスト・高コントロール戦略を用いながら現地小売企業に蓄積された経験（expertise）や知識（knowledge）を最大限に利用している[50]。

②クラスターⅡ（大胆な国際化志向小売企業）

図1-3 小売企業の国際化の類型化（Typology of International retailers）

地理的出店度合		参入・事業活動戦略 (entry and operating strategy)		
		高コスト／高コントロール (High Cost/High Control)	中コスト／中コントロール (Medium Cost/Medium Control)	低コスト／低コントロール (Low Cost/Low Control)
	集中的国際化 (Concentrated Internationalization)	・コールス・マイヤ ・プランタン ・BAT クラスターⅠ ・M&X ・アルブレヒトグループ ・グランド ・メトロポリタン	・アスコ	・ノルディスカ
	分散的国際化 (Dispersed Internationalization)	・ストアハウス ・オーシャン ・カルフール クラスターⅡ	・プロモード	・タンディー ・セーフウェイ・ストア
	多国籍化 (Multinational)	・IKEA ・トイザらス クラスターⅢ	・オット (otto)	
	グローバル化 (Global)			・ボディショップ ・サウスランド社 クラスターⅣ ・ベネトン ・マクドナルド

出所：Treadgold, Alan D., "Retailing Without Frontier : The Emergence of Transnational Retailers", *Retail & Distribution Management,* November/December16-6, 1988, p.10. (図1を基に修正作成)。

　このクラスターⅡ（The Emboldened Internationalists）は、地理的にも文化的にも離れた地域や国においても出店するが、限定的（分散的）出店政策を望む小売企業によって構成されており、四つのクラスターのうち最も安定した小売企業集合である。このクラスターⅡに属する多くの小売企業は、クラスターⅠに属する小売企業よりも、海外進出の経験が長いが故に、海外進出の際に社会・経済・文化的環境と類似性があるか否かは重要な基準ではない[51]。これらの典型的事例は仏カルフールである[52]。

　③クラスターⅢ（攻撃的国際化志向小売企業）

　このクラスターⅢ（The Aggressive Internationalists）に属する小売

企業は比較的少ないが，地理的にも文化的にも離れている多数の地域や国へと出店（多国籍出店政策）を行うが故に，普遍性のある取引環境のなかでも出来る限りの共通の環境を探り出し出店するニッチ戦略を訴求する。また，現地企業に対しても根本的に高コスト・高コントロール戦略を用いる[53]。

④クラスターⅣ（ワールド・パワー志向小売企業）

クラスターⅣ（The World Power）に属する小売企業は，図1-3で示されているように，地理的出店度合とそれらの用いられる参入・事業活動戦略との双方において，前記の三つのクラスターとは大きく異なり，グローバルな出店政策を通して最も広範囲の地域や国へと参入し拡大すると同時に，その顕著なワールド・パワー（The World Power）を達成するために低コスト・低コントロール戦略を用いる。これらは，社会・文化的差異（socio-cultural variations）を超越し，新たな市場を生み出し築き上げる能力を備えた製品または業態を提供している。また，フランチャイズ・システム[54]を採用することが多く，サプライ・チェーンに対しても高度の垂直的コントロールを行使する[55]。

(2) 向山氏と川端氏の一般化理論

日本においても1980年代半ばに入ってから，すでに述べたように欧米の諸研究を基盤に小売企業のグローバル化を対象とする研究が行われており，とくに向山氏と川端氏の研究は初期的小売企業のグローバル研究範囲を遥かに超え，むしろ小売企業のグローバル戦略の一般化理論の嚆矢であるといえる。

①向山氏の「グローバル・パス」

向山氏は，数少ない欧米の諸研究を基盤にしながらも，旧ヤオハンと良品計画の事例研究を通じて，出店行動と商品調達行動の二つの側面から小売企業のグローバル化・戦略の理論的枠組み（グローバル・パス）を提示している。具体的に言えば，小売企業のグローバル化の進展については，縦軸の「商品調達行動のグローバル化度」と，横軸の「出店行動のグローバル化度」という相関関係から検討し，単純ドメスティックから単純グローバルに向かう道（グローバル・パス）であるとし，小売企業のグローバル化への進展プ

ロセスは複線的ルート，つまり次の三つの複線的グローバル・パスがあるとしている（図1-4を参照）。まず第1のルートは，単純ドメスティックから直接的に単純グローバルに到達するパスである。この典型的事例は旧ヤオハンであり，それは商品調達行動と出店行動という二つの戦略次元を同時に追求するために単純ドメスティックから単純グローバルに直接到達する，チャレンジングなパスであるとしている。また第2のルートは，単純ドメスティックからドメスティック志向型グローバル化へ，さらに単純グローバルに至るパスであるとしている。さらに第3のルートは，単純ドメスティックからタイムラグ利用型グローバルへ，さらに単純グローバルに至るパスであるとしている。

以上のように，向山氏は小売企業のグローバル化は三つのルートを辿ることになるが，第3のルートを辿って単純グローバルに到達するのは非常に困

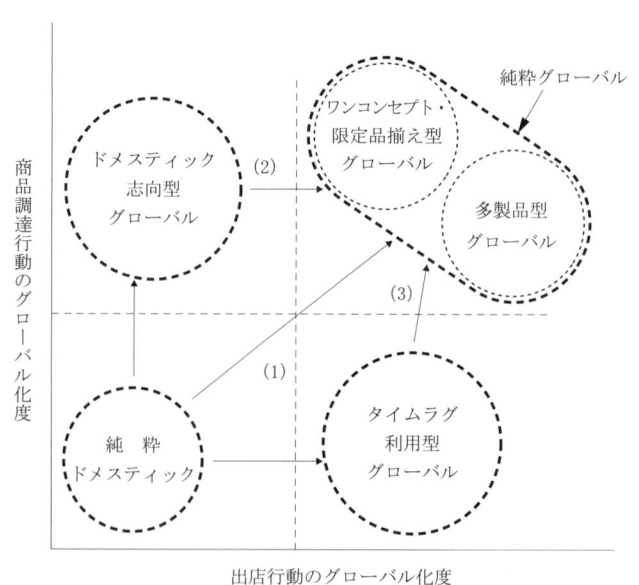

図1-4　グローバル・パス

出所：向山雅夫『ピュア・グローバルへの着地―もの作りの深化プロセス探求―』千倉書房，1996年，173ページ。

難であり，その理由はタイムラグ利用型グローバル化が単純グローバルへ移行するための「駆動力」が欠けている企業が多いからであるとしている。ここでいう「駆動力」とは，国内 PB や海外からの開発輸入，自在開発といった商品調達によるグローバル化推進力を意味する。

②川端氏の「フィルター構造論」

川端氏は，従来の理論的研究の課題として「市場の捉え方の曖昧さ」を指摘し，それを解決する方法論として「フィルター構造論」といった小売企業のグローバル戦略の理論的枠組みを提示している。このフィルター構造論は，進出先のフィルター構造と母市場のフィルター構造の特性との相対的な関係の視点から市場参入問題を捉えており，また動態的であり，さらに自己も進出先のフィルター構造下で変容していくので戦略類型は固定的に捉えるものではないとしている。ここでいうフィルター構造とは，「各市場に備わる特性を意味する」[56]としている。具体的フィルターとしては，「その対象となる市場（国）の歴史的経緯，気候条件，国土の広さ，市場の集中・分散度，公共交通基盤の整備度，政府の規制，都市計画とその規制，不動産取引上の慣行，地価・店舗家賃とその変動，物流基盤，製造業と卸売業の発展度，住宅事情，人口の規模や構成，所得の絶対額や分布特性，消費者モビリティ，消費者選好，宗教など」[57]が取り上げられている。

さらに同氏は，海外小売市場への進出戦略には，次の五つの類型がある[58]としている。第1の戦略類型（飛び地戦略）は，フィルター構造の動態的特性ができるだけ同じ市場を海外に求める戦略であるとしている。つまり，この戦略の特徴は，母市場のフィルター構造と共通性が高い市場を探索し，母市場でのノウハウを生かす戦略である。第2の戦略類型（優位性戦略）は，母市場と進出先市場とのフィルター構造を比較して，母市場が備えた自己の特性が「優位性」となって機能するようなフィルター構造を有した市場を探す戦略であるとしている。換言すれば，母市場での特性が，そのまま進出先のフィルター構造下での優位性となる市場の探索を行い，進出先での競争優位者となることが，その特徴である。第3の戦略類型（特定市場適応化戦略）は，フィルター構造の異なる市場を選択するにあたって，「特定市場」

のフィルター構造を通過するために適応化を図るものであり，さらに二つのタイプがあるとしている。一つ目は，母市場のフィルター構造下において備えた自らのシステムの特性をできるだけ変更しないことを前提とした適応化である。二つ目は，自らの特性を部分的に変更することで適応化を目指す戦略である。すなわち，これらの戦略の特徴は，比較的通過しやすい特定市場のフィルター構造通過のために，自己のシステム特性を最適化することである。第3の戦略類型は特定市場への適応化であるが，第4の戦略類型（複数市場適応化戦略）の特性は複数市場への適応化戦略を採るとしている。いわば，この戦略特性は，特定市場のフィルター構造通過に成功したノウハウを，その特定市場と共通性が多いフィルター構造を有する複数市場に適用することである。第5の戦略類型（グローバル戦略）は，母市場で身につけた自らのこれまでの特性に縛られることなく，グローバル視点から，より広域の市場を狙おうとする戦略であるとし，真の「グローバル化」への道を開くものとしている。つまり，多くの市場のフィルター構造に適合するように自己のシステム特性を変更し，地球規模の拡大を図ることが，その特徴である。

　以上では，小売企業のグローバル戦略研究の主な論者としてTreadgold，向山氏，および川端氏の研究を紹介した。とくに向山氏と川端氏の研究は，初期的小売企業のグローバル化の研究範囲を超え，むしろ小売企業のグローバル戦略の一般化理論の嚆矢であり，現段階では小売企業のグローバル化理論として体系的研究であり，かつグローバル戦略論として非常に完成度が高い貴重な研究である。それゆえ，今後，小売企業がグローバル戦略を展開する際に有効な指標となるといえる。

第3節　小売産業のグローバル戦略の一般化理論の課題

1．小売企業のグローバル化研究の問題点

　以上のような小売企業のグローバル化・戦略への研究は，かつては欧米の諸研究者によって先駆的に展開されてきたものの，1980年代半ばに入ってから日本においても欧米の既存研究をベースにしながらも積極的に取り組ん

でおり，とくに向山氏と川端氏の研究では小売企業のグローバル戦略の一定の方向性が提示されており，一般化理論へと向かっているといえる。しかし，Akehurst and Alexander や向山氏や川端氏がすでに指摘しているように，小売企業のグローバル化・戦略の一般化理論の既存研究では，いくつかの問題点も内在しているといえる。

　これらの問題について，すでに Akehurst and Alexander は，① 小売企業の国際化の定義の曖昧さ，② どのような小売企業が国際化するのか（Who），③ どのような理由で国際化するのか（Why），④ どこでオペレーションを国際化させるのか（Where），⑤ どのようにしてオペレーションを国際化させるのか（How），⑥ いつ国際化が生じるのか（When）という六つの課題[59]をあげている。

　また，向山氏もその課題として，小売企業のグローバル化研究は ① 理論課題の曖昧性と，② グローバル行動研究の必要性を指摘している。さらに，同氏はグローバル類型についても，① 標準化概念の不明確さと ② グローバル行動（あるいはグローバル戦略）次元の選択・相互関連性とその根拠がその問題点であるとし，動機や参入規定因の研究では参入前段階の意思決定過程が研究の焦点となり，主にマーケティングミックス・投資・参入・組織統制・出店・製品多角化・商品供給・品揃えなどの行動であり，どちらかの分類基準による類型化であった[60]としている。

　さらに，川端氏は既存研究の問題点について，つぎのように指摘している。第1は，小売企業（小売業）は海外に進出するメカニズムや法則性を帰納的に解明しようとする研究である。第2は，製造業の海外進出における直接投資論の成果を借用（適用）して，演繹的に小売業の海外進出を理論化しようとするものである。第3は，小売業の海外進出のメカニズムを，経営戦略論の成果を借用（適用）して演繹的に実態を理解しようとするものである。第4は，国際マーケティング論における標準化－適応化問題の視点から小売業の海外進出を理論的に理解しようとするものである[61]としている。

　以上のように，小売企業のグローバル化への既存研究の課題は，大きく分けて二つの側面から提起されており，いわば一つ目は小売企業のグローバル

化研究そのものへの提起であり、二つ目は小売企業のグローバル戦略そのものへの提起であるといえる。しかし、前者については向山氏と川端氏の体系的研究文献に委ねることにし、以下では後者について検討することにする。

2．標準化と適応化の問題

　小売企業のグローバル戦略の一般化理論研究において、共通の関心事は標準化－適応化の問題であるといえる。それらの問題[62]について最初に提起した論者は、小売企業に限って言えば Salmon and Tordjman である。彼らは、小売企業の国際化戦略の枠組みについて、グローバル市場において同一のフォーミュラを複製していくグローバル戦略（専門店チェーン）と、フォーミュラを現地小売市場に修正させていく多国籍戦略（ハイパーマーケット・百貨店）を提示しており、その研究の方向として標準化－適応化の問題を提起している。

　向山氏もすでに述べたように、欧米の小売企業のグローバル類型化論の諸研究を検討したうえで、それらの共通の特徴は ① 標準化したコンセプト、② 同一公式の世界的複製、③ 商品の標準化、④ マーケティングミックスの標準化、⑤ 社会的・文化的差異の超越であるが、依然として標準化概念の不明確さはその問題点として残されたままであると指摘している。もう一つの問題は標準化と適応化の関係についてであるとし、小売企業の標準化と適応化問題に着目し、小売企業のグローバル化は品揃え戦略の視点から同時追求することによって達成できるとしている。詳しく言えば、グローバル市場において小売企業が直面する課題は標準化すべきか適応化すべきかという二者択一的な選択ではなく、標準化（中心品揃え）と現地適応化（周辺品揃え）をシンクロナイズすることによってグローバル戦略が可能であることを提示した。

　さらに、これらの諸研究を統合した形での小売企業のグローバル戦略の一般化理論への試みは、川端氏の『小売業の海外進出と戦略』である。そこで、同氏は、欧米の諸研究はもちろん、向山氏らの日本での諸研究を体系的に検討しながらも、すでに述べたようにその共通の問題点として「市場の捉

第3節　小売産業のグローバル戦略の一般化理論の課題　27

え方の曖昧さ」に着目して，「フィルター構造論」を提示している。つまり，グローバル小売企業が海外市場に参入したあと，どのような戦略（標準化・適応化）を採るべきかについては，現地小売市場の特性であるフィルター要素と関連づけ，各々の戦略の枠組みが具体的に提示されており，現在のところ小売企業のグローバル戦略の一般化理論に近い貴重な研究の一つであるといえる。

　以上のように，田島義博氏も「流通におけるグローバル・システム化」（『流通情報』No.391）の中で，「流通システムにおけるグローバリズムが進行する際，グローバリティと日本のローカリティが厳しい相克に直面することは当然であるが，日本の流通システムのうち，どの部分がグローバル化と連動して変化すべきであり，どの部分が固有性として温存すべきなのかを考える必要がある」とし，「『変えるべきことを変える勇気』と『変えてはならないことを変えない勇気』が，流通のグローバル化の中で求められている」[63]と指摘しているように，今日小売企業のグローバル戦略の一般化理論では，標準化－適応化の問題が大きな課題であるといえる。言い換えれば，小売企業のグローバル戦略のうち，どのような技法を標準化し適応化すべきかであるといえる。いままで取り上げた諸研究においても，まさにこの問題が提起されており，小売企業がどのような戦略（標準化ないし適応化）を採るべきかの一定の方向性や必要性については明らかになったといえよう。

　しかし，小売企業が駆使している戦略的要素のうち，どのような技法を具体的に標準化し適応化すべきなのかについてまでは明らかにされていない。これが小売企業のグローバル戦略の一般化理論の今後の研究課題であるといえる。換言するならば，小売ノウハウの海外移転を解明することこそが小売企業のグローバル戦略の一般化理論の切り口の一つであるといっても過言ではない。以上の研究課題を考慮し，本書の第3章では，各国の小売ノウハウが，どの程度本国からローカル市場に移転されているのか，またそのノウハウがどの程度修正され現地に移転可能なのか，あるいは移転不可能なのか，不可能な場合それはなぜなのかなどについて，これまで経営学分野で蓄積された製造企業における管理技術の海外移転に関する理論化の到達点との比較

を念頭に，小売ノウハウの海外移転に関する理論化を試みる。

補節　小売産業のグローバル提携戦略

　21世紀の世界経済を特徴づけるキーワードの一つは，グローバル化である。小売産業においても，商品やノウハウや資本などのあらゆる面でグローバル化の傾向がいっそう強められている。とくに1990年代に入ってからは，その動きが加速化し，グローバル小売競争が繰り広げられるようになってきている。小売産業では，このようなグローバルな領域においてより有効に競争するため，その手段として小売企業の戦略的提携，とくに国境を越えた戦略的提携を利用する小売企業が増えている。いわば，小売企業が競争相手の小売企業に対して価格上の競争優位を獲得する手段として，グローバル提携戦略の有効性がいっそう高まっている。また，ECR (efficient consumer response)，QR (quick response)，POS (point of sale)，EDI (electronic data interchange) という消費起点型流通システム[64]が進展するにつれて，卸主導型からメーカー主導型へ，メーカー主導型から小売主導型への構造改革にある。このような状況のなかで，情報共有や戦略的提携などの「供創力」こそが，グローバル小売企業の競争力の源泉ともなっているといえる。

　そこで，補節では，戦略的提携の諸局面の中でも小売企業の戦略的提携，とくに国境を越えたグローバル提携戦略に焦点を絞り，まず小売企業のグローバル化と戦略的提携の位置づけをし，また戦略的提携の概念を考察しながら，小売企業間のグローバル提携戦略の特徴について検討している。そのうえで，Robinson and Clarke-Hill の見解[65]に従い，小売企業間のグローバル戦略的提携の類型化とその特徴などについても紹介し検討している。

1．小売企業のグローバル戦略的提携の概要
(1)　戦略的提携の概念
　戦略的提携（strategic alliance）については，未だに確たる定義はない。

なぜならば，その定義は論者によって異なり，実際にいかなる関係が戦略的提携にあたるのかということに関するコンセンサスが存在しないからである。しかし，戦略的マーケティングの分野においては，戦略的提携は連合（coalition），ネットワーク，コラボレーション（collaboration）などの用語としても使われており，製販同盟，製販統合，共同取組とも呼ばれている。本節においては，それらの概念を戦略的提携として捉えることにする。
このような戦略的提携が注目されるようになったのは，比較的最近のことである。戦略的提携の概念が生まれたのは，アメリカにおいて1980年代の不況により，規制緩和やアンチトラスト法の適用が緩和され，企業間提携の実施が比較的容易であったことや，情報技術の進展に伴う企業間の情報共有や交換が促進されたことなど[66]が，その理由である。

企業と企業が戦略的提携を結ぶ契機は，Varadarajan and Cunningham[67]によると，第1は，資源とリスクを共有することによって相互の長所を最大化し，短所を補完するためであるという。例えば，単独企業が新しい市場に進出する際，市場が要求する諸成功要素を備えることは困難である。そして，今日での競争力の源泉ともいえるR&D（research and development）や自動生産設備などへの投資は莫大な費用を必要とし，単独企業が負担するのは困難であるからである。第2の理由は，産業の標準化が自社に有利な方向で形成されることを期待して行われることである。とくに，技術開発の速度が早く，産業標準化が非常に重要な産業においては最も重要な動機となる。第3のそれは，新製品開発の時間を短縮し，迅速な市場参入を図るためである。それは，競争企業よりもいち早く新製品を開発し，高い収益性と競争優位性を確保することができるからである。最後の第4の理由は，企業活動の柔軟性を確保するためである。企業は，特定の産業分野において，企業活動の撤退を容易にする手段として戦略提携を活用する場合もある。例えば，企業は合弁投資による戦略提携を結び，景気がよくなると合弁投資を基盤に事業拡大することもできるし，景気が悪くなると合弁パートナーに持ち株を売り，簡単に撤退することもできるからである。

企業間の戦略的提携は，企業の生存のための組織的に産出された企業の特

性と，競争的利点を獲得するための環境的に派生された環境的特性，および産業特性などの変数によって誘発され，その結果垂直的提携または水平的提携を結ぶことになる。いわゆる戦略的提携とは競争的利点を生み出す手法ともいえる。それは，コスト優位と差別化によって生み出される。コスト優位とは，同様の製品を提供する競争企業よりもさらに低い価格で市場に供給することである。差別化とは，競争企業の商品・サービスに比べて，消費者に持続的に差異を感じさせることである[68]。言い換えれば，企業間の戦略的提携は，相互の資源や技術などを共同で利用し合いながら，低価格または差別化などの側面から競争の優位性を構築することができるといえる。

戦略的提携の定義について，Bowersox ら[69]は，複数の独立した組織体が特別な目的を達成するため，緊密に協力し合う意思決定をしているビジネス関係であると述べ，またその本質は協力関係づくりにあるとしている。さらに，提携の特徴は一種の相互信頼関係であり，提携する二つの組織体は互いに協力関係をつくるべく努力をしながら，リスクと報酬とを分かち合うことを理想とするとしている。また Robinson and Clarke-Hill も，「戦略的提携とは，相互に協力し，相互欲求に基づくパートナーシップと連合を形成する組織に適用される用語である」[70]と述べ，企業間の戦略的提携は，関係の長期性，関係の戦略性，関係の対等性という条件が必要であるとしている。関係の長期性とは，取引関係が一定期間成立することを意味する。関係の戦略性とは，競争優位の獲得という共通の目的のもとで関係が成立することを意味する。つまり，提携の中心的関心事は競争優位の確保のための補完資源の獲得であり，新しい製品，新しい技術，新しい市場創造である。関係の対等性とは，双方間の関係は規模や資産の格差にもかかわらず対等な関係を意味する[71]。

矢作敏行氏は，戦略提携を包括的戦略提携と機能的戦略提携とに分類し，包括的戦略提携は商品開発と商品供給の効率化を目差す提携であり，機能的戦略提携は商品開発を含まず既存商品の店頭品揃えの最適化と商品供給連鎖の効率化が共通の目標とされる提携であると言及している。しかし，三村優美子氏[72]は，戦略的提携を流通システム全体から捉え，提携当事者間の取

引というよりも,「共同取組」であると指摘している。

　企業間の戦略的提携には,新製品開発や市場開拓などのために顕著または潜在競争者との間で水平的に行われるメーカー間の戦略的提携と,流通業者間における卸売業間または小売企業間で行われる戦略的提携とがある。また,P&Gとウォルマート,味の素とダイエーの戦略的提携のようなメーカーと小売企業間の異業種産業間において,消費者満足の実現を通じて双方の共存共栄を図るための垂直的提携があげられる。

　このような戦略的提携について,Cravensら[73]は,特定の市場において個別組織として競争する企業は一匹のオオカミ (alone wolf) であり,それはグローバル時代の遅れであると言及し,戦略的提携の重要性を強調している。そして,Kanter[74]も,協力的な関係 (co-operative relationships) は競争の優位性を構築する最も重要な要因であり,それは企業の長期的な戦略計画と関連して構築され,企業の戦略的地位を向上させるためであるとしている。言い換えれば,経営資源(ヒト・モノ・カネ・情報)において相互補完関係のあるパートナーは,競争優位性の確保という共通の目的のもとで戦略的に行われることに大きな特徴がある[75]。

(2) 小売企業間のグローバル戦略的提携とその特徴

　以上では,戦略的提携の背景,動機,定義について考察してみた。戦略的提携は,メーカーとメーカー間,流通企業と流通企業(卸売・小売企業)間のような水平的企業間の戦略提携から,メーカーと流通企業(卸売・小売企業)間の垂直的企業間の戦略的提携に至るまで幅広くなってきている。しかし,以下では,小売企業間の水平的提携,とくに国境を越えた小売企業間のグローバル提携戦略を中心として検討する。

　小売企業のグローバル化の進展に伴い,Dawson and Shaw[76]は事例研究を通じて,小売企業間の水平的提携の性質と範囲について検討しているが,小売企業の次元においてどの要素が戦略的提携を構成するかについてまでは未だに明らかにされていない。

　Robinson and Clarke-Hillによれば,「小売企業間の協力関係は,新しい現象ではなく,ボランタリー・チェーン[77]の開発とともに水平的協力関

係は存在していたが，さらなる新しい協力関係は，小売企業の制度化とグローバル化が進展するにつれて，小売企業間の水平的協力関係が加速化されてきた」[78]と述べ，小売企業間の戦略的提携においても相互の利益的目標を達成するため，二つの組織が意図的に連合することであると定義している。この定義の概念において，小売企業間の提携は，多様な目的を持つ本質的面での戦略的次元のみならず，経営管理的次元のことをも含む。なぜならば，潜在的競争者相手の小売企業と提携を結ぶ場合もあるからである。小売企業間の戦略的提携は，提携協力者の間で良く開発された相互作用をもつ契約的提携から，協力的関係が緩い提携までもある[79]としている。

　国内小売企業間の戦略的提携では，中村久人氏によると，共同仕入れ，PB（Private Brand）商品の共同開発，共同セールスキャンペーン，店舗開発の情報交換，配送・ロジスティックシステムが可能となり，競争優位をもたらすことになるが，それが外国小売企業間のグローバル戦略的提携になれば，なおさらそのシナジー効果はより強力により広い範囲にまで及ぼされる[80]としている。グローバル小売企業間のシナジー効果について具体的に言えば，竹田志郎氏は，① 市場シェアの防衛・拡大，② 競合企業への適応・追従，③ 参入障壁設営を通じる競争の予防，④ 顧客（企業）への追従，⑤ 将来の有利な競争関係形成のための布石，⑥ 技術・ノウハウ取得機会への接近，⑦ 特定国市場への依存度の引き下げ（地理的多角化），⑧ 当該国の政治的規制（摩擦その他を含む）の回避など[81]をあげている。さらに，PB商品確保の機会取得と開発，企業ブランドの構築もそのシナジー効果に含まれるだろう。

　このような小売企業間のグローバル提携戦略は，日本やアメリカの小売企業間というよりも，むしろヨーロッパの小売企業間において多く見られる傾向がある。その理由は地理的特殊性によるものであるといえよう。もう一つのそれは，ヨーロッパでは国境を越えた共同仕入れ機構（buying club）や小売主宰のボランタリー・チェーンが早い時期から構築されていたことにより，小売企業間のグローバル戦略的提携の基盤がすでに出来上がっていたからであろう。例えば，フランスの共同仕入れ機構がその事例である。しか

補節 小売産業のグローバル提携戦略 33

表1-2 小売企業間のグローバル戦略的提携の事例(ヨーロッパ)

名称(略称) (設立年・本部所在地)	参加企業 (国名)	総売上高 (10億Ecu)
ヨーロピアン・マーケティング・ディストリビューション(EMD)(1989・CH)	マルカント(D) ユーロマディ・イベリカ(E) レクレール(F) ユーロマディ(I) ZEV(A) ユニアルム(P) スーパービブ(DK) ニサ・トデイズ(UK) ムスグレーブ(IRL) ダガブ(S) シントレード(CH) ユニル(N)	103.8
アソーシエーテッド・マーケティング・サービス(AMS)(1989・CH)	アホールド(NL) セーフウエイ(UK) カジノ(F) エデカ(D) ICA(S) ハコン(N) K-グループ(SF) メルカドナ(E) スーパークイン(IRL) JMR(P)	75.8
ユーログループ(1988・CH)	レーベ(D) ベンデックス(NL) コープ・スイス(CH)	41.2
NAFインターナショナル(1918・DK)	SOK(SF) トラデカ(SF) CWS(UK) コープイタリア(I) NKL(N) NF(S) FDB(DK) グルッポ・エロスキ(E)	29.6
スパー・インターナショナル(BIGSを含む)(1990・NL)	スパー(A) スパー(D) ダグロファ(DK) ツコ(SF) ヘラスパー(GR) デスパー(I) ベルナグ・オバグ(CH) ユニグロ(NL) ユニディス(B) スパー(UK) スパー(IRL)	25.3
SED(1994・UK・I・B)	セインズベリー(UK) エッセルンガ(I) デレーズ・ル・リオン(B)	24.3
インターグループ(1995・DK)	トラデカ(SF) CWS(UK) NKL(N) コープ・イタリア(I) コープ・ハンガリー(H) KF(S) FDB(DK) グルッポ・エロスキ(E)	18.6
ユーロパートナー(1995・NL)	サマーフィールド(UK) スーパーユニー(NL) コラ(F)	13.9
インターCOOP(1918・DK)	CWS(UK) コープハンガリー(H) コープユニオン(IL) コープイタリア(I) NKL(N) JCCU(J) KF(S) コープユニオン(SK)	na

注:Ecuは97年当時1.00=Y138.00、na:不明、オーストラリア、B:ベルギー、CH:スイス、D:ドイツ、DK:デンマーク、E:スペイン、F:フランス、GR:ギリシア、H:ハンガリー、I:イタリア、IL:イスラエル、IRL:アイルランド、J:日本、N:ノルウエイ、NL:オランダ、P:ポルトガル、S:スウェーデン、SF:フィンランド、SK:スロバキア、UK:英国
出所:矢作敏行『欧州小売イノベーション』白桃書房、2000年、103ページ。(原資料は『IGD 1998』。編/国際流通研究所)

し、このような小売企業間のグローバル戦略提携の動きは1980年代の後半からであったが、本格的に展開されるようになったのは1990年代初期から

である[82]としている。

　Robinson and Clarke-Hill は，小売企業間のグローバル戦略的提携とは「仕入れ（buying），ブランディング（branding），専門的技術の共有（expertise exchange），プロダクト・マーケティング（product marketing）といった経営管理諸活動の調整の目的のもとで，その目的を創出するための小売企業のグループである」[83]と定義している。小売企業間のグローバル戦略的提携の代表的事例は，ヨーロッパにおいて，小規模小売企業の連合体である EMD（European Marketing and Distribution）グループと，ヨーロッパ各国を代表する大手小売企業によって構成されている AMS（Associated Marketing Service）である。もう一つの代表的事例は，世界最大ボランタリー・チェーンであるスパー（SPAR）が各国スパーのために運営する BGS や，セインズベリー（Sainsbury）がリードする3社からなる SED（イギリスのセインズベリー，イタリアのエッセルンガ，ベルギーのデレース）があげられる[84]。

　小売企業間のグローバル戦略的提携の特徴[85]について，Robinson and Clarke-Hill はつぎのように要約している。第1の特徴は，断片・一時（snapshot）的提携[86]として捉えていることである。第2の特徴は，提携内の提携（alliances within alliances）が存在している[87]ことである。第3の特徴は，お互いに双方の協定に加入するのを妨げない[88]ことである[89]。第4の特徴としては，提携を構成する小売企業間の規模が異なる[90]ことがあげられる。

　以上のような小売企業間のグローバル戦略的提携は今日，ヨーロッパ域内のみならず，日本や韓国や中国の東アジア，さらにアジア諸地域にまで広がっており，小売企業のグローバル化を促す要因ともなっている。

2．小売企業間のグローバル戦略的提携の類型と特徴
(1)　小売企業間のグローバル戦略的提携のヒエラルキー

　Robinson and Clarke-Hill は，小売企業間のグローバル戦略的提携の類型として，その提携形態が「ツヨイ」関係なのか，「ユルイ」関係なのかの

補節 小売産業のグローバル提携戦略 35

程度（インフラの結合とコミットメントの程度）によって，八つのカテゴリーに分類し，それらのヒエラルキーを提示した（図1-5を参照)[91]。そのカテゴリーは，①緩やかな提携，②共同仕入れ機構，③コ・マーケティング協定，④中央事務局をもつ国際的提携，⑤資本参加型提携，⑥ジョイント・ベンチャー，⑦部分的・不完全買収と持分株参加，⑧子会社のアイデンティティーを生かす支配的株所有または完全所有である。

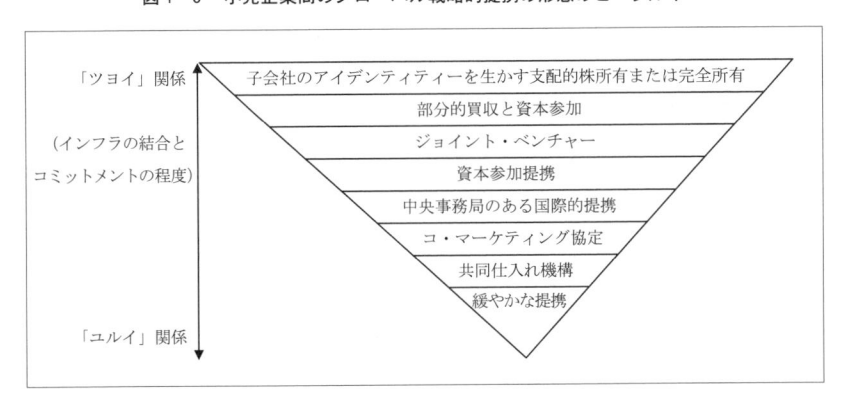

図1-5　小売企業間のグローバル戦略的提携の形態のヒエラルキー

```
「ツヨイ」関係        ┌─────────────────────────────────────┐
                    │子会社のアイデンティティーを生かす支配的株所有または完全所有│
                     └───────────────────────────────────┘
                       │  部分的買収と資本参加  │
(インフラの結合と         └─────────────────────┘
コミットメントの程度)       │ジョイント・ベンチャー│
                          └───────────────────┘
                            │  資本参加提携  │
                            └─────────────┘
                             │中央事務局のある国際的提携│
                             └───────────────────┘
                               │コ・マーケティング協定│
                               └───────────────┘
                                 │共同仕入れ機構│
                                 └─────────┘
                                   │緩やかな提携│
「ユルイ」関係                        └───────┘
```

出所：Robinson, Terry and Colin M. Clarke-Hill, "International alliances in European retailing", in Peter J. McGoldrick and Gary Davies, *International Retailing : Trends and Strategies*, Pitman Publishing, 1995, p.144.

①**緩やかな提携**（loose affiliations)[92]は，それらのメンバーに対して機能を合わせて運営する組織体である。この形態の提携は，本質的に市場の調査と拡大に関する取引組織体（trade bodies）であり，また政治的圧力をかける組織体（political lobbying）でもある。

②**共同仕入れ機構**（the national buying club)[93]は，一定地域内において，そのメンバーに対して優先的に利益を与える組織であり，その主な目的はマーチャンダイジングの調達（the procurement of merchandise）と購買力の最大化（maximization of purchasing power）である。しばしば共同仕入れ機構のメンバーらは，同じ市場で競争する場合もある。フランスでは，このような形態の提携は長い期間において存在してきた。

③**コ・マーケティング協定**（co-marketing agreements）[94]は，Anderson & Narus[95]によれば，各々の企業の成功は部分的な相互依存の認識と理解であり，実用的パートナーシップの形成（a form of working partnerships）であると言及している。またBucklin & Sengupta[96]も，このような提携は製品市場で補完財であり，これらの補完関係（complementarities）から得られる利点に対して企業（使用者）が認識し，構築しようとする企業によって遂行される契約的関係（contractual relationships）であるとしている。それゆえ，企業はマーケティングの諸側面においてパートナー間の調整が必要となる。

④**資本参加型提携**（equity participating alliances）は，小売企業間の相互の株式所有を含む形態の提携である。典型的「資本参加型提携」の事例は，ERA（European Retail Alliance）であるが，これらの小売企業間の提携は，イギリスのアーガイル（Argyll），フランスのカジノ（Casino），オランダのアホールド（Ahold）の3社によって構成されている（図1－6を参照）。それは，戦略的相互関係（the strategic interrelationships）のもとで，小売企業間の潜在的シナジー（potential synergies）が主な目的となっている[97]。またERAは，ヨーロッパ各国を代表する大手小売企業によって構成されているAMS（Associated Marketing Services）[98]の60％の資本を所有している。ちなみに，AMSは連合への加入と脱退が緩やかな形態の同盟である。すなわち，ERAは，国境を越えた小売企業間のグローバル戦略的提携の典型的な事例である。

⑤**中央事務局のある提携**（alliances with central secretariats）は持分株を所有しないが，提携業務を管理し統制するために中央事務局（central secretariats）を設置した提携の形態である。その意味で，この形態の提携は，「資本参加型提携」の形態よりも，さらに拡張された提携の形態である。この提携形態の特徴は，公式的中央事務局があることである。この事務局は中立的立場でグループの目的に合わせて役割を果たしている。中央事務局は，オーダー処理と中央への支払いなどが主な業務内容であり，その活動範囲が限定されている。しかし，今後，限定的業務活動の改善と多くの小売ブラン

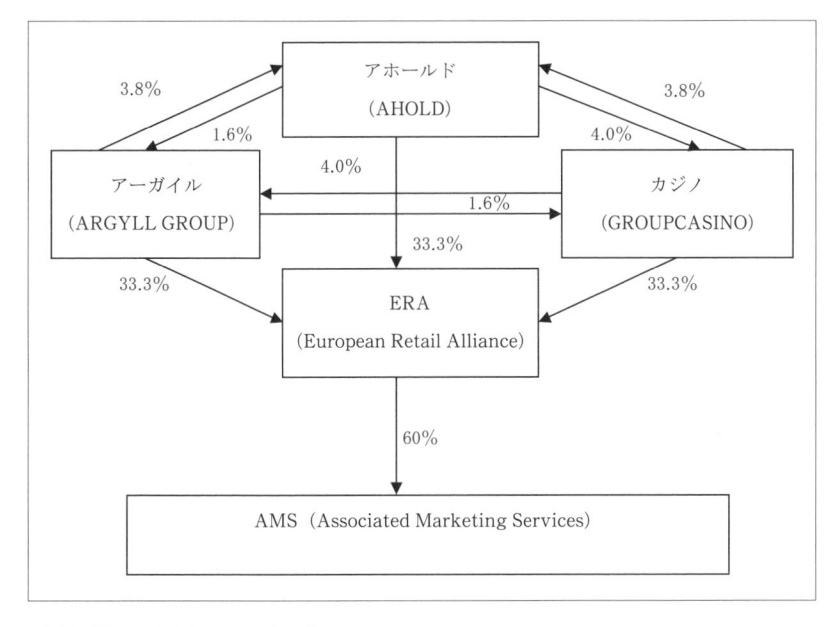

図1-6　ERAの「資本参加型小売企業間のグローバル戦略的提携」

```
            3.8%      アホールド      3.8%
                     (AHOLD)
              1.6%              4.0%
                     4.0%
   アーガイル           1.6%          カジノ
  (ARGYLL GROUP) ←――――――→  (GROUPCASINO)
                     33.3%
         33.3%                 33.3%
                      ERA
            (European Retail Alliance)
                      ↓
                     60%
            AMS (Associated Marketing Services)
```

出所：図1-5と同じ，138ページ。

ドが開発されると，この形態の提携はいっそうグローバル小売企業間の戦略的提携の関係へと進展していくとしている。

⑥**ジョイント・ベンチャーによる提携**[99]は，Harrigan[100]によると，ジョイント・ベンチャーを2人以上の所有者等が一つの分離された独立組織を創出する事業協定であると定義し，他の産業分野でのジョイント・ベンチャーと同じく，小売企業のジョイント・ベンチャーにも当てはめることができるとしている。これは，特別な目的またはアイデンティティーのある新しい組織を創出するために一つ以上のパートナーが一緒に参加することである。

⑦**部分的買収・持分株参加（partial acquisition and equity participation）による提携**[101]は，一方的または両方向への技術移転を通じて戦略的目的を達成する。またそれは，完全買収の前兆段階であり，ほかの小売企業の少数持分株（minority equity stake）を獲得し，特定の目的を達成するためで

ある。このような形態の提携は小売企業間の戦略的提携であると考えられる。

⑧**子会社のアイデンティティーを生かす支配的株所有または完全買収による提携**[102]は，小売企業が他の小売企業の過半数以上の持分株を所有することによって，経営管理の統制権を獲得することを意味し，そして完全買収あるいは大多数の支配的持分株所有（majority controlling interest）をも含まれる。この場合は，買収された小売企業のアイデンティティーを生かして持続的に経営運営することを意味する。もし，そうではなければ，この形態の提携とはいえない。この形態の小売企業間の提携戦略は，しばしば，海外小売市場への参入手段としても用いられる場合がある。

(2) 小売企業間の複合的グローバル提携戦略

Robinson and Clarke-Hill は，小売企業間のグローバル戦略的提携のヒエラルキーを提示したあと，これらの提携形態は相互に排他的なものではないと言及している。なぜならば，マークス＆スペンサーは，欧州と極東アジアではコ・マーケティング協定を結び，北米では現地小売企業を買収しながら，複合的提携戦略（multiple alliance strategies）を推し進めているからである。また，小規模小売企業間の提携においてもかなり複雑な提携のヒエラルキーが形成されており，一国のみではなくグローバルなレベルで運営されているからであるという。イギリスの国内仕入れ機構である Nisa がその典型的事例である[103]。

一般的に，多くの小売企業は単純な複合的提携戦略を展開しているが，とくに Sainsbury の場合においては，非常に複雑な提携関係が構築されている。同社は，イギリスの DIY（Do It Yourself）市場への参入のためにベルギーの GB Inno とジョイント・ベンチャーを結び，またアメリカの Shaws とアイデンティティーの維持を伴う支配的統制または部分的買収によってアメリカのグロサリー小売市場に参入し，さらに中央事務局のある提携，いわゆる SEED にも加入している。もう一つ，それは，LAURA ASHLEY とコ・マーケティング協定を結んでホームベースの経営運営に参加していると同時に，アメリカのジャイアントとフランスのドック（Docks）

補節　小売産業のグローバル提携戦略　39

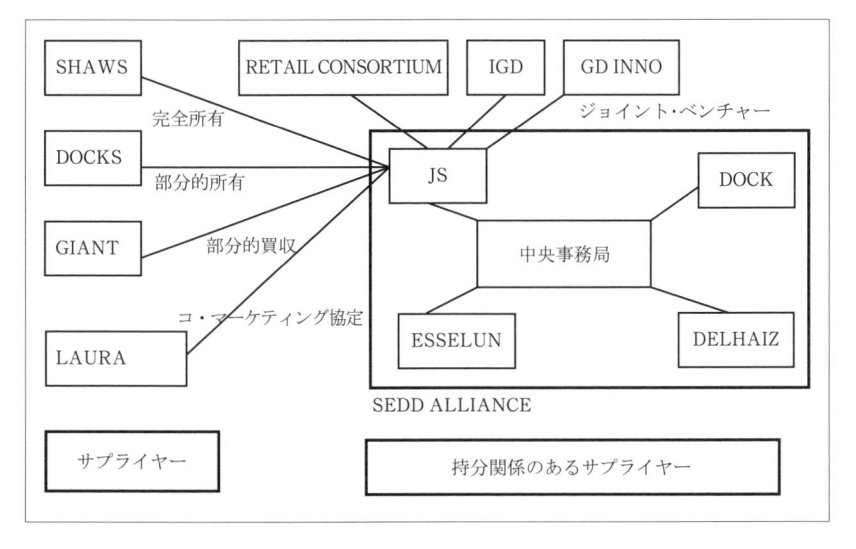

図1-7　Sainsburyの戦略的提携のネットワーク

```
┌─────────────────────────────────────────────────────────┐
│  SHAWS      RETAIL CONSORTIUM   IGD    GD INNO          │
│        完全所有                    ジョイント・ベンチャー │
│  DOCKS                    ┌──────┐         ┌──────┐     │
│        部分的所有         │  JS  │         │ DOCK │     │
│                           └──────┘         └──────┘     │
│  GIANT                                                   │
│        部分的買収         ┌──────────┐                  │
│                           │ 中央事務局│                  │
│        コ・マーケティング協定└──────────┘                  │
│  LAURA                ┌────────┐        ┌────────┐      │
│                       │ESSELUN │        │DELHAIZ │      │
│                       └────────┘        └────────┘      │
│                      SEDD ALLIANCE                       │
│                                                          │
│   サプライヤー        持分関係のあるサプライヤー          │
└─────────────────────────────────────────────────────────┘
```

出所：図1-5と同じ，145ページ。

を少数の持分株所有の形態で買収している[104]（図1-7を参照）。

　以上においては，小売企業のグローバル戦略と小売ノウハウの海外移転を念頭におき，国境を越えたグローバル提携戦略について検討してきたが，小売企業間のグローバル戦略提携に関する研究においても，少なからず提起される課題や問題もある。つまり，その課題[105]として，第1は提携内における製造業者のパワーに対して小売企業がどのように対応していくのかである。第2は，小売企業間のグローバル提携戦略が競争優位性を獲得できるツールであるか否かである。すなわち，国内外市場において「小売企業対小売企業」から「提携対提携」へと競争構造が変化していくか否かである。第3は，小売企業間の戦略的提携がグローバル化していくか否かである。このように，今後解決すべき課題は数多くあるが，小売企業間のグローバル提携戦略の成否は戦略的視点から提携関係を如何に構築していくかである。しかし，今後，小売企業がグローバル戦略を展開するにあたって，国境を越えた提携[106]は競争優位戦略の源泉の一つであるといえ，小売ノウハウの海外移

転の有効的な一つのモードともいえよう。

注
1) 新世界百貨店『新世界 25 年史』新世界百貨店，1987 年，48-56 ページ（原文は韓国語である）。
2) 井上隆一郎編『流通』日本経済新聞社，1986 年，19 ページ。
3) 安藤政武「流通産業の国際化とアジア進出」『海外進出の実態』新日本出版社，1991 年，300 ページ。
4) 日本経済新聞社『現代流通産業』日本経済新聞社，1992 年，154 ページ。
金 亨洙「流通産業の国際化に関する考察」『論究』第 29 号，経済学・商学研究篇，1996 年，251-270 ページ。
5) 向山雅夫『ピュア・グローバルへの着地―もの作りの深化プロセス探求―』千倉書房，1996 年。
6) 川端基夫『小売業の海外進出と戦略―国際立地の理論と実態―』新評論，2000 年。
7) これらをめぐる議論では，「標準化（Standardization）・適応化（Adaptation）」と，「適用化（Application）・適応化」の概念があるが，そのうち「標準化」と「適用化」の言葉はほぼ等しい概念として捕らえることが出来る。しかし，本研究では出来る限り小売企業のグローバル戦略を指す場合は「標準化」という言葉を，小売ノウハウの海外移転を指す場合は「適用化」という言葉を用いることにする。また，既存研究文献を紹介するにあたっては，Standardization は標準化の言葉とし，Application は適用化の言葉として訳すことにする。
8) 原田 保「流通業の国際化戦略」流通政策研究所『流通政策』No.54，1988 年，3 ページ。
9) 上掲誌，28 ページ。
10) 川端基夫，前掲書，18 ページ。Alexander, N., International Retailing, Blackwell, 1997, p.330.
11) 向山雅夫，前掲書，2 ページ。
12) McGoldrick, Peter J., "Introduction to international retailing", Peter J. McGoldrick and Gary Davies, *International Retailing : Trends and Strategies*, Pitman Publishing, 1995, p.2.
13) 矢作敏行「アジアにおけるグローバル小売競争の展開」ロス・デービスや矢作敏行編著『アジア発グローバル小売競争』日本経済新聞社，2001 年，17-18 ページ。
14) 鈴木安昭「外国資本の進出とわが国の大規模小売業」藤田啓三・藤井 茂編『経済国際化と中小企業』有斐閣，1978 年。
15) 川端基夫，前掲書，19-24 ページ。
16) 佐藤善信「グローバル小売企業の成功条件―流通のグローバル・スタンダードにかかわって―」『流通情報』No.391，2002 年，8 ページ。
17) エンリコ・コッラ著／三浦 信訳『ヨーロッパの大規模流通業―国際的成長の戦略と展望―』ミネルヴァ書房，2004 年，46-48 ページ。
18) Salmon, Walter J., and Andre Tordjman, "The Internationalization of Retailing", *International Journal of Retailing*, Vol.2, 1987, p.3.
19) McGoldrick Peter J., and Gary Davies, *International Retailing : Trends and Strategies*, Pitman Publishing, 1995, p.23.
20) Yoshino, M. Y., "International Opportunities for American Retailer", *Journal of Retailing*, 42 (fall), 1966, pp.1-10.
21) Hollander, S. C., *Multinational Retailing*, MSU International Business and Economic

Studies, MSU, East Lansing, 1970.
22) Kacker, Madhav, "International Flow of Retailing Know-how : Bridging the Technological Gap in Distribution", *Journal of Retailing*, Vol.64, No.1, spring 1988, pp.41-60.
23) Salmon, Walter J., and Andre Tordjman, *op. cit.*, pp.3-16.
24) Treadgold, A., International Retailing", *Retail & Distribution Management*, November/ December 16-6, 1988, pp.8-12.
25) Pellegrini, L., "The internationalisation of retailing", *Journal of Marketing Channels*, 1 (2) 1992, pp.3-27.
26) Burt, Stive "Retail internationalisation: evolution of theory and practice", in Peter J. McGoldrick and Gary Davies, International Retailing: Trends and Strategies, Pitman Publishing, 1995, p.51.
27) Kacker, Madhav, *Transatlantic Trends in Retailing*, Quorum, Westport, Connecticut, 1985.
28) Exstein, M. B., and weitzman F. I, "Foreign investment in US retailing an optimistic overview", *Retail Control*, January, 1991, pp.9-14.
29) Hamill, J., and Crosbil, J. "British retail acquisitions in the US", *International Journal of Retail and Distribution Management*, 18 (5), pp.15-20.
30) Bruines, A., Handelen Over de Grenzen, EMI, Zoetermeer, 1989. in Peter J. McGoldrick and Gary Davies, *op. cit.*, p.52.
31) Blumle, E. B., and A. Briw, "Internationaliisierung des Einzelhandels. Eine explorative studie uber die schweize", in Ttommsdorff, V (ed) Handelsforschung 1990, The Internalisierung in Handel, Gabler, Wiesbaden, 1990, pp.83-94. in Peter J. McGoldrick and Gary Davies, *op. cit.*, p.52.
32) Davies, B. K., "The international activities of Japanese retailer's", in Burt S. L and Spearks, L (ed.) Proceeding of the 7th International Conference on Research in the Distributive Trades, Institute for Retail Studies, University of Stirling, 1993, pp.574-583.
33) Laulajainen, R., "Two Retailer's to go global: the geographical dimension", International Review of Retail, Distribution and Consumer Research, 1 (5), 1991, pp.607-626. ; R. Laulajainen, "Louis Vuitton Malletier. A truly global retailer's", Article of the Japan Association of Economic Geographer, 38 (2), 1992, pp.55-70.
34) Bunce, M. L., "The international approach of Laura Ashley", in ESOMAR proceedings, Adding Value to Retail Offerings, 24-6 April 1989, Edinburgh, 1989, pp.101-106.
35) Treadgold, A. D., "Dixon and Laura Ashley: different routes to international growth", *International Journal of Retail and Distribution Management*, 19 (4) 1991, pp. 13-19.
36) Hallsworth, A. G., "Retail Internationalisation: contingency and context", *European Journal of Marketing*, 26 (8/9), 25-34.
37) Treadgold, A. D., "The Emerging Internationalisation of Retailing: present status and future challengers", *Irish Marketing Review*, 5 (2), pp.11-27. (イギリスのテスコは消極的段階から注意深い段階に属する典型的事例であり，Sainsburyは積極的段階に属する典型的事例として取り上げ，小売企業の国際化の行動パターンを提示している。
38) 吉野洋太郎は，小売企業の国際化に影響を及ぼす現地の諸要因として，つぎの5点をあげている。第1に，外国からの直接投資に対する現地政府の態度である。たとえば，発展途上国で

の流通外資の進入制限が一つの例である。第2は，現地消費者の所得水準や所得分布の程度である。新しい流通技法の適用可能性という意味で，とくに中産階級の相対的規模が重要である。第3は，現地国の社会・経済的発展の程度である。つまり，近代化，工業化，都市化など流通活動の機会を広げる社会・経済発展が主要である。第4は，現地国固有の流通機構の性格である。現地国において，さまざまな諸環境の変化に流通機構が十分に適応できないような場合に進出の機会が生ずる。第5は，革新に対する現地の態度である。進出した流通技法やシステムが受け入れられるためには，そのような小売革新に現地の社会が順応する素地をもっていることが必要である，ということである（木綿良行「国際流通」伊藤文雄・江田三喜男・木綿良行・伊藤公一・川島幸彦・西村文孝編『テキストブック現代商業学』有斐閣，1988年，241ページ。）

39) Burt, Stive, "Retail Iinternationalisation: evolution of theory and practice", *op. cit.*, p.52.
40) *Ibid.*, p.52.
41) Salmon, Walter J., and Andre Tordjman, *op. cit.*, pp.3-16.
42) Williams, D. E., "Differential firm advantages and retailer internationalization", *International Journal of Retail and Distribution Management*, 8, 1991, pp.269-285.
43) Pellegrini, L., *op. cit.*, pp.3-27 ; J. A. Dawson, "Internationalization of retail operation", *Journal of Marketing Management*, 10, 1994, pp.267-282.
44) Dunningは，製造企業の海外直接投資の現状を説明するために折衷理論を提示したものである。直接投資が成り立つためには，個別企業が海外市場において他の企業に比べ，独特な比較優位を備えなければならないし，投資対象の地域で生産立地上の比較優位の要素が存在すべきである。Dunning, J. H., "Toward an Eclectic Theory of International Production", *Journal of International Business Studies*, Spring/Summer 1980, pp.1-12.
45) Treadgold, A. D., "International Retailing", *op. cit.*, pp.8-12.
46) *Ibid.*, p.10.
47) *Ibid.*, pp.9-10.
48) *Ibid.*, pp.10-11.
49) イギリスの小売企業の海外進出の地域をみると，海外店舗のうち65%がアメリカに集中している。さらに，イギリスの小売企業の海外店舗のうち85%が英語を使っている国にある。(Corporate Intelligence Group, *Retail Rankings*, Corporate Intelligence Research Publications, 1988.)
50) *Ibid.*, p.10.（例えば，アメリカへのイギリス小売企業の参入（Marks & Spencer, Sainsbury），メキシコとカナダへのアメリカ小売企業の参入，ニュージーランドへのオーストラリアのコールス・マイヤ（Coles Myer）のディスカウントストアの出店などがこのクラスターの典型的事例である。）
51) Treadgold, A. D., *op. cit.*, p.11.
52) *Ibid.*, p.11.（同社は1970年代の初期からハイパーマーケットのコンセプトを地理的にも文化的にも離れたブラジルをはじめ，オランダ，アルゼンチン，さらにアジア地域さえも1990年代から多数出店している。）
53) *Ibid.*, p.11.（例えば，1950年代初期のスウェーデンのイケアの海外進出，欧州へのアメリカ・トイザらスの海外進出がその事例である。また，イケアは，香港とシンガポール，クウェート，およびサウジアラビアなどの遠隔の地域や国でも積極的に参入し，その際フランチャイズ方式による参入戦略を採っていることがその好例である。）
54) フランチャイズ・システムは，現地の経営環境や市場環境に精通している現地の小売企業と

55) Treadgold, A. D., *op. cit.*, pp.11-12.（例えば，セブン-イレブン，ベネトン，マクドナルドなどがその好例である。）
56) 川端基夫，前掲書，55ページ。
57) 上掲書，55ページ。
58) 上掲書，237-239ページ。
59) Akehursut, G. and N. Alexander, (1995), "Developing a Framework for the Study of the Inernationalisation of Retailing", *The Service Industries Journal*, Vol.15, No.4, pp.97-117.
60) 向山雅夫，前掲書，30ページ
61) 川端基夫，前掲書，35-36ページ。
62) 標準化・適応化の論争は1960年代に入りBuzellが現地適応マーケティングを批判し，規模の経済化によるコストの削減や取引関係の一貫性の確保やマーケティング技法の移転による標準化・統合化がより利益を得られると指摘した（Buzzell, Robert D., "Can You Standardize Multinational Marketing?", *Harvard Business Review*, Nov.-Dec, 1968, pp.102-113)。さらに，標準化を推奨したのはLevittの市場同質化論である（Levitt, T., The Globalization of Markets, *Harvard Business Review*, May-June. 1983, pp.92-102. 邦訳「地球市場は同質化へ向かう」『ダイヤモンド・ハーバード・ビジネス』ダイヤモンド社，1983年8‐9月号，9-21ページ)。詳しい標準化・現地適応化の研究については，諸上茂登「標準化と現地適応化の研究系譜」根元 孝・諸上茂登著『国際経営論』学文社，1986年（第5章）；諸上茂登「グローバル・マーケティング・ミックス展開」江夏健一編『グローバル競争戦略』誠文堂新光社，1988年（第5章）；谷地弘安「国際マーケティング政策標準化・適応化の問題図式化」『六甲台論集』第41巻1号，1994年，55-67ページ；Sorenson, R. Z., and U. E. Wiechmann, How Multinationals View Marketing Standardization, *Harvard Business Review*, Vol.53, May-June, 1975.（茂木友三郎訳「マーケティングの標準化をめぐる多国籍企業の見解」『ダイヤモンド・ハーバード・ビジネス』1976年11-12月号）を参照。
63) 田島義博「流通におけるグローバル・システム化」『流通情報』No.391, 2002年，5ページ。
64) 鈴木 力編『情報・知識 imidas 1997』集英社，1997年，252ページ。
65) Robinson, Terry and Colin M. Clarke-Hill, "International alliances in European retailing", in Peter J. McGoldrick and Gary Davies, *International Retailing : Trends and Strategies*, Pitman Publishing, 1995, pp.133-50.
66) 田中孝明「サプライチェーンの再構築」『ロジスティクス・レビュー』第2号，2002年，(http://www.sakata.co.jp/breport/scm.html#03) を参照。
67) Murray, E. A., and J. F. Mahon, Strategic Alliances: Gateway to the New Europe?, in: Long Range Planning, Vol.26, No.4, 1993, p.104.; Rajan P. Varadarajan, and Margaret H. Cunningham, Strategic Alliances: A Synthesis of Conceptual Foundations, *Journal of the Academy of Marketing Science*, Vol.23, No.4, Fall 1995, pp.292-3.
68) *Ibid.*, p.291.
69) Bowersox, D. J., et al., *Leading Edge Logistics Competitive Positioning for the 1990s*, CLM, 1989.（阿保栄司他訳，宇野政雄監修『先端ロジスティクスのキーワード』ファラオ企画，1992年，268-269ページ。）
70) Robinson, Terry and Colin M. Clarke-Hill, "International alliances in European

retailing", *op. cit.,* p.134.
71) 野口郁次郎「戦略提携序説」『ビジネスレビュー』Vol.38, No4. 1991 年。米谷雅之「製販戦略提携の取引論的考察」『山口経済雑誌』第 43 巻,1995 年,3-4 ページ。
72) 三村優美子「製配販提携と流通取引関係の変化」『青山経営論集』第 33 巻第 3 号,1998 年,54 ページ。
73) Cravens, D. W., Shipp, S. H., and K. S. Cravens, "Analysis of co-operative inter organisational relationships", strategic alliance formation, and strategic alliance effectiveness', *Journal of Strategic Marketing,* 1, 1993, pp.55-70.
74) Kanter, R. M., "Becoming PALS: pooling, allying and linking across companies", *Academy of Management Executive,* 3, 1989, pp.183-193.
75) Fredrick, E., and Jr. Webster, "The Changing Role of Marketing in the Corporation", *Journal of Marketing,* Vol.56. October, 1992.
76) Dawson, J. A., and Shaw, S. A., Interfirm alliances in the retail sector: evolutionary, strategic, and tactical issues in their creation and management, University of Edinburgh Working Paper Series, No.92/7.
77) ボランタリー・チェーンとは,同一業種の小売企業が経営の独立性を保ちながら,仕入,販売促進などの事業活動を共同化することで,規模の利益と分業の効率性を得ようとするチェーン組織である。ボランタリー・チェーンの誕生は,チェーン・オペレーションの優位点の一つである本部一括仕入による仕入コストの削減,安い販売価格と競争できるように,チェーン化が進む中で納入先を失いつつある伝統的卸売業を中心に,仕入を共同化することから始まった。
78) Robinson, Terry and Colin M. Clarke-Hill, "International alliances in European retailing", *op. cit.,* p.134.
79) *Ibid.,* p.134.
80) 中村久人「グローバル小売企業の理論構築」『経営論集』第 60 号,東洋大学経営学部,2003 年,58 ページ。
81) 竹田志郎『国際戦略提携』同文舘,1992 年,87-88 ページ。
82) Robinson, Terry and Colin M. Clarke-Hill, "International alliances in European retailing", *op. cit.,* p.133.
83) Robinson, Terry and Colin M. Clarke-Hill, "Competitive advantage through strategic retail alliance: a European perspective", presented at Recent Advances in Retailing and Service Science Conference, University of Alberta, Canada, May 1994.
84) 二神康郎『欧州小売業の世界戦略』商業界,2000 年,24-25 ページ。EMD と AMS の本部は,スイスに多い。スイスは中立的な国であり,各国の感情からも理解が得られやすく,税務管理の面では機密保持ができるからである。BIGS と SED などのような小売企業間の提携の共通点はオーナーが経営に携わっているファミリー企業である。
85) Robinson Terry and Colin M. Clarke-Hill, "International alliances in European retailing", *op. cit.,* p.135.
86) 例えば,Asda は Deuro との共同仕入れ提携を結んだが,短期間で終わった。そして,ドイツの Edeka は 1994 年 7 月に CEM (Co-operation European de Marketing) 提携から脱退したあと,1995 年 1 月に AMS (Associated Marketing Service) に加入したことである。つまり,小売企業間のグローバル戦略的提携は,緩い関係,いわゆる提携への脱退と加入が緩いといえる。
87) 例えば,アイルランドの Superquinn とポルトガルの Jerinimo Martins が AMS に加入す

るなど，小売企業間の提携がさらに他の提携と提携を結んでいることである。もう一つのそれは，Deuro が 1994 年 NAF に，オランダのアホールド（Ahold）が EMD（European Marketing Distribution）に，イギリスのアーガイル（Argyll）とフランスのカジノ（Casino）が EMD に，イギリスの Nisa が EMD に加入していることが，その事例である。

88) 例えば，フィンランドの Kesko，ノルウェーの Hakon，スウェーデンの ICA は VRA のパートナーでもあり，そのすべてが AMS のパートナーでもある。

89) 例えば，フィンランドの Kesko，ノルウェーの Hakon，スウェーデンの ICA は VRA のパートナーでもあり，そのすべてが AMS のパートナーでもある。

90) 例えば，NAF 提携には，小規模小売企業をはじめ，生活協同組合，カルフールのような大規模小売企業も加入している。

91) Robinson Terry and Colin M. Clarke-Hill, "International alliances in European retailing", *op. cit.*, pp.141-143.

92) 例えば，このような形態としては，イギリスの小売業連合体（The Retail Consortium）とグロサリー流通研究所（The Institute of Grocery Distribution）が典型的な事例としてあげられる。また，ヨーロッパ全体の取引機構と呼ばれる CECD（Confederation Europeenne du Commerce de Detail）なども一つの例としてあげられる。さらに，特殊な目的で小売企業が設立した「特別委員会（task forces）」をも含まれる。

93) その事例が Paridoc と FNCC である。しかし，ごく僅かではあるが，超国家的次元（transnational dimension）で提携を結ぶ場合もある。例えば，フランスの Diffra，ベルギーの Delhaize，イギリスの Nisa Today がこの形態の提携に属する。そして，イギリスの独立的家電製品の共同仕入れ機構である Tiger もこの提携形態の一つである。

94) 典型的事例としては，フランチャイズ契約によるベネトン（Benneton），タイラック（Tie Rack），ソックショップ（Sock Shop）などがあげられる。また，マークス＆スペンサーは，スペインとハンガリーのパートナーと店舗運営のライセンス契約を結び，コ・マーケティング活動を行っている。その他に，Galarias Preciados（スペインの百貨店）と Burton Group との店舗運営契約，シアーズと Galarias Preciados との店舗運営契約などもこの形態の提携である。「コ・マーケティング協定」はジョイント・ベンチャーへと進展する場合もある。

95) Anderson, J. C. and J. A. Narus, "A model of distributor firm and manufacturer firm working partnerships", *Journal of Marketing*, Vol.54, 1990, pp.42-58.

96) Bucklin, L. P. and S. Sengupta, "Organizing successful co-marketing alliances", *Journal of Marketing*, Vol.57, 1993, pp.32-46.

97) Robinson, T. M. and M. Clarke-Hill, "European retail alliances: the ERA experience", in Baker, M (ed.), *Perspectives in Marketing Management*, Vol.3, J Wiley, Chichester, UK, 1993, pp.47-43.

98) 矢作敏行『欧州小売イノベーション』白桃書房，2000 年，101-102 ページ。（ヨーロッパでは，小売企業間の国際提携は数多くあるが，最大の国際提携は EMD と AMS である。AMS はヨーロッパ各国を代表する大手小売企業によって構成されており，その連合の本部はスイスに多い。）

99) 典型的事例は，イギリスの Boots と WH スミスとがジョイント・ベンチャーで Do It All Chain Boots を設立したことである。ジョイント・ベンチャーによる小売企業間のグローバル提携は，Sainsbury（イギリス）と GB（ベルギー）による Homebase（UK DIY チェーン），Littlewoods と Gostinyi Dvor（ロシア）による Petersburg への百貨店の出店，Kingfisher と Staples（アメリカ）による Office Superstore の設立などがある。

100) Harrigan, K. R., "Joint Ventures and Competitive Strategy", *Strategic Management Journal*, 9, 1988, pp.141-158.
101) このような提携の事例としては，イギリスの Empire Stores に対するフランスの通信販売会社である La Redoute の少数の持分株，アメリカの Costco に対するカルフール（Carrefour）の持分株所有，プライス（Costco）ヨーロッパに対する Little woods の 20%の持分株所有，アメリカの Giant Stores に対する Sainsbury の少数の持分株買収，Budgens に対する Rewe の 29.4%の持分株所有などがあげられる。
102) 例えば，この形態の提携としては，フランスの Catteau に対するテスコ（Tesco）の支配的株所有，フランスの Darty に対する Kingfisher の買収，アメリカの Brrooks Brothers と Kings Supermarkets，カナダの D'Alliards に対するマークス&スペンサーの買収，アメリカの Shaws に対する Sainsbury の買収，フランスの Au Gel に対する Iceland の買収などがあげられる。
103) Robinson Terry and Colin M. Clarke-Hill, "International alliances in European retailing", *op. cit.*, p.144.
104) *Ibid.*, pp.144-145.
105) *Ibid.*, pp.146-148.
106) Kanter, R. M., "Collaborative advantage", *Harvard Business Review*, July/August, 1994, pp.96-108.（Kanter は，小売企業間の提携について，戦略的視点から提携関係の重要性を示唆し，戦略的国際提携こそが生きているシステムであり，今後とも持続的に発展すると言及している。）

第2章
「移転論」から捉えた小売業態発展の理論的枠組み

第1節　小売業態の概念と形成・発展の背景

1．小売業態の概念

　小売業の形態を表す語として，営業形態と組織形態，および集合形態がある。営業形態の省略型が業態（type of operation）であり，業種（kind of business）に対する用語でもある。しかし，業種と業態の間では，それぞれの主体とする分類の仕方が大きく異なる。例えば，三家英治氏は，業種とは「営業種類の省略型で，八百屋・魚屋・肉屋等を分類する時の総称であり，業態とは百貨店・専門店等の営業の方法を分類する時の総称である」[1]と定義している。また，木地節郎氏も，「業種は商品の種類からの基準であり，それは生産段階に関係している。これに対して業態は商品の種類も問題になるが，そればかりでなく販売方法さらに消費者行動への対応の仕方も含めたものである」[2]と定義している。業種と業態の違い[3]を概略的に説明すると，つぎの表2-1のとおりである。つまり，業種の概念は生産に立脚した川上志向であるのに対し，業態の概念は消費に立脚した川下志向であるといえる。

　小売産業では，同種の商品を扱っていても販売方式が異なっており，または数業種にわたる商品を扱う店舗も出現しており，業種という概念では分類し説明することができず，業種以外の分類概念が必要であった。そこで，1960年代から取り上げられるようになった分類基準が小売業態の概念である。この業態の概念は，小売環境の変化とともに，1970年代から1980年代にかけてその概念も変化してきた。

小売業態に関する概念については，さまざまな見解がある。それらは，大きく1970年代の「戦略・政策または革新とする説」と1980年代の「消費者または市場標的のニーズなどに対する説」，及び「その他の説」とに分類することができる[4]。ここでは，消費者または市場標的ニーズを中心として考察することにする。まず，公正取引委員会の定義からみると，業態とは「営業形態を指し，店舗の態様，取引商品の種類，販売政策，一般消費者の購買意識の差異により規定されることである」と定義している[5]。また，日本小売業協会の定義によると，「業態とは，消費者の購買習慣の変化に対応した小売業者の営業形態とし，業種とは異なり，消費者志向的分類である」[6]ことを強調している。そして，鈴木孝氏は，業態を「消費者ニーズ，購買便益，購買動機を探索し，それを具体的に様々な経営政策で提示していく主体的な営業方法・経営方法である」[7]と定義している。さらに，木地氏は，「消費者行動に対応させ，差別化を図ることによって競争力を強化するための店舗のあり方である」[8]と業態を定義している。最後に，三家氏の定義を引用すれば，業態とは，「消費者行動や競合などの外部環境の変化とそれに対応する小売企業行動が中心となって発生する」[9]という。つまり，小売業態は小売企業の内部と外部環境との相互作用から生まれてくるものであると

表2-1 業種と業態の概念

業　種 (Kind of Business)	商品の作り方を基準とした分類 (製造業側の立場から特定商品を取り扱うビジネスの種類)	商品特性による分類 (何を売るか)
	薬局，酒屋，靴屋，肉屋，時計屋，洋服屋など	
	取り扱う商品で表せるビジネス→○○屋	
業　態 (Type of Management)	商品の使い方を基準とした分類 (生活者のライフスタイルの変化に対応した売り方のタイプ)	売り方，経営方法の違いによる分類 (どのように売るか)
	取扱商品では表せないビジネス→売り方で表す。	
業態類型 Formats	百貨店，スーパーマーケット，コンビニエンスストア，ディスカウントストア，ホームセンター，ドラッグストアなど業態間の分類をいう。	

出所：鈴木　豊「日本における新小売業態成立の可能性」『RIRI流通産業』流通産業研究所，1992年6月，25ページ。

いえる。

　これまで見てきた概念から考えると，消費者の多様化やニーズの複合化により，小売業態のコンセプトも変化してきたといえるのであろう。つまり，小売業態[10]は，その成立基盤である小売環境に大きく依存するため，地域性や国，自然環境や経済環境，そして生産環境や商取引環境，さらに取り扱う商品群や時代によっても，大きく変化するであろう。また，消費者行動の変化によっても，小売業態は大きく変化するといえる。

2．今日的な小売業態の形成・発展の背景

　一国の小売産業の構造は，百貨店，スーパーマーケット，ディスカウントストア，コンビニエンスストアなどといった小売業態の生成・発展として特徴づけられる。小売業態の生成・発展は，商品（品揃え），価格，サービス面での何らかの革新により，体系化された店舗業態，販売態様，価格設定方式の統一体として現れる。その意味での小売ノウハウの革新は，基本的に新しい小売業態の開発として表現される場合もある。

　小売業態のイノベーションには，田中道夫氏[11]は大きく二つの種類があるという。第1は，小売産業において重要な地位を占め，主要業態として定着するようになる，いわば画期的なタイプの業態である。第2は，比較的小規模な市場における経済影響の小さい新業態開発や，ある業態の基本的枠組みのなかで，競争力維持・向上のため絶えず，なしくずし的に行われるイノベーション，いわば業態修正である。つまり，競争の透明度が高い低価格アピール型革新とサービス・アピール型革新によって新業態の生成・発展を導いてきた。

　しかし，今日では，低マージン・低コスト販売を基準にしなくても，小売経営を可能にしている郊外型ショッピングセンターはワン・ストップ・ショッピングという利便性をコンセプトとし，コンビニエンスストアは時間・距離というコンセプトで業態を成立させている。いずれも利便さというコンセプトを基準として革新を実現している。このように，低価格化が革新の基準であった時代から今日では，単に低価格化のみが革新を実現する条件

ではなくなっている。それは，現代の消費者は低価格販売のみを望んでいるわけではないからである。今日での利便さというコンセプトで業態を成立させているショッピングセンターやコンビニエンスストアからみられるように，今後問われる小売業態のイノベーション[12]は，如何に真の意味の顧客満足を提供できるか否かがポイントである。

今日，アメリカのみならず，日本と韓国の小売産業において，いま一つの共通の傾向は小売業態の多様化が進展していることである。小売産業においては，古くは「よろず屋」という業態から，今日の大規模な「複合型小売業態」にいたるまで，多様な小売業態が生み出されてきた。その意味において，小売産業の歴史とは，新しい小売業態が次々に展開される過程であり，新旧の小売業態の入れ替え現象が見られていくといえる[13]。

このような小売業態の変化をもたらした要因[14]として，来住元朗氏は，第1に，消費者の意識・行動の変化・多様化をあげている。消費者は，その所得水準の上昇に伴って，自己の消費水準を量的にも質的にも高め，そのライフ・サイクルも革新させていく。それを反映して，消費者の商品やサービスに対する購買行動や小売選択行動も変化し，多様化してくる。また消費者の意識・行動は，経済学の個人主義観点からみると，もともと異質的であるので，小売産業に対する要求も消費者各人によって異なっており，かつそれは絶えず変化しているのである。このような消費者の意識・行動の多様化と絶え間ざる変化が，多様な小売業態の生成・発展を必要とするのである。第2の要因は，このような消費者の欲求や行動の多様な変化に適応するために，小売企業それ自体が絶えざる革新への努力をしてきたことをあげている。小売産業は，一方で，消費者の行動に対する新しい適応業態の開発に，また他方では，その活動の経済的合理性の追求に，自ら努力を振り向けることによって，絶えざる革新を図ってきたのである[15]。第3の要因は，1980年代後半以降，小売企業のグローバルの進展である。つまり小売企業自らが製品輸入のみならず，開発輸入とそれに伴う海外製造業との戦略提携などによるグローバルな小売活動を行っている。グローバル小売市場において，グローバルな小売企業が台頭し，次々と新しい小売業態が形成されている。す

なわち，小売業態は，決して静止的・固定的なものではなく，消費者の意識・行動の多様な変化が続く限り，かつそれに適応しようとする小売企業それ自体の革新努力が行われる限り，新しい小売業態は次々に生成・発展すると思われる。

第2節　小売業態発展論の既存研究と問題点

　以上のように，小売業態はさまざまな形で変化しており，それに関する仮説理論も多種多様である。その主要な仮説的理論としては，「小売の輪の理論」(McNair, M. P.)，「アコーディオン理論」(Hollander, S. C.)，「弁証法的プロセス・モデル」(Gist, R. E.)，「適応行動理論」，「小売ライフ・サイクル理論」(Davidson, W. R., Bates, A. D. and S. J. Bass)，「危機－変化モデル」(Stern, L. W. and A. I. El-Ansary)，「真空地帯理論」(Nielsen, O.) などがあげられる。さらに，これを統合する試みから構築された「三つの小売の輪の仮説」(Izraeli, D.)，「四つの小売の輪の仮説」(Deiderik, T. E. and H. R. Dodge) なども存在する。このような小売業態発展を研究する目的は，坂川裕司氏[16]によると，「第1は，将来出現するであろう新たな競争者の予測である。すなわち，いつ，どのような小売業態が出現するのか，ということの予測である。第2は，海外進出の判断基準の確立である。すなわち進出対象国での高い成長性を期待できる，その国の経済発展段階に適切な小売業態の選択基準の確立である」という。それゆえ，日本でも革新的小売業態の生成発展のメカニズムを解明するため，多くの展望論文[17]が発表されている。ここでは，すべてを網羅的に論じるのではなく，「小売の輪の理論」以降の仮説を，Brownの見解[18]に従い，「循環的理論」，「競争的理論」，「環境的理論」に分類し検討する。

1．小売業態発展の諸理論仮説の特徴

　小売業態の形成・発展を説明しようとした理論的研究が数多く発表されてきている。そのなかで，小売業態変化モデルの先駆として考えられるのが

McNairの「小売の輪」理論[19]であり，その理論を中心として小売業態発展の研究が展開されてきたといっても過言ではない。「小売の輪」理論は，以下のように要約することができる。

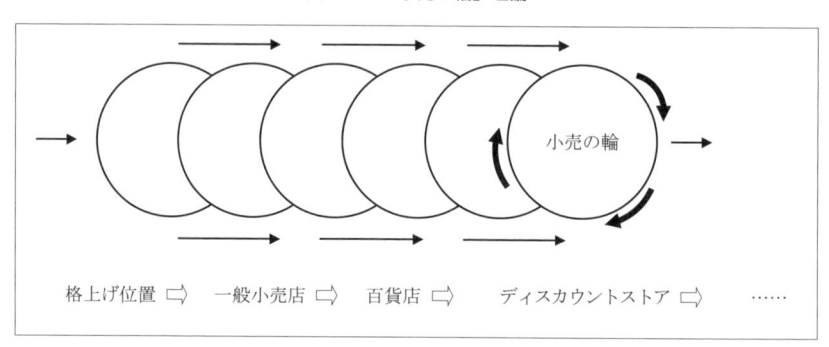

図2-1 「小売の輪」理論

出所：Bolen, W.H., *Contemporary Retailing*, Prentice-hall, 1978, p.16.

新しい革新的小売業態（例えばスーパー）は，既存の小売業態（例えば百貨店）との競争上の優位性を確保するために，低ステイタス・低マージン・低価格というコンセプトで小売市場に参入してくる。この新しい業態（スーパー）も，しだいに市場での地位を確保し，競争業者である百貨店もその存在を受け入れざるを得なくなる。さらに，革新的小売業態（スーパー）は，成熟段階に近づくにつれて競争業者の百貨店との差別化を追求するなかで，設備，品揃えを改善し，サービスを向上し，よりそれ以上にマージンを確保しようとするようになる。

その結果，この革新的小売業態（スーパー）は，管理コスト，サービス・コストの増大を伴うことになり，低価格販売を断念し，高費用，高マージン経営を行わざるを得なくなる。そしてついには，従来とは異なった方法，あるいはより洗練された方法で，低ステイタス，低マージン，低価格を確保した新しいタイプの小売業態（例えばディスカウントストア）との競争にさらされるようになる。そして，この新しい小売業態（ディスカウントストア）も同様のパターンをくり返すようになる。このように，小売の輪の理論は一

種のサイクル論である（図2-1を参照）。小売の輪の理論の特徴[20]を取上げると，次のとおりである。① 小売業態の革新は，価格訴求を基礎として浸透していく。② 新しい業態を特徴づける低価格は，店舗サービスの消滅や店舗の物理的設備の簡素化を通じて可能になる。③ 小売産業に受け入れられるようになると，この新しい小売業態は高級化のプロセスに入っていく。このように，小売の輪の理論の基本構造は，革新的小売業態が登場し，ポジショニングをし，さらなる新しい革新的小売業態が出現するというプロセスで業態変化を説明している。しかし，高級専門店やコンビニエンスストアなどの小売業態の登場は説明できず，価格破壊の連続的現象のみを説明している。

(1) 循環的理論

循環的理論は，変化が周期的に起こり，最初のパターンが繰り返されるというものである。すなわち低コスト・低マージンで登場した革新者が格上げ (trading up) をし，高コスト・高マージンになり，その後次の革新者が低コスト・低マージンで参入し，再びこれと同じパターンを辿るというものである。循環的理論としては，「真空地帯理論」，「アコーディオン理論」，「小売ライフ・サイクル論」があげられる。

真空地帯仮説とは，革新的小売業態が既存の小売業態をカバーしていない市場の真空地帯に出現するということであり，それは，Nielsen が提唱したものである[21]。Nielsen は，各小売業態は，各種サービス（品揃えなども含めた価格以外の諸要素）集合水準と販売価格水準が結合された価格・サービス水準によってスケール化され，また，各々の業態はそれぞれの価格サービス水準を欲求する個別な顧客層の支持を得ていると仮定している。ただし，各種サービスの集合水準は販売価格水準に反映し，提供する各種サービスの集合水準が高いほど，販売価格は高くなっているとする。つまり，提供する各種サービスの集合水準と設定する販売価格水準が正の関係にあることになる。

「アコーディオン理論」は，1963年に Brand により展開され，Hollander により1966年に命名された理論である[22]。この理論は，アメリカの小売業

の発展を，その販売する商品ラインの特性により説明するものである。つまり，「アコーディオン理論」は，広い商品ラインと狭い商品ラインの小売業者が交互に出現するという循環により説明される。すなわち，より広い商品ラインをもつ小売業態は，より専門的商品ラインをもつ小売業態に取って代わられ，この専門的小売業態も，次に総合的商品を取り扱う小売業態に取って代わられていくというものである。Stern & El-Ansary によると，アメリカの小売産業の歴史は，まず品揃えの幅広いゼネラル・ストアが出現し，ついで限定された品揃えの専門店が続き，その後また，品揃えの幅広い百貨店が現れている。さらにブティック時代，ショッピングセンター時代へと続いていく。

「小売ライフ・サイクル論」とは，小売業態が新しく登場してから，衰退するまでの一連の発展のプロセスを商品ライフ・サイクルとして捉えたものである。この仮説は Davidson らによって提唱されたものであり[23]，このとらえ方は，製品ライフ・サイクルの概念を小売業態そのものの発展メカニズムに応用したものである。小売業態におけるライフ・サイクルは，主としてイノベーション期，加速的発展期，成熟期と衰退期という四つの段階からなり，それぞれの段階においては小売マーケティング戦略に独自の対応を要求するというものである。

これまで見てきた「循環的理論」を要約すると，Nielsen の「真空地帯論」は，新規参入者の登場－参入者と既存小売商との競争過程－価格・サービス水準軸の重心への移動－次の参入者というプロセスが繰り返されるというものである。また，Regan[24]は，小売業態の発展パターンを商品とサービスの結合様式のなかに見い出す。また同氏は，どの小売業態も商品とサービスの単一結合から始まり，複数結合を経て全面結合へ発展していくと主張している。「アコーディオン理論」は，新しく登場する小売業態の平均的店舗の品揃えの広さにおいて拡大－縮小－拡大の循環が存在することを主張するものである。また「小売ライフ・サイクル論」は，各小売業態が，革新－加速的発展－成熟－衰退という4段階のライフ・サイクルを持つと主張する。そして，アメリカにおいては，小売業態のライフ・サイクルが短サイクル化に

向かっていることを指摘する。

(2) 競争的理論

競争的理論の内容は,小売業態変化を小売業態間における競争との関係でパターン化するものである。この理論で小売業態変化を説明する最も重要な要因は,競争である。この場合の競争は,差別的優位性の獲得とそれへの競争者の同化(適応・模倣)の過程として捉えられる[25]。

代表的競争的理論としては,「弁証法理論」(Gist, R. E.),「小売の三つの理論」(Izraeli, D.),「危機-変化モデル」(Stern, L. W. & A. I. El-Ansary)があげられる。これらの理論の最大の特徴は,「小売の輪の仮説」で見落とされていた既存小売業態が新しい小売業態への対応を考慮しているところである。既存小売業態が新しい小売業態への対抗行動を考慮することで,既存小売業態における格下げ行動や,さらに新しい小売業態への転換を説明しようとするものである。

「弁証法仮説(Dialectic Hypothesis)」[26]は,Gist により,ヘーゲルの弁証法的進化論を小売業態の発展プロセスに適応したものである。弁証法の構造は,物事の連動・発展の法則をいわゆる正(定立)-反(反定立)-合(総合)の理論で捉えるものである。そこで,この理論を小売業態に適用するならば,既存の小売業態を「定立」とすると,革新的競争者の出現は「仮定立」である。ところが,既存の業態は革新者との競争上その優位性に負けまいとして,競争相手の長所を少しでも取り入れる方向に動く。他方,革新者の方も常に取扱商品や企業イメージの向上を図って,いったん自己が否定したものに近づいていく。このようにして両者は「総合」され,相互にほとんど区別できない類似の業態になって,次に出現する革新者によって否定されるような弱点を残すことになるというのである。Mason らは,この例として百貨店を定立,ディスカウントストアを反定立,そしてディスカウント百貨店の出現を総合の例としてあげている。日本における小売業態の発展段階を例にとり,弁証法説で説明すると,当初は,伝統的百貨店と価格破壊を旗印にしていた総合スーパーとを定立および反定立と考え,百貨店が常役的廉価販売の売場を設けるようになったり,スーパーが必ずしも安くないと世間か

ら批判されるようになったりしている状態を総合と考えることができる。さらに，次の反定立としてディスカウントストアなどの成長・発展をあげることができる。

「小売の三つの輪の理論」[27]は，高コスト・高マージンでの新しい小売業態の浸透，既存組織の適応的反応を扱うには，一つの輪を想定するだけでは十分ではないと考える。そこで，それらの現象を扱うのに三つの輪の存在を想定する。三つの輪は，それぞれが，① 低コスト・低マージンで参入する革新者，② 高コスト・高マージンで参入する革新者，③ 中コスト・中マージンにいる既存組織の三つを表現する。これらの輪を回転させる原動力となるのが小売業態間における競争である。各輪の回転とともに各組織はその位置を移動していく。そして革新者は，最終的に既存組織がいる輪の中に吸収されることになる。どの組織も，この三つの輪の運動から逃げることができないというのが，「小売の三つの輪」の主張である。

また「危機－変化モデル」[28]も，既存の小売業態が新しい小売業態への対抗に焦点を当てている。「危機－変化モデル」は，小売業態の変化は，新しい小売業態の出現による既存の小売業態への衝撃によって生じると主張する。そしてその後，既存小売業態の衝撃に対する防術的避難，承認，そして適応と変化・成長という三つの段階が続き，この4段階が繰り返されると考えるのである。

(3) 環境的理論

小売業態展開は，小売産業を取り巻く環境の変化に対する小売業態の適応行動の結果として生じるという想定のもとに，小売業態の展開に重大な影響を与えたという環境要因が指摘されている[29]。つまり，小売業態の展開は，市場の経済・人口統計・社会文化的・法律的条件，および技術的環境条件の変化によるというものである。例えば，百貨店の出現を中流階級の増大，効率的都市交通システムの確立，および固定価格を受け入れる顧客の存在などにより，またスーパーマーケットの成功を大恐慌，自動車や冷蔵庫の個人所有の拡大，セルフ・サービス方式における技術革新より説明しようとするものである。

環境的理論の論者のなかには特定の環境要因，例えば社会的要因，法律的要因，技術的要因，経済的要因のいずれか一つに焦点を当てて仮説を展開している。これらのうち Bucklin は環境要因として経済的要因をとりあげ，経済の発展段階と小売構造との関係を記述するモデルを提唱している[30]。また，環境要因は小売業態の出現のみならず，その成熟や存続にも影響を及ぼすことから，「調整理論」や「自然淘汰説」も環境的理論に含まれるといえる。

自然淘汰・適応行動[31]は，環境の変化に最もよく適応できる小売業態が繁栄し，あるいは存続するという単純明解な論理に基づくのがこれであると述べ，小売産業を取り巻く環境には，単なる市場環境，より広くは経済的環境以外にも，科学技術，文化，社会，法律などまで，さまざまなものがある。小売業態は消費者行動，技術，競争行動，さらには法律的環境などの変化に絶えず直面しており，これらの変化は小売業態の存続と成長に大きな影響力をもっている。これらの変化に対して迅速・的確に適応することによって，小売業態として生き残ることができる。例えば，アメリカでは，ショッピングセンターの発展は都心部での買物環境の悪化と人口の郊外移動に伴い，郊外に発生した消費者のニーズに適応した結果である。また，日本では，コンビニエンスストアの発展は女性の社会進出の増加，単身世帯の増加，若者の深夜の買物・飲食行動の増加，労働形態の弾力化，24時間ビジネスの登場など，消費者のライフスタイルの変化への適応であると説明できるといえよう。

調整的理論の研究としては，Alderson の仮説，経済的・地位不確実性モデル（Tomas, R. E.），進化モデル（McNair, M. P. & E. G. May）[32]などがあげられる。Alderson は，小売の輪における変化の周期的循環は消費者の存在を考慮しなくては説明できないと述べ，新しい小売業態の存続は消費者の受容と拒絶に依存すると主張する[33]。また，経済的・地位不確実性モデルは，小売業態の変化を「富の分布」と「消費者の地位の不安レベル」の検討によって予測できると主張する。このモデルも小売業態変化を消費者関連の要素との関係で捉えようとするものである[34]。

小売の輪の仮説の提唱者である McNair も，May との共著では調整理論の立場に立っている。彼らは，消費者関連要素のみにとどまらず，小売業態変化の要因として経済，技術，生活状況，消費者，マーケティング上の変化と経営者の役割をあげている。そのなかでも経済的変化と技術的変化，および生活状況と消費者の変化といった要因が小売業態の生成・発展に最も強く影響するとしている[35]。

これまで取り上げてきた小売業態の発生や発展に関する理論仮説は，歴史的関連性のもとで考察することによって，小売業態の発展や変化のパターンを明らかにすることである。しかし，一つの仮説で小売業態の台頭や発展が説明できるというものではなく，ある小売業態の出現や発展のある局面に焦点を当てた部分的説明を特徴としており，各仮説らは小売の輪の理論を中心として拡張あるいは修正するという形でお互いに補完的な性格のものであるといえる。

2．諸理論仮説の問題点

以上のように，諸理論仮説は，循環的・競争的・環境的理論に大きく分類することができる。これらの諸仮説の特徴を大まかに要約すると，以下の2点になるであろう。第1に，小売の輪の仮説が捉えきれなかった現象を記述し，小売業態の発展過程をパターン化したことがあげられる。第2に，小売業態の変化要因として環境変化と競争を重視し，環境または競争の各要素について理論的に精密化させたことであろう。しかし，他方でこれらの諸仮説は，それぞれ以下の問題点を持っている[36]。

まず，循環的理論は決定論的性格を有していることである。つまり，小売業態はその変化パターンから逃れることができないことになる。しかし，そのパターンを引き起こす要因を明確にしていないため，将来の小売業態の変化を的確に予測するのが困難である。また，現在小売業態がどの段階に位置しているかについても正確に指摘することができないことである。この点について，Alderson は，循環的理論は消費者の存在を考慮しなくては説明できないと指摘している。

競争的理論の問題点は，小売業態内間の競争のみによって小売業態の変化を説明していることである。それゆえ，小売業態の変化の方向づけや発展が競争のみによって決定されることになる。当然ながら，この理論も，消費者側の要因などの外部環境の影響を無視したことがその問題点として提起できる。

環境的理論においては，環境変化に適応できるか否かが小売業態の存続を決定すると仮定すれば，そこでは環境変化における小売業態の適応度が問題とされ，小売業態の受動的側面が強調されることになる。換言すれば，小売業態の行動が環境を変化させていくという能動的側面が無視されることになる。つまり，この理論では，消費者の意思決定要素が無視されがちになるのである。

以上，これらの諸理論仮説の共通的問題点とは，消費者側の要因を無視しているということである。消費者側の要因について，Alderson は，新規の革新的小売業態が出現し，それが存続し成長していくか否かは，消費者がそれを受け入れるか否かに依っているとし，Tomas も小売の輪の理論が経済的変化とそれに伴って生じる消費者側の変化が分析の中に組み込まれていないとしている。さらに，Nielsen[37]，Maronick & Walker ら[38]も小売業態の発展に与える消費者の影響を指摘している。しかし，ある程度消費者側の要因を取り上げられているにもかかわらず，それらのほとんどはそれ自体の構造において中心的位置を占めているわけではなく，単に断片的に指摘されているに過ぎないのである。もう一つの決定的な問題点として提起できるのは，海外市場への小売業態の移転という視点を無視していることである。つまり，次節でも論じるが，小売業態発展の理論的研究の枠組みにおいて，新しい小売業態は小売先進諸国から発展途上国へと移転しているにもかかわらず，海外移転の視点が組み込まれておらず，無視されていることである。それゆえ，欧米では，例えば，小売の輪の理論仮説を用いて小売業態（百貨店からスーパーへ，ディスカウントストアへ）の展開については説明し得ても，日本と韓国ではそれらの説明ができるとはいえない。なぜならば，日本と韓国では，ある程度の時間的ギャップはあるが，ほとんどの小売業態が欧

米から移転され，それを取り囲む制度的環境条件のもとで小売業態が形成され発展されてきたからであるといえる。

第3節　米・日・韓の小売業態発展と理論仮設との矛盾

1．米・日・韓の小売業態の発展メカニズム
(1)　初期の百貨店の誕生・移転

近代の革新的小売業態として最初に登場したのは，百貨店であった。百貨店は1852年に，アリスティッド・ブーシコーによってパリで開店された「オ・ボン・マルシェ（Au Bon Marche）」を端緒とするというのが，最も一般的な見解である。

当初の百貨店の小売ノウハウは，各種の生地，織物と衣類雑貨を取り揃えた衣類雑貨百貨店で，現金定価販売と大量仕入れによる薄利多売，低価格大量販売を基本とするものであった。近代的百貨店が出現した背景として，佐藤肇氏は，「産業革命が進行し，機械制大工業の中心が綿織物の大量生産であったから，それまでの手工業時代の衣類品の流通とは異なる大量仕入れと大量販売の可能性が急速に進行したことにあった」[39]という。そして，そのような大量販売を可能にする大都市の発展と人口集中が見られたことも見逃すことができない。こうした百貨店は，大都市の中心部に立地し，近代における最初の主要な小売流通上の革新として地位を固めるとともに，その後は店舗を大規模化し，豪華にし，近代大都市の象徴ともいえる存在になっていった[40]。

その後，百貨店の小売ノウハウは，近代的都市の発展に伴い，欧米地域においても波及し，さらに日本や韓国などのアジア地域においても移転されるようになった[41]。百貨店は，買回品を中心としてあらゆる商品を一つの屋根の下に品揃えし，ワン・ストップ・ショッピングという利便さの革新的小売ノウハウ[42]を提供し，近代的小売業態として形成・発展してきたといえる。アメリカにおいては，19世紀中頃の南北戦争（1861〜65年）後，ニューヨークのメーシーズ，フィラデルフィアのワナメーカー，シカゴのマー

ジャ・フィールドなどの百貨店が次々に開店された。つまり，フランスのパリに 1852 年に開店した「オ・ボン・マルシェ」や「ルーブル（Louvre）」百貨店がアメリカの百貨店より先行している[43]。

　一方，日本においては，百貨店が最初に登場したのは，明治後期から大正にかけて個人商店であった呉服商によるものであるが，欧米よりおよそ 50 年遅れて，百貨店が 1904 年に台頭するようになった[44]。また，伊藤呉服店 (1910 年)，松屋呉服店（1919 年），高島屋呉服店（1919 年），そごう呉服店 (1919 年)，大丸呉服店（1920 年）などが株式会社という近代的組織に転換した。これらの店舗では，商号は呉服店であったが，取扱商品も呉服や雑貨，洋服，文房具類まで広く取り扱っていたため，実際には百貨店と同様であった。百貨店に商号を変えることになるのは，1925 年になってからである。また，明治 40 年代から大正・昭和にかけて，呉服商から百貨店に脱皮するものが続き，いわゆる都心百貨店を形成していった。この間に，地方百貨店も次々に成立している。また，1929 年（昭和 4 年）には大阪に阪急百貨店，1934 年には東京の渋谷に「東横百貨店」（現在の東急百貨店）という，いわば電鉄系のターミナル百貨店も出現するなどして，1920 年代（昭和初期）には，小売産業の基礎ができあがった。来住元朗氏は，これが日本における小売業革新の第 1 勢力であった[45]としている。しかしながら，日本の百貨店は，すでに第二次世界大戦前の段階でかなりの発展を示したものの，アメリカのようなそれに続くさまざまな小売革新はほとんど生まれず，むしろ大規模百貨店と地方における多数の零細な中小小売業者という二重構造が形成され，それが第 2 次世界大戦後まで持ち越されてきた。その理由について，田島儀博氏は，アメリカなどに比べると，社会的生産力の多くは生産財，軍需品，輸出品に向けられ，消費財に向けられた分は相対的に少なく，また，消費者側にも十分な購買力がなかったため，本格的流通革新の必要性が低かったからである[46]としている。

　さらに，韓国においては，近代的小売業態として百貨店が導入されたのは，1906 年にソウルに出張所として開店した「三越呉服店」である。百貨店と称するようになったのは，1929 年のことであり，1930 年には現在の

「新世界百貨店」の場所への移転に伴い近代的百貨店の姿を備えるようになった。その他，日本人による百貨店としては，「丁字屋」[47]，「平田百貨店」[48] があげられる。韓国の小売資本による百貨店は「東亜百貨店」と「和信百貨店」である。当時「和信百貨店」は，延べ面積 8,250m² で「三越百貨店」より大規模であり，韓国国内では最大規模の百貨店であった。その後，連鎖店事業にも展開した。このように，近代的小売業態が存在していたが，当時の韓国では戦時体制経済であったため，近代的小売業態の発展を退歩させた時期でもあった。

(2) 初期のスーパーマーケットの誕生・移転

1929 年の大恐慌に入ってからアメリカでは，消費者の購買力の低迷などによって革新的小売業態として食品を中心としたスーパーマーケットが登場する。最初のスーパーマーケット (SM) は，1930 年にマイケル・カレン (Michael Kullen) がニューヨークにおいて食料品店の「キング・カレン (King Kullen)」を開店したのが，その端緒といわれている[49]。その後，A&P をはじめとする大規模食品小売チェーンが次々とスーパーマーケットに転換し，今日ではアメリカの食料品小売分野で最も支配的業態となっている。

スーパーマーケットの基本について，池尾恭一氏は「大胆な低価格販売と広告による低価格のアピールである。そして，この低価格のアピールを支えたのが，セルフ・サービスによるコスト削減とマージン率の設定であった。このうち，とくに品目別のマージン率の設定は，それまでの販売方法と比べて極めて革新的であった。すなわち，伝統的な店舗は各品目にほぼ同一のマージン率を適用していた。それに対してスーパーマーケットでは，ある特定の品目は極めて低いマージン率で販売し，他の品目にも伝統的店舗より低いが必ずしも一律ではないマージン率を設定するというかたちをとった」[50] としている。そのうえで，同氏は，「伝統的店舗での特売が売れ残り品を処分するといった色彩が強かったのに対し，スーパーマーケットは顧客を店舗に引き付けるための手段として超低価格販売を活用したのであった。こうした超低価格商品のうち，当該商品自体の利益よりもむしろ，顧客の吸引によ

第3節　米・日・韓の小売業態発展と理論仮設との矛盾　63

る他の商品の売上増を目的に，原価以下で提供される商品は，ロス・リーダーと呼ばれる。セルフ・サービス自体は，すでに1910年代にも見られたが，スーパーマーケットがこれを本格的に採用し，その大きな特色の一つとしていったことは事実である。また，商品調達については，当時すでに大規模な機械制工業設備を有していながら，恐慌により売上の低下に直面していた製造業者から，安い価格でスーパーマーケットが仕入れを行うことができた」[51]としている。

表2-2　米・日・韓の小売業態の生成時期の比較

	1850-1890年	1890-1960年	1960年	1970年	1980年	1990年
米国	百貨店(1850年)通信販売	スーパーマーケット(1930年)	GMS（量販店）ディスカウントストア郊外SC	CVSスーパーストアDIYホームセンター外食業大規模DS	オフプライスストアウェアハウスストア都市再開発SCカテゴリーキラー	スーパーセンター
日本	呉服店	・人口都市集中・衛星都市発展百貨店通信販売スーパーマーケット	・東京オリンピック専門店郊外型SC	・1次オイルショック・大店法施行ディスカウントストアGMSCVSDIYホームセンター	大型百貨店カテゴリーキラー（トイザらス）	・円高ウェアハウスストア
韓国	在来市場	・6.25動乱・商取引未発達在来市場	・革命・経済開発計画百貨店スーパーマーケット	・輸出主導型高成長	・88オリンピック専門店大型SC通信販売GMSCVS	・流通市場開放・金融実名制大型専門店ディスカウントストアウェアハウスストアカテゴリーキラー

出所：韓国流通産業研究所「RIDI」1995年。

一方，日本においては，1953年東京青山に開店した「紀ノ国屋」がスーパーマーケットの始まりであるという説が一般的である。その後，スーパー

マーケットは,全国各地に次々と新店舗を出して急成長した。とくに総合スーパーは中小スーパーと併合し,瞬く間に巨大化し,ついに1972年には,小売売上高でダイエーが百貨店1位の三越を抜き去り,小売業の占める百貨店のシェアを総合スーパーが逆転した。スーパーマーケットが急成長した要因[52]としては,第1に,大量生産とテレビなどによる大量広告で全国均一的な大衆消費市場が形成され,大衆消費社会が成立したこと。第2に,アメリカのチェーン理論,セルフ・サービスなどの小売ノウハウの導入で,大衆商品の価格破壊が行われ,消費者に支持されたこと。第3に,百貨店が百貨店法によって規制され,出店面で消費者のニーズに対応できなかったことに対して,スーパーは都心だけではなく,地方都市においても郊外市場を拡大したこと。最後に,モータリゼーション化の進展とともに商圏が拡大したことなどがあげられる。

さらに,韓国においては1967年,ソウルに「ニュー・ソウル・スーパーマーケット」が出店したのが最初であるといわれている。その後,「三豊スーパーマーケット」が開店し,次々と新しいスーパーマーケットの開店が続いた。1970年代に入ってからは,スーパーマーケットは都市商業地域や新興住宅団地などの比較的高所得層の消費者を対象として展開し,取扱商品は生鮮食品を除く加工食品中心の日用雑貨が中心であった。

(3) その他の小売業態の誕生・移転

第二次世界大戦後,アメリカの小売産業ではディスカウントストア,ショッピングセンター,コンビニエンスストアなどの革新的小売業態が次々と生成され発展されてきた。とくにディスカウントストアとコンビニエンスストアは1980年代から90年代にかけて急成長を遂げた小売業態である。この二つの小売業態の生成・移転については本書の第5章(コンビニエンスストア)と第6章(ディスカウントストア)において詳しく述べることにするが,日本と韓国においても時間的ズレがあるが,小売先進国といえる欧米において開発された小売業態のコンセプトが移転され発展されてきたといえる(表2-2を参照)。

2．日・韓小売業態の展開と諸理論仮説の矛盾点

　以上のように，日本と韓国においても，近代的小売業態の始まりはアメリカと同様に，百貨店であったということは異論がないといえる。しかし，百貨店の市場参入はディスカウンターでないため，「小売の輪」の仮説では説明できないが，真空地帯の仮説では選好分布曲線の右寄りの参入として説明できる。日本のスーパーマーケットは，アメリカからセルフ・サービス・システムという小売ノウハウが移転され，アメリカと同様に低価格販売の業態として形成された。つまり，日本のスーパーマーケットは，アメリカと同様にディスカウンターとして小売市場に参入しており，「小売の輪」の理論仮説を裏付けるものであり，真空地帯の仮説の左寄りの参入を裏付ける典型的な事例としてあげられる。さらに，ディスカウントストアについても，同様の説明ができるといえる[53]。しかし，韓国においては，セルフ・サービスによるスーパーマーケットはディスカウンターによる革新ではなく，百貨店と同じく中産層または高所得層を対象にした革新から始まっており，「小売の輪」の理論仮説では説明できない。また，日本においてもディスカウントストア業態が成長しておらず，韓国においてはスーパーマーケット業態がほとんど成長していないことである。逆に言えば，日本と韓国のスーパーマーケットとディスカウントストアの発展においては，「小売の輪」の理論仮説を裏付けるものとはいえない。例えば，日本と韓国においては，スーパーマーケットやディスカウントストアなどの小売ノウハウが欧米から移転する以前から，すでに「在来市場」が存在しており，決してそれらの小売業態の市場参入はディスカウンターではないからである。

　つまり，小売業態発展論の問題点についてはすでに本章の第2節において指摘したとおりであるが，さらに比較分析の視点から捉えても諸理論仮説の矛盾点が数多く残る。具体的に言えば，第1に，小売業態の生成・発展に関する研究は低価格参入という視点からとらえられており，将来出現するであろうという競争者の予測が無視されていることである。第2に，海外進出の判断基準の確立を無視していることである。つまり，海外市場での高い成長性を期待できる，その国の経済発展段階に適切な小売業態の選択基準の確立

が考慮されていないことである。第3に，青木均氏[54]もすでに指摘したように，小売業態に関する知識の国際的移転が考慮されていないことである。つまり，日本と韓国における小売業態発展に関する理論的研究においては，既存の諸理論仮説の枠組みからのアプローチも大事な研究課題といえるが，むしろ移転論の視点からの研究アプローチが有効な手段といえる。なぜならば，小売産業の発展途上国においては，百貨店をはじめとするスーパーマーケットやディスカウントストアやコンビニエンスストアなどの小売業態は小売先進諸国からそれらの小売ノウハウが移転され，小売業態が形成され発展されていくからである。その研究の枠組みは，移転論の視点から言えば，グローバル小売市場において新しい小売業態が移転される場合，それらに関する小売ノウハウがどの程度修正せずに移転できるのか，またどの程度修正され現地に移転できるのか，あるいは移転不可能であるのか，不可能な場合それは何故なのかであるといえる。

第4節　移転論からの拡張型「小売の輪」（移転論型「小売の輪」）の枠組み

1．移転論型「小売の輪」の理論的枠組み

　以上の諸理論仮説の矛盾点を考慮し，以下においては，その解決方法論として「移転論」の視点から今日での小売業態発展の理論的枠組みを試みる。つまり，今日での国内外の小売産業においては，グローバリゼーションなどの進展に伴い，次々とグローバルな小売企業が台頭し，かつこれらの小売活動によって地理・社会・文化的な隔たりを連結し，新しい小売業態が形成され，小売競争の構造やそのあり方も大きく変化している。このような状況の中で，小売業態発展に関する理論的研究の枠組みにおいても，かつての小売産業はドメスティック産業であるという既存の理論的研究アプローチのみならず，移転論からの小売業態の形成や発展に関する理論的研究アプローチもせざるを得なくなってきているといえる。なぜならば，すでに第3節でも検討したように，日本と韓国の小売産業においては，ほとんど欧米の小売業態

からその小売ノウハウが移転された小売業態として構成されており，各国の小売環境の制度的条件に合わせて特有の小売競争が展開されているからである。

そこで，以下においては，小売業態発展論の先駆者であるMcNairの「小売の輪」理論をやや拡張的に捉え，グローバル小売競争時代における小売業態発展に関する理論的枠組みとして，「移転論」からの拡張型『小売の輪』（以下は，「移転論型『小売の輪』」と省略する）を試みることにする。「移転論型『小売の輪』」の理論的枠組みから言えば，先進国において開発された小売業態は四つのプロセスを経て，グローバル小売市場においてそれらに関する小売ノウハウが移転され，新しい小売業態として形成され発展されていくといえる（図2-2を参照）。

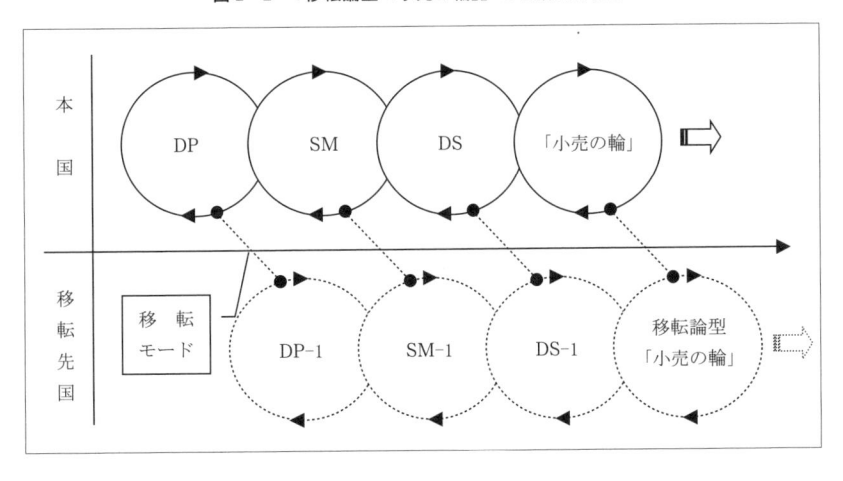

図2-2　「移転論型『小売の輪』」の理論的枠組み

注：DP：百貨店，SM：スーパーマーケット，DS：ディスカウントストア

第1段階：先進国の小売市場において，新しい革新的小売業態（例えばスーパーマーケット：SM）は，コストやサービスや利便さなどの面で既存の小売業態（例えば百貨店：DP）との競争上の優位性を確保するために，特定の小売企業は新しい革新的小売ノウハウを開発し，低ステイタス・低

マージン・低価格のコンセプトとして新しい小売業態を開発し，小売市場に参入する。この段階においては，競争的小売業態は存在せず，その小売業態は高度に差別化されている。それゆえ，この業態のもつ全く新しい小売ノウハウなどの属性が市場の拡大や規模の経済性を可能にする。

第2段階：先進国の小売市場においては，まもなく競争小売企業が類似の小売ノウハウを駆使し，等しい小売業態として当該の小売市場に参入してくる。そこで，最初の小売業態は，小売市場での差別的優位性を失い，先進国内の小売市場においてはその小売ノウハウが一般的機能となり，ついに標準化された小売業態となる。それゆえ，この段階において等しい小売業態は差別化を図るため，設備，品揃えを改善し，サービスを向上し，より以上にマージンを確保しようとするようになる。その結果，この革新的小売業態（例えばスーパーマーケット：SM）は，管理コスト・サービス・コストの増大に伴い，低価格販売を断念し，高費用・高マージン経営を展開せざるを得なくなる。そしてついには，従来とは異なった方法，あるいはより洗練された方法で，低ステイタス・低マージン・低価格を確保した新しいタイプの小売業態（例えばディスカウントストア：DS）が参入し，それらの競争にさらされるようになる。

第3段階：先進国の小売市場は遅かれ早かれ，小売業態間の競争により，供給能力は増大し，需要を十分に満たすようになる。そうすると，先進国の小売業態は，販売と利益の機会を海外の小売市場に求めざるを得なくなる。つまり，先進国の小売企業（例えばスーパーマーケット：SM）は，その小売業態を海外の小売市場に移転することになる。海外の小売市場においては，その小売業態（SM-1）は未だに開発・発展されておらず，また競争の小売業態も存在せず，高度に差別化された小売ノウハウの属性により，新しい小売業態（例えばスーパーマーケット：SM-1）として形成され，市場の拡大を図ることになる。

第4段階：海外の小売市場においても，現地の小売企業がそれらの小売ノウハウを導入・習得し，小売業態を展開し始める。そこで，小売ノウハウを当初開発した先進国の小売企業と現地国の小売企業の間で，小売業態の基本

的属性による差別化の可能性は失われ，国際的にも標準化された小売業態となる。この段階において，小売業態は差別化を図るため，設備や品揃えなどを改善し，サービスを向上し，よりそれ以上にマージンを確保しようとするようになる。その結果，この革新的小売業態（例えばスーパーマーケット：SM-1）は，管理コスト，サービス・コストの増大に伴い，低価格販売を断念し，高費用・高マージン経営を行わざるを得なくなる。そしてついには，従来とは異なった方法，あるいはより洗練された方法で，低ステイタス・低マージン・低価格を確保した新しいタイプの小売業態（例えばディスカウントストア：DS）に関する小売ノウハウを先進国の小売市場から移転を試み，新しい小売競争（例えばディスカウントストア：DS-1）にさらされるようになる。

　以上では，「移転論型『小売の輪』」の枠組みからグローバル小売市場における小売業態発展，とくに初期の小売業態の形成過程について理論的に試みた。しかし，それらの小売業態が現地小売市場で定着し発展していくか否かについては，小売ノウハウの海外移転の研究と密接に関係しており，その研究の範囲となる。この研究については本書の第3章で改めて検討するが，小売ノウハウの移転は実際に，適用・不完全適用ないしは適応・不完全適応によって行われる[55]といえよう。

2．移転論型「小売の輪」と移転モードの方向性

　以上，すでに提示した「移転論型『小売の輪』」の理論的枠組みから言えば，発展途上国においては，新しい小売業態の形成は先進諸国からの小売ノウハウの移転によって行われるといえる。つまり，特定の小売業態の海外移転は先進国の小売市場において移転対象となる小売業態の成熟段階，いわゆる需要と供給の不均衡が生じる段階に達したときに，グローバル小売市場への移転を試みることになる。その場合，グローバル小売市場において，移転対象となる小売業態は移転モードの仕方によっても，特定の国や地域で新しい小売業態として形成されるか否かが決定され，さらに小売業態間の競争構造や戦略の在り方においても大きく影響を与える。このような状況のなか

で，グローバルな小売企業は小売業態を営む小売ノウハウの「適用化ないしは適応化」という課題に直面する。つまり，それらの小売業態が提供する小売ノウハウのうち，どのような小売ノウハウを適用化すべきか適応化すべきかである。しかし，グローバル小売市場においてどのような戦略を採るべきかについては，移転モードによっても大きく左右されるといえる。

グローバル小売市場への小売業態の移転モードとしては，「ライセンシング」[56]，「営業権取得（concessions）」[57]，「フランチャイジング」[58]，「ジョイント・ベンチャー」[59]，「買収（acquisition）」，「独立的展開（self-start entry）」があげられる。もう一つの移転モードとして，本書の第1章の補節ですでに検討した戦略的提携もあげられる。小売企業が用いられる移転モードの戦略は，図2-3のとおりである。一般的に移転モードの戦略には，買収のような高コスト・高コントロールを選択する方法と，営業権取得のような低コスト・低コントロールを選択する方法とがある[60]。さらに，もう一つの移転モードとしては，グローバル小売市場の足場固めや，現地の経営管理に関する専門的知識の修得といった比較的謙虚な成果を期待して選択される独立的展開もあげられる[61]。

図2-3　海外市場への小売業態の移転モード

ライセンス（Licensing）	↑ Low
営業権修得（Concessions）	
フランチャイジング（Franchising）	費用と統制のレベル
ジョイント・ベンチャー（Joint Venture）	
買収（Acquisitoin）	
独立的展開（Self-Start Entry）	↓ High

出所：McGoldrick, Peter J. and Gary Davies, *International Retailing : Trends and Strategies*, Pitman Publishing, 1995, p.8.

しかし，ほとんどのグローバル小売企業は，現地の小売企業の買収という移転モードを採用する傾向がある[62]。この移転モードのデメリットは，買収する小売企業の多くが財政的危機に陥っている場合が多いことである。それ

ゆえに，買収する小売企業の経営基盤を回復するべく財政的支援を行わなければならない。また，買収による小売企業が有能な経営陣を有しており，小売経営において成功を収めているような場合においては，膨大な買収資金が必要となる。従って，買収による小売業態の移転モードの最大の課題は財政上の問題である[63]。例えば，イギリスのマークス・アンド・スペンサーがアメリカにおいて行ったスーパーマーケットのキングや紳士服チェーンのブルックス・ブラザースの買収などは，この移転モードの代表的事例である[64]。また，小売経験のない，あるいは少ない企業が小売業態の海外移転を図る場合は，買収による移転モードを採用することが多い。例えば，イギリスのBAT・インダストリーズのケースである。これは，自国の小売部門ではカタログ・ショールームと宝石店を運営しているが，北米においては1600店以上の百貨店やバラエティストア，ドラッグストアを経営運営していることなどがこの好例である[65]。

このような二つの移転モードを用いるには，かなりの投下資本が必要となる。その問題点を回避する移転モードとして，「フランチャイズ契約」の移転モードが採用される。フランチャイズ・システムは，投資の大部分をフランチャイジーが負担するので，フランチャイザーとなる小売企業は少ない資本の投下によって多くの小売業態の海外移転が可能となり，また広範囲の小売市場を開拓することができる。しかし，フランチャイズ・システムには店舗設計，商品供給，管理方式，組織，広告，販売方法に至るまでの標準化された基準が必要となり，そのためには確立された本部組織と経営管理方式の小売ノウハウが不可欠となる。したがって，海外移転の資本は少なくて済むが，小売経営の成果やある程度の規模と組織が必要となる。例えば，イギリスへのイタリアのベネトン（Benetton）の海外移転が典型的事例である[66]。ベネトンは世界的規模で4000以上の店舗とフランチャイズ契約を結んでいる。また，同じくイギリスのボディショップ（Body Shop）もフランチャイズ契約の移転モードを用いている。しかし，この移転モードの問題点は，資本を提供する現地資本の小売経験の不足と国際小売経営に関する専門的知識の欠如である[67]。

米国のセーフウェイ・コーポレーション（Safeway Corporation）やフランスのカルフール（Carrefour）は，ジョイント・ベンチャーによる移転モードを選択する場合が多い。ジョイント・ベンチャーによる移転モードの利点は，進出先国の市場や取引条件の環境に精通している現地小売企業（経営組織）の協力を得ることができるため，海外移転のコストやリスクの回避ができる点である[68]。

　以上のように，海外市場において移転による新しい小売業態の形成は，移転モードの仕方によっても左右され，またその業態が発展するか否かにまでも影響するといえる。その意味で，Rogers[69]は，小売業態の海外移転について，第1に非常に異なった文化や市場状況を十分に理解するための時間と調査，および資本が必要である。第2に進出先国の競争環境や消費者のニーズを把握している現地の経営組織を保持し引き付ける能力が必要であると述べ，ジョイント・ベンチャーは極めて有効な移転モードであるとしている。しかし，ジョイント・ベンチャーによる小売業態の移転は，企業間の取引段階が進むにつれてより多くの利益を追求し，その契約を解消することも多い[70]としている。

注
1)　三家英治「小売形態と業態」『京都学園大学論集』第16巻第1号，1987年，3ページ。
2)　木地節郎『流通業マーケティング』中央経済社，1990年，118ページ。
3)　鈴木　豊「日本における新小売業態成立の可能性」『RIRI流通産業』流通産業研究所，1992年6月，25ページ。
4)　木地節郎，前掲書，118ページ。
5)　公正取引委員会「小売合併の審査基準」公正取引委員会，1981年により。
6)　中村孝士監修『小売業のヴィジョン』日本小売業会，1982年，41ページ。
7)　鈴木　孝・宇野マーケティング研究会編『現代マーケティング試論』実業出版社，1982年，136ページ。
8)　木地節郎，前掲書，121ページ。
9)　三家英治，前掲誌，3ページ。
10)　同上誌，7ページ。
11)　田中道夫「流通企業の業態戦略」三浦　信・菅原正博・来住元朗編著『流通企業の新展開』大学教育出版，1996年，93-95ページ。
12)　長井利之「小売商業の業態的発展」増田大三編著『現代小売業の構図と戦略』中央経済社，1995年，32-33ページ。
13)　矢作敏行『現代小売商業の革新』日本経済新聞社，1981年，35ページ。
14)　来住元朗「流通・商業の概念と史的展開」増田大三編著『現代小売業の構図と戦略』中央経

済社，1995 年，25 ページ。
15) 三浦　信，三家英治『現代商業要論』中央経済社，1983 年，4-5 ページ。
16) 坂川裕司「小売機関発展論の体系的研究枠組み—文献展望を通じて—」『六甲台論集（経営編）』43 巻第 3 号，神戸大学大学院研究会，1997 年，37-57 ページ。
17) 白石善幸「小売商業構造変動論について」『六甲台論集』第 23 巻第 1 号，神戸大学研究会，1976 年。関根　孝「小売営業形態展開の理論的考察」『東京都立商科大学研究論』No31，1985 年。向井雅夫「小売商業形態展開論の分析枠組（Ⅰ・Ⅱ）」『武蔵大学論集』第 33 巻，第 3・4 号，(1985，12，1986.1)。関根　孝「営業形態発展の理論」『RIRI 流通産業』流通産業研究所，1992 年 6 月，19-23 ページ。白石善章『流通構造と小売行動』千倉書房，1987 年，107-137 ページ。
18) Brown, S., "Institutional Change in Retailing : A Review and Synthesis", *European Journal of Marketing,* Vol.21. No.7, 1987, pp.5-36.
19) McNair, M. P., "Significant Trends and Developments in the Post-War Period", in Smith, A. B. (eds.), Competitive Distribution in a Free High-Level Economy and its Implication for the University, Pittsburgh, Pa: University of Pittsburgh Press, 1958, pp.17-18.
20) Mason, J. B., M. L. Mayer, and H. F. Ezell, *Retailing,* Business Publications, Inc., 1988, p.20.
21) Nielsen, Orla, "Development in Retailing", in M. Kjaer-Hansen (ed.), *Reading in Danish Theory of Marketing,* Amsterdam, North-Holland Publishing Company, 1966, pp.101-115.
22) Gist, R. R., *op. cit,* pp.355-356. L. W. Stern and A. I. El-Ansary, *Marketing Channels,* Prentice-Hall, 1977, pp.246-248.
23) Davidson, W. R., Bate, Albert D. and J. B. Stephen, "The Retail Life Cycle", *HBR,* Vol. Nov-Dec., 1976, pp.89-96.
24) Regan, W.J., "The Stages of Retail Development", in R. Cox, W. Alderson, S. T. Shapiro. (eds.), *Theory in Marketing,* Second Series, Homewood, Illinois, Richard D. Irwin, 1964, pp.139-153.
25) Alderson, W., *Dynamic Marketing Behavior,* Homewood, IL : Richard. D. Irwin, 1965. A. C. R. Dreesmann, "Patterns of Evolution in Retailing", *Journal of Retailing,* Vol.44, No.1, spring 1968, pp.64-81.
26) Gist, R.R., *Retailing : Concepts and Decision,* John Wiley & Sons, 1968, pp.106-109.
27) Morgenstein, Melvin, *Modern Retailing : principles and practices,* Harriet Stronging, Wiley, 1983, pp.22-23.
28) Stern, W. and A. I. El-Ansary, *Marketing Channels,* 3rd ed, Prentice-Hall, 1988, pp. 222-223.
29) 関根　孝，前掲誌，19 ページ。
30) Bucklin, L. P., *Competition and Revolution in the Distributive Trade,* Prentice-Hall, 1972. を参照されたい。
31) 雲英道夫『新講商業総論』多賀出版，1995 年，119 ページ。
32) McNair, M. P. and Eleanor C. May, *The Evolution of Retail Institution in the United States,* Cambridge : Marketing Institute, 1976. (清水　猛訳『小売の輪は回る』有斐閣，1982 年。)
33) Alderson, W., *op. cit.,* 1965.

34) Tomas, R. E., "Change in the Distribution Systems of Western Industrialized Economies", *British Journal of Marketing*, Vol.4, 1970. を参照されたい。
35) McNair, M.P. and Eleanor C. May, *op. cit.*, 1976.
36) Brown, S., "The Wheel of Retailing", *International Journal Retailing*, Vol.3, 1988, pp.23-24.
37) Nielsen, O., *op. cit.*, pp.105.
38) Maronick, T. J. and B. J. Walker, "The Dialectic Evolution of Retailing", in B. J. Walker and J. B. Haynes, *Marketing Channels and Institution*, 1978, pp.254-255.
39) 佐藤　肇『流通産業革命』有斐閣, 1985年, 33ページ。
40) 下川浩一『マーケティング：歴史と国際比較』文眞堂, 1991年, 149ページ。
41) 19世紀半ばから欧米で百貨店成長の背景としては, 第1に, 産業化の進展と製品の大量生産に伴い, 円滑な流通体系が必要であったこと, 第2に, 巨大都市化が形成され, 集中型需要が発生したこと, 第3に, 交通と通信の発展による情報流通の円滑化が必要であったこと, 第4に, 国民所得の増大による消費者購買力の増大, などがあげられる。韓国商工会議所『アメリカの流通産業』商工会議所, 1995年, 89-90ページ。
42) 百貨店は, それまでの小売店と比べ, いくつかの極めて革新的特徴を有していた。第1に, 従来の小売取引においては当たり前であった店頭での価格交渉を排し, いかなる消費者に対しても平等に定価で, しかも現金取引・返品自由・品質保証という条件で販売したことである。その結果, 店側としては, 価格交渉に優れた店員を多数配する必要も掛け売りの必要もなくなり, 費用の削減というより多くの顧客との対応が可能になった。また, 消費者にとっても, 別に買物の当てがなくとも気軽に店内に入れるし, 価格交渉や品質についての不安なしに買物ができるようになった。百貨店は, こうした革新的な方法で, 低価格・大量販売を目指したのであった。第2に, 百貨店はデパートメントストアの名前に代表されるように, 商品別に構成された部門別組織を持ち, 部門ごとに商品を仕入れ, 管理し, 販売するという方式を採用したことである。百貨店の革新的な第3の特徴としては, 買回品を中心に極めて多様な商品を一つの建物の中に取り揃え, 消費者にワン・ストップ・ショッピングとさまざまな商品を見比べての比較購買を可能にしたことである（池尾恭一「小売業態の発展」田島義博・原田英生編著『ゼミナール流通入門』日本経済新聞社, 1997年, 144ページ。）。
43) 木綿良行『現代商業学』有斐閣, 1988年, 115ページ。
44) 宇野政雄『流通業界』教育社, 1888年, 97ページ。
45) 来住元朗『商業（その歴史, 理論, 政策）』八千代出版社, 1994年, 123ページ。
46) 田島儀博・原田英生編著『ゼミナール流通入門』日本経済新聞社, 1997年, 151ページ。
47) 1921年に開店した「丁字屋」は, 最初は「丁字屋洋服店」として出発し, その後百貨店（1932年）に転換した。
48) 「平田百貨店」は, 最初は呉服店として出発したが, その後は雑貨商に, 1932年7階建てに増築したのをきっかけに百貨店に転身した。
49) 安上　敏『スーパーマーケット原理』ぱるす出版, 1997年。
50) 池尾恭一, 前掲書, 148-149ページ。
51) 上掲書, 147ページ。
52) 梅川　勉『新流通経済論』青森書店, 1989年, 14ページ。（日本のスーパーマーケットは, 1953年にセルフ・サービス方式を導入した紀ノ国屋が最初である。日・米でのスーパーマーケットの発展・展開の相違点は, まずチェーンストアを経ず直接スーパーマーケットから始まったことである。またアメリカのスーパーマーケットは1930年代の大恐慌期に展開されたが, 日本は高度成長期で急速な発展ができたことである。アメリカではスーパーマーケットが

主として食料販売であるのに対して，日本では衣類品や日用品など広範囲の商品を取り扱っていることである。
53) 金沢尚基『現代流通概論―構造・経営・マーケティング』慶應義塾大学出版会，2005年，46-49ページ。
54) 青木 均「小売技術の国際移転に関する研究の方向性」『産業経営』早稲田大学産業経営研究所，1996年，197-214ページ。
55) 金 亨洙「海外小売企業における小売ノウハウ（技術）の海外移転に関するモデル化―製造企業との比較の視点から―」『久留米大学商学研究』第8巻第2号，久留米大学商学会，2003年，69-103ページ。
56) ライセンス共用は，最低限の投資とリスクを伴うが，ある程度の統制限を得ることができる。母会社は冒険的に正統的行動を取らない。例えば，J. C. Penney collection は，アメリカ母企業から東部の営業権のライセンスを修得し，小売企業のPBの販売権を修得したのが一つのライセンスによる海外進出である。
57) 現地地域での営業権の修得（Concessions）は大規模小売企業の店舗運営を含むローリスク，ローコストの営業権である。例えば，Burton がスペインの百貨店である Galerias Preciados に進出するさいに用いた戦略である。
58) フランチャイジングの進出戦略は，多くのリスクと巨大な資本金の投資を避けるために用いられる戦略である。そして，とくに，小売企業のコンセプトを迅速に海外に進出するのに妥当な戦略である。著名な例えとしては，80各国に6000店舗を所有しているベネトンである。
59) ジョイント・ベンチャーによる進出方法は，既に現地市場に詳しいパートナーと組むことによって，海外進出のタイミングやコストやリスクの削減ができるというメリットがある。
60) McGoldrick, Peter J. and Gary Davies, *International Retailing : Trends and Strategies*, Pitman Publishing, 1995, p.8.
　　Mitton, Alan E., "Foreign Retail Companies Operating in the UK: Strategy and Performance", *Retail & Distribution Management*, January/February 15-1, 1987, p.30.
61) McGoldrick, Peter J., *Retail Marketing*, McGraw-Hill, 1990, p.55.
62) Mitton, Alan E., *op. cit.*, p.30.
63) McGoldrick, Peter J., *op. cit.*, p.56.
64) *Ibid.*, p.56.
65) Corporate Intelligence Group, *Retail Ranking*, Corporate Intelligence Research Publications, 1988. in Peter J. McGoldrick, *op. cit.*, p.56.
66) McGoldrick, Peter J., *op. cit.*, p.56.
67) Mitton, Alan E., *op. cit.*, p.30.
68) McGoldrick, Peter J., *op. cit.*, p.56.
69) Rogers, D, "American Reflections", *Retail & Distribution Management*, November/December 14-6, 1986, p.49.
70) Mitton, Alan E., *op. cit.*, p.30.

第3章
小売ノウハウ（技術）の海外移転モデルの構築
―製造企業との比較の視点から―

第1節　移転研究の背景と問題提起

　今日，多くの研究テーマの一つとして，「アメリカ型」，「日本型」，および「アメリカナイゼーション（Americanization）」，「ジャパンナイゼーション（Japanization）」などというキーワードが頻繁に使われている。流通・マーケティングの分野においても，「日本型マーケティング」，「日本型流通システム」，「日本型・アメリカ型コンビニエンスストア」などに関する文献が出版されるようになってきた。これらは，グローバルな市場経済の進展に伴い，企業間または産業間で海外取引が多く行われ，企業間もしくは産業間の経営管理方式やマーケティング技術などに関するノウハウ（技術）が国境を越えて頻繁に移植・移転されており，このような研究がますます重要になってきたからである。

　技術・経営移転（technology transfer）が学問的に研究されるようになった背景は，対外直接投資理論の発展があったからである。製造業においては，自国企業の海外進出とともに，経営技術の海外移転論をめぐる諸研究が盛んに行われてきた。まず，アメリカにおいては，1960年代から70年代にかけて，プロダクション・プロセスやマネジメントの海外移転に関心が集まるようになった[1]。日本においても，対外直接投資が本格化する1980年代から，日本的生産システム・経営管理の海外移転の可能性が議論されるようになった。例えば，植木元英『国際経営移転論』，安室憲一・関西生産本部編著『現場イズムの海外経営』，安保哲夫『アメリカに生きる日本的生産

システム』，板垣博『日本的経営・生産システムとアメリカ』，岡本康雄『日本企業 in 東アジア』，高橋由明ら編著『経営管理方式の国際移転』などの研究文献が数多く，積極的に海外移転研究に取り組んでいる。

マーケティング技術の海外移転に関する研究は，製造業のそれに比べて，はるかに遅れており，その取り組みや実証研究などにおいてもごく限られたものに留まっているといえる。いくつかの既存研究[2]では，効果・効率的インフラストラクチャー開発の重要性，発展途上国におけるマーケティングの社会的責任および経済開発の促進などに関する有効性の研究であった。その成否をめぐる論争は，マーケティング慣行を諸外国の環境に適用することができるかということであった。しかしながら，これらの議論は，その移転の対象が発展途上国に限られており，そして社会経済的視点からの研究アプローチであった。それゆえ，個別経済的側面におけるマーケティング技術の海外移転に関する理論的研究は乏しいといわざるを得ない。

小売産業における海外移転の研究と言えば，かつて小売産業はドメスティック産業としてみなされる傾向が強く，小売企業のグローバル化に関する研究さえも軽視されてきたといえる。そのため，ほとんどの既存研究は，特定国との小売構造分析の比較研究の段階に留まっており，小売企業のグローバル化に関する理論的枠組みはもちろん，その諸問題さえもいまだに十分に検討されていない状況である。とくに，小売企業が用いている経営管理方式やマーケティング技法，いわゆる小売ノウハウ（技術）の海外移転に関する研究分野においては，ほんのわずかな欧州文献しかない。しかしながら，これらの既存研究では，その研究の対象が特定国と特定業態に限定されており，理論的枠組みを見出そうとする観点が欠如していること，もう一つは，その移転対象となる小売ノウハウとはなにか，そしてその位置づけが明確に示されていないこと，さらにその移転のメカニズムや小売ノウハウの移転変容（適用化・適応化）についても十分に検討されていないことが，その問題といえる。

そこで，本章においては，小売産業のグローバル戦略の一般化理論に関する研究の一環として，小売ノウハウとは何かをはじめ，その移転対象となる

小売ノウハウを具体的かつ的確に分類し、その位置づけを試みる。そのうえで、製造企業における経営管理技術の海外移転の成果をふまえつつも、小売ノウハウの海外移転に関するモデルを構築し、その移転の可能性を検討する。すなわち、海外小売市場において、小売ノウハウがどのようなメカニズムで移転され、小売ノウハウのうちどのような側面が適用しやすいか、あるいは適用しにくいか、それはなぜなのかを検討する。以上の課題を明確にするため、第1は小売ノウハウの海外移転に関する既存研究をレビューし、その研究の限界を明らかにする。第2は既存研究の限界性を克服するための方法論として、小売機能と小売ノウハウとの関係を明確にする。そのうえで、小売ノウハウを「技術依存型」と「管理依存型」とに分類し、その類型化を試みる。第3は高橋由明教授による「経営管理方式の海外移転」に関する見解（TAKAHASHIモデル）に依拠しながら、海外小売企業における小売ノウハウの海外移転に関するモデル化を試み、その移転の可能性とその前提条件を検討する。

第2節　小売ノウハウの海外移転に関する既存研究のレビュー

1．小売ノウハウの海外移転の既存研究

小売ノウハウの海外移転をめぐる諸研究は、海外においては、Goldman (1981) の「発展途上国（LDC）への小売ノウハウ（技術）の移転」[3]、Kacker (1988) の「小売ノウハウの国際移転 (flow)」[4]、Ho and Sin (1987) らの「小売技術 (Retailing Technology) の国際移転」[5]、Ho and Lau (1988) らの「スーパーマーケット技術の開発」[6]などがあげられる。一方、日本においては、川端基夫氏によれば、「鈴木氏 (1980)[7]は欧米からの革新的小売技術が日本に移転された経緯を示し、小売技術の国際移転研究の重要性を主張した。しかし、この領域の研究は、その後は欧米でもわが国でもあまり進んではいない。わが国では、青木均氏 (1996)[8]がこの問題を整理して今後の研究の方向性を示し、渦原実男氏 (1990)[9]も小売技術の内容分類に触れている。金亨洙氏 (1998)[10]は、欧州でのこれまでの研究を

ベースに小売ノウハウの分類や移転の問題を詳細に検討しており，参考になる」11)と述べており，そして同氏は技術移転の具体的な検討として，加藤司氏 (1998)12)の「流通外資の競争力」，江原淳氏の「日本の流通企業の海外出店 (1992年)」と「流通の国際比較と流通業海外出店の分析 (1994年)」の研究業績を紹介しながら，日本における小売ノウハウの海外移転に関する研究経緯とその研究の困難さを指摘した。

小売ノウハウの海外移転に関する研究は，1981年のGoldman研究をはじめ，Kackerの研究がその出発点となる。それ以降の諸研究は，GoldmanとKackerの研究をベースにして展開されてきた。しかしながら，これらの研究は，川端氏も指摘したように，「小売ノウハウそのものの内容についても依然として曖昧な部分が多く，何をもって移転と判断するのかも難しい実態である」13)。その移転の可能性に関する理論的枠組みの構築はもちろん，さらなるその移転研究の切り口として，その出発点となるGoldmanとKackerの研究をレビューすることは不可欠となる。

(1) Goldmanの研究

Goldmanは，スーパーマーケット（以下はSMと略称する）を取り上げ，マーケティング技法の国際移転を試みた。SMの小売ノウハウ（技術）の一般的特徴として，①食品と非食品に関する複数の品揃え，②店舗の大規模化と大量販売，③マス・マーチャンダイジング戦略，④マス・マーチャンダイジング方式，⑤セルフ・サービス，⑥労働資本の代替化による営業費用の削減と生産性の向上，⑦仕入れ，在庫処理，物的流通などの店舗運営における規模の経済性に小売ノウハウを分類した。そのうえで，発展途上国への移転の場合，小売企業が直面する阻害要因として供給側面と需要側面とに分類し，それぞれを詳しく説明している。

①供給側面からの阻害要因

発展途上国において，SM（スーパーマーケット）の小売ノウハウを移植・移転する場合，小売企業が直面する供給側面の阻害要因としては，①補完技術，インフラストラクチャー，および外部効果，②生産性（労働コスト，店舗設備，規模の経済性，チャネル関係），③伝統的小売商の反発が

ある。

　第1の供給側面の阻害要因は，補完技術，インフラストラクチャー，および外部効果である。

　新しく開発された小売ノウハウは，それを支える補助的技術またはインフラストラクチャーの発展がなくては成功裏に運営することができない。それらが依存する方法には，①絶対依存（ultimate dependency）と②管理運営依存（operational dependency）とがある。前者の場合は，冷凍食品における冷凍システム（cold chain）をその事例として取り上げ，これらの依存関係は直ちに検討することができるが，それを改善することは困難であるとしている。一方，後者の場合は，その事例としてPOSシステムを取り上げ，それを補助する技術が存在しないと運営効率化と使用価値が削減され，むしろ導入費用の増加を招くこととなる[14]。小売ノウハウの移転は，そのシステム内で外部効果を有効に使用できるか否かに影響を受けることになるので，もう一つの阻害要因として外部効果[15]を挙げている。要するに，小売企業は，発展途上国において移転対象となる小売ノウハウを移転する際，それらを補助する技術とインフラストラクチャーの有無が重要となる。なぜならば，セルフ・サービスの販売方式を運営するためには，商品のプリパッケージング（prepackaging），標準化（standardization），および格付け（grading）が，マス・マーチャンダイジングを実現するためには，商標化（branding），マス・コミュニケーションが必要となるからである[16]。

　第2のその阻害要因は，生産性である。

　SMの運営方式を導入するきっかけは，生産性が高いからである。しかしながら，発展途上国では，労働コスト，店舗施設，規模の経済性，および流通チャネル間の関係などの独特な要因[17]がその生産性を阻害する要因となる。労働コストの場合，SMがセルフ・サービスを運営するためには，半・熟練者，商品のプリパッケージング，標準化，および格付けなどの機能が必要となる。しかしながら，発展途上国においては，ほとんど家族中心経営の伝統的小売商であるため，それを運営する熟練者などの人材確保が難しく，かつそれに比べて相対的に人件費が高くなる。さらに，発展途上国において

は，製品のパッケージング，格付けなどの機能が発展しておらず，SM 自らがその機能を担うことによって労働節約（labor saving）を相殺させるからである。店舗設備の場合，発展途上国においては，SM の必要とする設備および機具などが生産されておらず，それを先進諸外国からの輸入に依存せざるを得ないからである。SM の利点は大量販売による規模の経済性の追求であるが，発展途上国での SM はほとんど小規模・零細であるため，規模の経済性の利点を得ることが困難となる。流通チャネル間の関係からみると，SM の生産性は，流通チャネルの短縮，いわば製造業者と供給業者との直接的関係を形成することによって高めることができる。しかしながら，発展途上国においては，製造業者の規模が小さく，その中間の卸売業が介在することになる。そして，その卸売業者の規模も小さく，SM との強い関係を形成するのは困難であるからである。

第3の供給側面の阻害要因は，伝統的小売商の反発[18]である。

小売市場において，新しい小売業態が出現すると，既存の小売商は政府からの優遇措置の圧力や供給業者への圧力（SM への製品納入の妨害）と，運営方式の改善という二つの方法で対応してきた。例えば，運営方式の改善のケースとしては，ミニ・スーパーマーケット（mini-supermarket）がその典型的事例である。これは，SM に比べてその規模と製品ラインは小さいが，ターゲットとする顧客（中，中上層）は同じである。すなわち，長期的視点においては SM のインフラストラクチャーの進展という側面があるが，短期的視点においては SM の普及の阻害要因となる[19]。

②需要側面からの阻害要因[20]

発展途上国において，小売企業が SM の小売ノウハウを移植・移転する場合，直面するもう一つの阻害要因は需要側面である。それらの要因を，Goldman はコスト・効用分析（cost-benefit analysis）を用いて検討している。すなわち，現地消費者が SM を利用して得られる利点（効用）と，伝統的小売商から SM へとスイッチングするときのコストの視点から説明している[21]。

第1のその阻害要因は，効用である。

消費者がSMを利用して得られる効用は，より低い価格，品質向上，およびその他の効用（多様性，利便性，清潔さなど）である。製品の低価格と品質向上は，伝統的小売商と比べて，SM技術の相対的生産性によって決定される。例えば，「SMが海外移転された場合，流通コスト（distribution cost）が10％削減できる」[22]といわれている。しかしながら，流通コストが10％削減されたとしても，発展途上国においては，その生産性を阻害する要因が多く，伝統的小売商からSMへとスイッチングする動機にはならない。そして，発展途上国の消費者は，多頻度少量購入の傾向が強く，そのため価格と品質効用の価値を相殺する。購買行動は，国と国の間の文化・慣習的差異というよりも，むしろ経済的差異である。すなわち，発展途上国の消費者は，冷蔵庫などの保管設備を備えていないので大量購買することができないのである。さらに，所得の低さと不安定さによって長期的消費計画ができないからである。品質向上と関連する問題点としては，発展途上国の消費者は価格については敏感であるが，品質向上については敏感でないことである。

一方，商品の多様性，利便性，清潔さなどのその他の効用の場合，先進国の消費者はそれらが重要な購買要素となるが，発展途上国の消費者にとってはそれが重要な要因にならない。なぜならば，発展途上国では，生活水準が低く，生活必需品の需要が多く，製造業もその製品を主として生産しており，製品の多様性（品揃え）を追求するためには外国からの輸入に依存せざるを得ないので高コストとなる。そして，商標のある製品が，またナショナル・ブランド（NB）が少ないので，セルフ・サービスから得られる利便性の効用を期待することができない。さらに，伝統的小売商も多様な製品を揃えているので，必ずしもSMがワン・ストップ・ショッピングから得られる効用を期待することができないことが，その理由[23]である。

第2のそれは，コスト要因である。

SMは伝統的小売商に比べて，店舗規模が大きいため商圏が広い。いわゆる，広い地域からの集客が必要となる。その際，移動コスト（travel cost）と移動と関係ないコスト（non-travel cost）とがその阻害要因となる[24]。移動コストの場合，発展途上国では，交通手段とモータリゼーションが進展

しておらず，店舗までの移動コストが先進国と比べて高い。つまり，高い移動コストによって在来小売商から SM へとスイッチングすることが困難なのである[25]。移動と関係のないコストの場合，発展途上国では，所得水準が低くその所得も不安定であるため信用取引が重要となる。そして，小売業者と顧客との関係は単純に商人と顧客の関係のみならず，一つの社会的な意味をも持っている。そのため，これは，伝統的小売商から SM へとスイッチングするための阻害要因となる[26]。

以上，Goldman の研究から得られる結論は，小売企業が発展途上国で直面する阻害要因は，需要側面と供給側面とがあるが，それらの阻害要因を比較してみると，需要側面の阻害要因よりも供給側面の阻害要因を修正して適応すべきである。しかしながら，供給側面の阻害要因のうち，流通システムなどのようなインフラストラクチャーと関係する要因においては，それを修正することは難しく，現地の環境条件に合わせて小売ノウハウの内容を修正すべきである。

(2) Kacker の研究

Kacker は，小売ノウハウを「与えられた環境において，小売企業 (retail business) が採用している事業コンセプト (business concept)，運営政策 (operating policies)，技術 (techniques) である」[27]と定義している。そのうえで，小売ノウハウの移転手段 (vehicles of flow) を大きく計画的移転 (planned flow) と非計画的移転 (unplanned flow) とに区別して，計画的移転を強調している。なぜならば，非計画的移転は企業の意志ではなく，そして今後継続的に移転するかどうかを確信することができないからである。

非計画的移転とは，海外視察 (observation)，小売業セミナー (seminar)，小売業者大会 (convention) などによって，偶然に小売ノウハウを発見し，それを自国の小売企業へ移植・移転することを意味する。この場合，各小売企業との間で公式的協議が行われないのが特徴である。

計画的移転とは，小売ノウハウを合理的移転 (rational movement) するため公式・計画的に実施することである。この場合，小売企業が海外市場

で水平的拡大（horizontal extension）をする場合と，現地政府の下で管理される場合とがある。それゆえ，計画的移転は，国境を越えて公式的小売ノウハウの国際移転（transfer）の特徴を持つようになる。計画的移転の手段は，海外直接投資（FDI），マネジメント契約（management contracts），ジョイント・ベンチャー，フランチャイジングなどがある。しかしながら，小売企業がどの移転モードを採るかは，小売ノウハウを提供する小売企業と，それを受け入れる小売企業との間の外部環境と内部環境状況によって異なる。

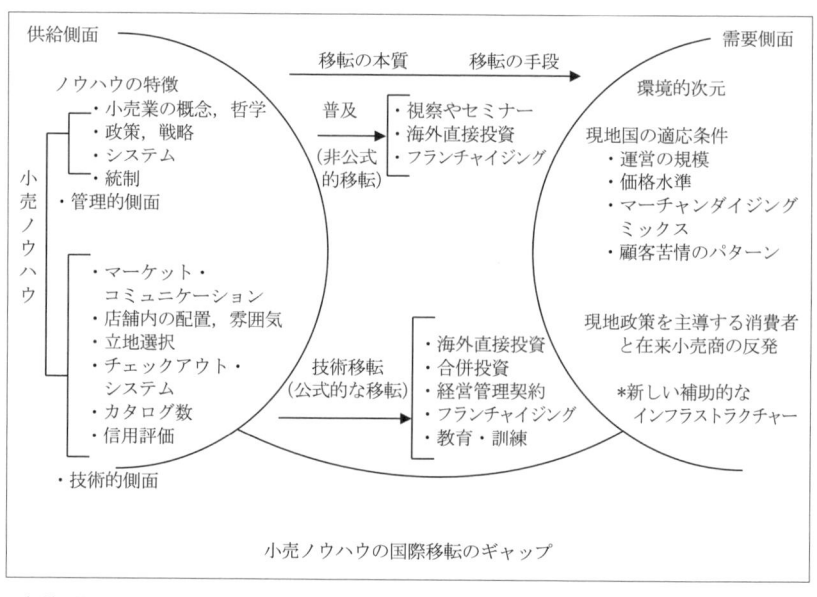

図3-1 小売ノウハウの国際移転の手段

供給側面		移転の本質	移転の手段		需要側面
ノウハウの特徴					環境的次元
小売ノウハウ	・管理的側面 　・小売業の概念，哲学 　・政策，戦略 　・システム 　・統制	普及 （非公式的移転）	・視察やセミナー ・海外直接投資 ・フランチャイジング		現地国の適応条件 ・運営の規模 ・価格水準 ・マーチャンダイジングミックス ・顧客苦情のパターン
	・マーケット・コミュニケーション ・店舗内の配置，雰囲気 ・立地選択 ・チェックアウト・システム ・カタログ数 ・信用評価	技術移転 （公式的移転）	・海外直接投資 ・合併投資 ・経営管理契約 ・フランチャイジング ・教育・訓練		現地政策を主導する消費者と在来小売商の反発 *新しい補助的なインフラストラクチャー
	・技術的側面				
		小売ノウハウの国際移転のギャップ			

出所：Kacker, Madhav, "International Flow of Retailing know-how : Bridging the Technological Gap in Distribution", *Journal of Retailing*, Vol.64, No.1, spring 1988, p.45.

2．既存研究の限界と問題点

上述した既存研究においては，少なくともいくつかの問題点として提起することができる。青木氏[28]は，その問題点として，① 移転対象となる小売技

術がSMに限定されていること。②技術受入国が発展途上国に限定されていること。③技術受入国における移転技術の変容について十分に検討されていないこと。④技術移転形態が十分に検討されていないこと。⑤技術移転主体の技術移転に関するマネジメントが十分に検討されていないことを指摘し，今後の研究方向性を検討している。

　以下では，青木氏がすでに指摘した問題点をふまえつつも，さらにいくつかの問題点を取り上げて検討する。まず第1の問題点は，ほとんどの既存研究は特定国（発展途上国）と特定業態（SM）に限定されており，その移転対象となる小売ノウハウの海外移転の可能性が明確に示されていないことである。第2は，その移転研究は理論的枠組みを見出そうとする観点が欠如していることである。第3は，小売ノウハウのそのものの内容について曖昧な部分が多く，何をもって移転と判断するのかが明確でないことである。この問題は，小売ノウハウとは何かをはじめ，その移転対象となる小売ノウハウを具体的・的確に分類していないからである。最後の第4の問題点は，小売ノウハウの海外移転のプロセスについて，ほとんど検討していないことである。言い換えれば，小売ノウハウのうち，どのような側面がどの程度まで現地に移転しているか，もしくは移転できていないのか，それはなぜなのかを具体的に検討していないことである。

第3節　小売ノウハウの内容とその類型化

　ここでは，上述の既存研究の限界と問題点をふまえて，小売ノウハウの概念を明確にするため，まず小売機能と小売ノウハウとの関係を明らかにする。そのうえで，小売ノウハウを「技術依存型」と「管理依存型」とに区別し，その分類の類型化を試みることにする。

1．小売機能と小売ノウハウとの関わり

　小売企業が演じている役割は，生産者や卸売業の供給条件と最終消費者の需要条件を総合に結合させることであり，その結合が的確に，かつ円滑に行

われるために，いくつかの機能を遂行する。しかしながら，小売企業が遂行する機能については，その捉え方や内容は共通しておらず，論者[29]によってさまざまな解釈のもとで分類されており，また小売企業においても，そのおかれた状況や自社の経営資源との関連でさまざまな小売機能の遂行への対応を生んでいるのが実情である[30]。

　二浦信氏によれば，「小売経営で，その核となるものは，小売企業が提供する商品またはサービスである。その核のまわりを固めるものが，マーチャンダイジング（merchandising）である」[31]という。マーチャンダイジングは，「経営のマーケティング目的を最もよく実現するのに役に立つ場所，時期，価格，そして数量で，特定の商品あるいはサービスをマーケティングすることに含まれる計画と管理である」としている[32]。製造業の場合は，これを商品計画と呼んでおり，小売企業の場合は，狭義では商品選定と仕入計画活動を意味するが，広義では価格決定，展示，販売促進や広告計画を含んでいる。つまり，小売企業は，商品，サービス，販売，セールス・プロモーション，アソートメント，情報収集，仕入，在庫という八つのマーチャンダイジング活動を行なっている。具体的にいえば，商品活動には，品質，色，スタイル，価格が，アソートメントには，商品の深さ・広さ，一貫性が含まれる。またセールス・プロモーションには，ディスプレイ，広告，包装，ポスター，セールス・キャンペーン，レイアウト，インテリアなどが，サービスには，マークダウン，クレジット，消費者サービスなどが含まれる[33]。販売方法には，セルフ・サービス，無・店舗販売が含まれる。小売企業が遂行する機能と小売ノウハウとの関係は，表3-1のとおりである。

　清水滋氏は，流通業のマーケティング技術として，「店舗ごとの対象商圏の分析，商品系列別の需要予測，企業内のデータ分析などのマーケティング情報収集分析技術のほか，マーケティング計画樹立技術，仕入れ・販売・在庫管理技術，広告・催事・サービスなどの販売促進技術などがあげられる。技術概念自体のなかに，計画を立てる技術，管理を行う技術，顧客や商品を対象に行動する技術などといった具合に，いくつかのプロセスが含まれる。技術は，何も売場で個々の販売員が遂行する接客販売技術や，仕入先ショー

表3-1　小売機能と小売ノウハウとの関わり

小売機能	小売ノウハウ（技術）
商的機能	・マーチャンダイジング 　品揃えの範囲と内容 　仕入方法の選択 　PB商品の計画
	・価格 　価格水準 　マージン率
	・チャネル設定 　仕入先の選定 　立地の選択 　店舗開設
	・セールス・プロモーション 　ディスプレイ 　広告（新聞，テレビ，チラシなど） 　レイアウト
	・販売方法 　セルフ・サービス 　店舗の有無
物的機能	・配送・配達 　無料・有料配達区域の設定
	・保管 　在庫管理の徹底 　冷凍・冷蔵設備の強化
	・流通加工 　サイズ調整 　パッケージング 　値札付け作業
情報機能	・マーケティングリサーチ 　消費者ニーズの収集・分析・予測
	・仕入先への情報提供 　売れ筋・死に筋商品 　競争環境に関する情報
補助的機能	・危険負担
	・流通金融
企業維持の機能	・教育訓練
	・人員の採用
	・資材の購入
	・記帳および一般的管理

出所：田口冬樹『現代流通論』白桃書房，1994年，113-115ページに基づいて修正作成。

ルームや見本展示会で仕入担当者が腕をふるう仕入技術などのみをさすのではない。売場監督者や各フロアーマネジャーが展開する人間（販売員），陳列，設備などの管理技術も重要な小売ノウハウであるし，商品系列別，売場

別に任命されたバイヤー達を政策，計画，戦略の路線上で効率よくかつ意欲的に行動するようリードするのも，流通業の基本的マーケティング技術である」[34]という。すなわち，これらは，小売企業が遂行する機能であり，その機能を的確かつ円滑に遂行させるのが小売ノウハウ（retail know-how・technology）となる。

2．小売ノウハウの類型（技術依存型ないし管理依存型）

以上，小売企業が遂行する機能と小売ノウハウとの関係を明確にしたが，以下では小売ノウハウはどのように区別するのかを検討することにする。

小売企業活動とそれと関連するノウハウ（技術）はその組織構造と深くかかわってくる。三浦信氏によれば，小売企業組織の最も単純な構造は，「店舗オペレーション」と「マーチャンダイジング」であるという。店舗オペレーションは店舗の維持管理，駐車場管理，配達など店舗の物的側面での管理運営と関連した諸活動であり，「マーチャンダイジング」の中心は仕入と販売の機能であり，商品の価格決定，在庫管理，取引の記録などもマーチャンダイジング機能に含められる。さらに組織がいっそう拡大すれば，分化する機能がコントロールである。これは，会計記録，クレジット，財務などで従業員や仕入先への支払い業務を含む。さらに進んで上述の三つの機能のほかにセールス・プロモーションが分化する。これには，プラニング，調整，広告，店内ディスプレイ，パブリシティなどが含まれる。これらの四つの機能が今日の小売組織の基本である[35]。

これらの組織マネジメントは，製造企業は製造する商品の計画－製造－（完成品の）在庫－（卸売企業・小売企業への）販売－（つぎの）商品計画といったサイクルを描くが，小売企業の場合は計画－仕入－在庫－販売－（つぎの）計画といったサイクルを描くことになる[36]。それらの諸組織のコントロールは，製造企業の場合は管理者の諸活動のコントロールを中心とする「マネジメント・コントロール（management control）」と，モノまたは作業者の活動のコントロールを中心とする「業務的コントロール（operating control）」とに区別できる。小売企業の場合においては，その特有性

格上,店舗オペレーションを中心とする「業務的コントロール」とマーチャンダイジングを中心とする「マネジメント・コントロール」とに区別できる。なぜなら,マーチャンダイジング計画はこれら企業内外情報の手がかりに,それに経営理念,マーケティング政策・戦略を反映させる形で樹立するからである。

 ICC (International Chamber of Commerce) は,「工業目的に役に立つある種の技術を,実際に応用するために必要とする秘密の技術的知識,経験またはそれらの集積のノウハウ」[37]と定義している。さらに,『経営学辞典』では,「ノウハウとは,一定の技術をなんらかの工業化目的に応用する場合に必要とされる秘密の技術的技術や経験であり,体系的知識を超えたコツやカンに相当するものである。必要なあらゆる機械設備を装備した化学プラントも,ノウハウなしには正常な操業力をもたないものである。技術に関するノウハウを技術的ノウハウといい,経営に関するノウハウを経営ノウハウといい,それらは技術者や経営者の内部に貯蔵されている場合が多い」[38]としている。

 以上の観点から検討すると,小売企業においても,技術的小売ノウハウと小売経営ノウハウとに区別することができる。とくに小売企業は,店舗オペレーションの物的技術はもちろん,人間とその能力を結合して生産性を高くする大規模化または組織化のような組織技術あるいは管理技術の比重が高いからである。鳥羽欽一郎氏は,規模の利益を追求する大規模小売企業とチェーン・ストアなどの小売企業は組織における革新の結果であると述べ,「SMは,チェーンというシステムを導入すると同時に,店舗のレイアウト,陳列棚の改善,冷凍システムの採用,キャッシュ・レジスターの導入といったメカニカルな技術と店舗経営の合理化によって,とくにセルフ・サービスという形で,新しい革新を達成した」[39]としている。Bucklin[40]は,小売ノウハウを小売技術 (retail technologies) と呼称し,物的技術と関連する設備 (equipment) と管理的技術 (managerial technologies) とに区別している。また,Kakerも,小売ノウハウを「管理的側面 (managerial dimension)」と「技術的側面 (technical dimension)」とに区別している。管理

的側面からの小売ノウハウには，小売コンセプト・哲学（retailing concept & philosophy），政策・戦略，システム，コントロールが含まれるとしている。それに対して，技術的側面からの小売ノウハウには，立地選定（site selection），ストア・レイアウト，仕入れ（buying）などが含まれる[41]としている。

表3-2　管理依存型小売ノウハウと技術依存型小売ノウハウの類型化

小売ノウハウ（retailing know・how）	
管理的小売ノウハウ (managerial retailing know・how) // 管理依存型小売ノウハウ	小売コンセプトまたはフィロソフィ ・セルフ・サービス（プリパッケージング，標準化，格付け） ・ワンストップ・ショッピング ・小売業態のコンセプト 小売政策または戦略 ・マス・マーチャンダイジング ・セグメンテーション ・マーチャンダイジング政策 ・小売ミックス戦略 システム ・販売システム ・情報システム（POS） ・フランチャイズ・システムなど コントロール ・仕入予算などの財務的コントロール ・在庫管理などの物的コントロール ・従業員や仕入先への支払業務などの人的コントロール
技術的小売ノウハウ (technical retailing know・how) // 技術依存型小売ノウハウ	ロケーションとその選定 ストア・レイアウトあるいは雰囲気 マーケット・コミュニケーション チェックアウト・システム カタログ制作 信用評価 マーキング（値付け） プリパッケージ

小売ノウハウとは，物的技術と関連する機械・店舗設備（equipment）などの店舗オペレーションに関するノウハウを「技術依存型小売ノウハウ」と呼び，企業内外情報を手がかりに，それに経営理念，マーケティング政策・戦略を反映させる形で樹立するマーチャンダイジングは技術者や経営者

などに内在化されており,それを「管理依存型小売ノウハウ」と呼ぶことにする。また,前者をハード技術（hard technology）ともいい,後者をソフト技術（soft technology）ということもできる。しかし,小売ノウハウの場合はハード技術を中心とする生産技術とは異なり,だれもが模倣しやすいシステム技術や運用技術としての性格を有しており,その性格上開放的であることである[42]。

第4節　小売ノウハウの海外移転モデル
―製造企業との比較視点から―

　ここでは,まず,高橋由明教授が提示した経営管理方式の移転可能性に関する見解（以下は,TAKAHASHI モデルと略称する）をレビューし,それに基づいて小売ノウハウの海外移転の可能性について検討することにする。

1. 経営管理方式の海外移転の可能性（TAKAHASHI モデル）

　高橋由明教授[43]は,「文化構造」,「経済過程」,「企業内外の諸『組織』」という経営管理方式を規定する三つの要因と,「生産設備・生産技術」もしくは「経営管理方式・経営管理システム」の海外移転との間は,トレード・オフ関係が存在することを暗示している。本国企業から海外現地企業への「生産設備・生産技術」の移転は比較的容易であるが,本国から海外の現地企業への「経営管理方式・経営組織」の移転は決して容易とはいえないとしている。なぜならば,「生産設備・生産技術」の移転の場合は,その移転対象となる技法は機械そのものであったり,人間と機械の関係に依存しており,どちらかというとその国の技術レベルに関係しても,その国の人々の文化（価値）からは比較的中立的であるからである。一方,「経営管理方式・経営組織」の海外移転は,その移転対象となる技法は単なる人間と機械の関係のみではなく,人間と人間の関係に依存するからであるとしている。

　すなわち,海外移転の成否は,その移転対象となる技法と,それを規定する三つの要因とがより深く依存するか否かによって決定されるといえる。こ

こでいう経営管理方式を規定する諸要因は，同教授によれば，「ある時代には，文化構造の要因が他の二つの要因の両者ないし片方に強く影響を及ぼすこともあるが，別の時代には，経済過程の要因が他の二つの要因に強く影響を及ぼす場合がある。一般的には，文化構造の変化は遅く暫時的であるのに対して，経済の変化は速く，その変化が激しいときは，経営組織やそれぞれの価値を持つ人々の行動にも激しい影響をおよぼす」[44]と指摘している。以下では，同教授による経営管理方式を決定する三つの要因を紹介することにする。

経営管理方式を決定する第1の要因は，文化構造である。文化的構造はある時代のある国の個々人の思考・行動様式，すなわち生活目的・目標，価値体系，社会的格付（social ranking），行動基準の型（pattern of conduct）を意味するという中川敬一郎氏の見解を述べ，さらにそのほかに文化そのものを構成するといえるその国の宗教，政治，法律，教育といった各制度によって形づくられたものとしている。この直接的に文化構造を形成する諸制度は，国によって異なり，しかも他の二つの要因から影響を受ける場合もあれば，経済過程や企業内外の諸組織に影響を与える場合もあると規定している。

第2のそれは，経済過程である。この要因は，企業家ないし経営者の意思決定を制約する外部的経済要因を意味するとしている。ある国の企業家ないし経営者によってなされる意思決定との関連で経済過程を具体的に分析しようとするならば，その国の経済発展を個別歴史的観点から考察するだけではなく，他国との比較歴史的視点が必要である。

ある国の経営管理方式を規定する第3の決定要因は，企業内外の諸組織である。この要因は，前述の二つの要因と比較すると，管理方式を規定するという観点では相対的に独立した要因[45]である。しかしながら，この企業内外の諸組織は，他の二つの要因に比べ相対的独立性を有しているとはいえ，文化構造と経済過程からの影響を看過してはならない。なぜなら，企業組織を構成する個々人の行動は，その国のその時代の文化構造や経済過程によって規定されるし，そして企業経営者の行う意思決定も，相手競争企業の行動動向，その企業の属する産業部門の動向，さらには経済全体の動向といった経

済過程はもちろん,自社内の従業員の意識動向にも制約される。

①生産設備,生産技術の導入ないし移転

高橋由明教授は,「生産設備・生産技術」の移転の場合は,本国企業から海外現地企業への生産設備および生産技術の移転は比較的容易であるという。なぜなら,それは機械そのものであったり,人間と機械の関係に依存しており,どちらかというとその国の技術レベルに関係しても,その国の人々の文化(価値)からは比較的中立的であるからであるとしている。これらの事例として,「① 生産要素としての機械ないし設備,その機械ないし設備の機構(メカニック),さらにその機構に関する知識(マニュアルなどに記録されたもの),② 機械,生産設備,生産システムに関するメインテナンス技術,段取り換え(セッティング・アップ)技術」[46]をあげている。つまり,これらの諸要素は,ペーパーにマニュアル化され図示されることができる技術であり,かつコンピュータにプログラム化できる技法である。換言すれば,それは一種のルーティン化された技術である。それゆえ,これらの諸要素は海外事業の経営に容易に移転することができる。しかしながら,ここで企業が考慮すべきことは,ルーティン化可能な生産技術ないし生産システムといえども,それが移転されスムーズに機能するかどうかは,その国の科学・技術のレベルに強く依存するといえる。すなわち,正確には,生産技術ないし生産システムが移転できるかどうかは,その国の科学者・技術者のレベルに,ひいてはその国の教育・訓練システムに強く依存するといえるのである[47]。しかしながら,「生産工程のメインテナンスおよびセット・アップ(段取り換え)技術は,その国の科学・技術のレベルだけでなく作業組織編成のレベルにも依存する。このような機械と人間の関係に基づく技術ないし技法は,本国から海外に移転しやすいといえる。なぜなら,これらの技術は,繰り返される生産技術であり,マニュアル化しやすいからである」[48]と指摘している。

②経営管理方式ないし経営システムの導入ないし移転

他方,同教授によれば,人間と機械の関係だけでなく人間と人間の関係に依存する経営管理方式や経営組織の移転の場合は,本国から海外の現地企業

へのその移転は決して容易とはいえないとしている。「人間と人間の関係に依存する経営管理方式ないし経営システムには，① 経営組織（職務と職務の関係），② 賃金支払い制度と昇進制度，さらに ③ 中間管理者組織，④ トップ・マネジメントの方針決定方式，事業戦略，トップ経営組織（トップの現地化，現地への権限委譲の程度を含めて），⑤ 労働組合の態度，⑦ 部品調達方式，などが含まれる。これらの諸要素は，相互に関連しているが，とくに職務と職務との関係は原初的である。賃金・昇進システムは，職務関係を良く機能させるための前提であり，労働組合は，労働者の職務統制や賃金交渉に影響をおよぼすのである」[49]という。

さらに，同教授によれば，「これらの経営管理方式，経営システムは，その企業やその国の人々の風土・文化（価値）と結びついて長時間かけて作り出されたものであるから，海外の子会社であっても，さらに外国企業の場合はなおさら，その移転は困難であるといえる。その移転は，海外企業の現地人管理者，従業員がそれを理解し納得しそれを価値として受け入れないかぎり，スムーズにはいかない。経営管理方式，経営システムの移転には時間がかかる。さらに，トップの方針の決定方式，事業戦略，トップ経営組織などは，国内競争企業間でも非常に異なっており，それらを海外子会社，外国企業へ移転することは非常に困難といえるのである」[50]という。

以上，高橋由明教授の見解から要約すれば，「生産設備・生産技術」あるいは「経営管理方式・経営システム」の海外移転と，それらを規定する三つの要因（文化構造，経済過程，企業内外諸組織）との間には，おそらくトレード・オフという関係が成立する。つまり，移転対象となる技術（ノウハウ）の海外移転は，それらを規定する三つの要因とに密接により深く関係し依存する諸要素（経営管理方式・経営システム）は，本国から海外現地企業への移転が難しくなるが，それらを規定する要因とにあまり依存しない諸要素（生産設備・生産技術）は，本国から海外現地企業への移転の可能性が高くなるといえる。換言すれば，それらの諸要素の移転可能性はマニュアル化もしくはプログラム化しやすいかしにくいかというその度合，かつそれらを規定する三つの決定要因に依存するかどうかというその影響度によって異な

第4節　小売ノウハウの海外移転モデル　95

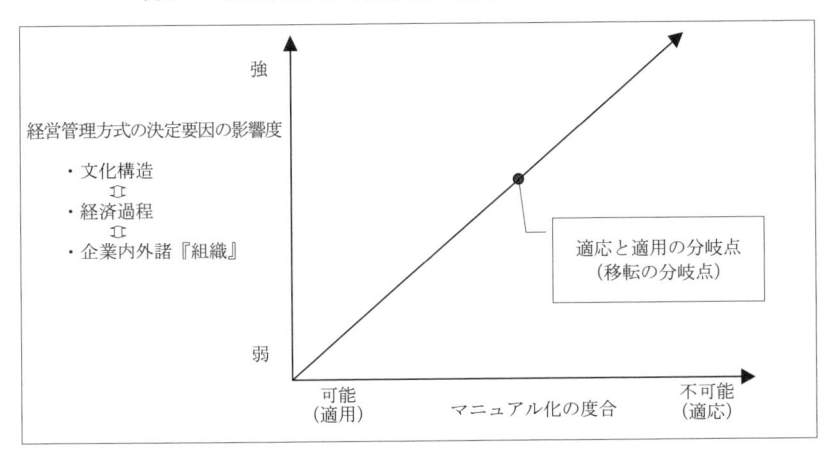

図 3-2　経営管理方式の海外移転の可能性（TAKAHASHI モデル）

経営管理方式の決定要因の影響度
・文化構造
　⇅
・経済過程
　⇅
・企業内外諸『組織』

強

弱

可能
（適用）

マニュアル化の度合

不可能
（適応）

適応と適用の分岐点
（移転の分岐点）

出所：高橋由明「標準化概念と経営管理方式の海外移転─移転論の一般化に向けての覚書」高橋由明・林正樹・日高克平編著『経営管理方式の国際移転─可能性の現実的・理論的諸問題』中央大学出版部，2000年，273-314ページ。（この図は高橋由明教授の見解に基づいて筆者作成）

ると言える。しかしながら，マニュアル化もしくはプログラム化しやすい諸要素であっても，その移転対象となる技術を規定する三つの要因とが深く関係すればするほど移転の可能性が低く，適応移転のプロセスをとることになる。このような関係を定式化すれば，図 3-2 のとおりである。

2．小売ノウハウの海外移転の可能性に関するモデル化

ここでは，製造企業における経営管理方式の海外移転の可能性に関する「TAKAHASHI モデル」をやや拡張的に解釈し，海外小売企業における小売ノウハウの移転可能性について検討する。同平面空間において，各基準軸の平均的変数と考えられる水準を X（移転対象となる技法のマニュアル化の度合），Y（移転対象となる技法を規定する三つの決定要因の影響度）と取ると，この新しい軸によって四つのサブ空間が出来上がる。このサブ空間を，図 3-3 に示すように I，II，III，IV と区分し，この細分化された小売ノウハウをサブ空間に対応させて，海外小売企業における移転可能な小売ノ

ウハウの性格と代表例を考えてみるとおよそつぎの図3-3のようになると思われる。

　ここでいう小売ノウハウの海外移転とは，グローバル市場における小売企業の間で行われる小売マーケティング技術の交換取引，いわゆる「技術依存型小売ノウハウ」もしくは「管理依存型小売ノウハウ」の導入・移植などと関連する諸経済的活動であると定義することができる。「技術依存型小売ノウハウ」とは，ペーパーにマニュアル化され図示化することができる，そしてコンピュータにプログラム化ができる技法である。それらの諸要素は，機械そのものであったり，人間と機械の関係に依存しており，その国の技術レベルに関係しても，その国の人々の文化（価値）からは比較的中立的である。それに対して，「管理依存型小売ノウハウ」とは，ほとんどの技法が人間に内在化されており，比較的マニュアル化やプログラム化ができない。それらの諸要素は，単なる人間と機械の関係のみではなく，人間と人間の関係に依存する技法である。しかしながら，マニュアル化もしくはプログラム化しやすい諸要素であっても，その移転対象となる技術を規定する三つの要因（文化構造，経済過程，企業内外諸組織）との関係が深くなればなるほど移転の可能性が低くなる。いわゆる適応移転のプロセスをとることになる。

　小売企業と製造企業の間には，いくつかの相違点と類似点が存在する。清水滋氏は，その相違点を「製造業の機能は，需要者が現在要望する，ないし将来要望するであろう機能，用途，感覚，価格条件の製品を開発・計画し，これを適切な価格条件のもと，能率的に適性量を生産して市場に提供するとともに，とくに新しい製品を中心に流通業者（卸売業，小売業）ならびに消費者に対し適切なコミュニケーションを行い，需要を正しく誘導することにその真髄が存在する。これに対して，小売企業はいまや遠く隔離した生産と消費を有機的に結合させ，製品の潜在価値を顕在価値に転化せしめるべく「流通」を促進して最終の需要者に真の満足を共有することこそが，その基本的経済機能と見ることができる」[51]としている。しかしながら，ここで考慮すべき点は，製造企業においても小売企業においても，最大の目標は利潤追求であり，それを達成するためにそれらの諸組織をコントロールし，マネ

ジメントを行うこととなる。

第Ⅰ空間（不完全適用プロセス）

この空間に属する小売ノウハウの特徴は，移転対象となる技法を規定する三つの決定要因（文化構造，経済過程，企業内外諸組織）に強く依存するが，ペーパーにマニュアル化されかつ図示化することができる，そしてコンピュータにプログラム化ができる技法である。例えば，セルフ・サービスのケースが取り上げられる。それを実現するためには，プリパッケージング（prepackaging），標準化（standardization），格付け（grading）が必要である。しかしながら，製造業あるいは卸売業がそれらを行わなければ，小売企業自らが行わなくてはならず，セルフ・サービスそのものが成り立たなくなる場合もあるからである。

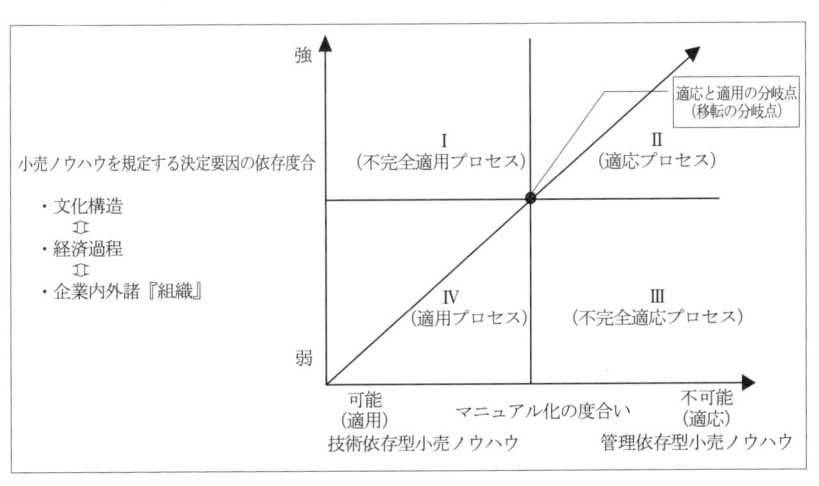

図3-3 小売ノウハウの海外移転の可能性に関するモデル

```
小売ノウハウを規定する決定要因の依存度合
・文化構造
　 ⇕
・経済過程
　 ⇕
・企業内外諸『組織』

                    強
                    │     適応と適用の分岐点
                    │     （移転の分岐点）
              Ⅰ     │     Ⅱ
         （不完全適用プロセス）（適応プロセス）
                    │
  ──────────────────┼──────────────────
                    │
              Ⅳ     │     Ⅲ
         （適用プロセス）（不完全適応プロセス）
                    │
                    弱
       可能      マニュアル化の度合い      不可能
      （適用）                           （適応）
    技術依存型小売ノウハウ            管理依存型小売ノウハウ
```

第Ⅱ空間（適応プロセス）

この空間に属する小売ノウハウの特徴は，移転対象となる技法を規定する三つの決定要因に非常に強く依存する。なおかつ，それらの諸技法はペーパーにマニュアル化されかつ図示化することができない，そしてコンピュータにプログラム化ができない技法である。製造企業の場合，高橋由明教授

は，その事例として，経営組織（職務と職務の関係），賃金支払い制度と昇進制度，さらに中間管理者組織，トップ・マネジメントの方針決定方式，事業戦略，トップ経営組織（トップの現地化，現地への権限委譲の程度を含めて），労働組合の態度，部品調達方式を取り上げている。

小売企業においても，それを表す表現の違いはあるが，小売経営方式（小売業態），小売経営理念・政策，小売ミックス戦略，商品・サービス構成，仕入・在庫などの管理などがその事例としてあげられる。つまり，これらの諸技法は，ほとんど人間に内在化されており，かつマニュアル化やプログラム化ができず，さらにそれらを規定する三つの決定要因に強く依存している。言い換えれば，これらの諸要素は，人間と機械の関係のみではなく，人間と人間の関係に依存することが多く，現地にあわせて大幅な修正をしなければ本国から海外現地小売企業への移転は決して容易とはいえない。

第Ⅲ空間（不完全適応プロセス）

この空間に属する小売ノウハウは，ペーパーにマニュアル化されかつ図示化することができないが，移転対象となる技法を規定する三つの決定要因にあまり依存しない，という特徴がある。例としては，ロケーション選定の基準，コミュニケーション方法，ストアレイアウト，小売業態の概念，プリパッケージング，格付けなどがあげられる。これらの諸要素は，マニュアル化されかつ図示化することができなくても，それらを規定する三つの決定要因にあまり影響を受けないので，技法を現地にあわせて修正を加えることによって本国から海外の現地小売企業への移転が可能となる。具体的に言えば，日本と韓国の百貨店においては食品を取り扱っているが，アメリカにおいては食品を扱っていないことである。そして，同じ小売業態の概念であっても，それぞれの国によってそれを規定する定義が若干異なることも，その一つの事例としていえる。

第Ⅳ空間（適用プロセス）

この空間に属する小売ノウハウの特徴は，移転対象となる技法を規定する三つの決定要因にあまり依存しない。なおかつ，それらの諸要素はペーパーにマニュアル化されかつ図示化することができる，コンピュータにプログラ

ム化することができる技法である。いわゆる一種のルーティン化された小売ノウハウともいえる。例えば，製造企業においては，生産要素としての機械ないし設備，その機械ないし設備のメカニック，さらにそのメカニックに関する知識（マニュアルなどに記録されたもの），機械，生産設備，生産システムに関するメインテナンス技術，段取り換え（セッティング・アップ）技術などが考えられる。小売企業においては，ユニフォーム，アフターサービス，商品補充，社名もしくはブランドネーム（セブン-イレブン，カルフール，トイザらス，ウォルマート）などが当てはまる。つまり，これらの諸要素は，本国から現地の小売企業への移転は比較的しやすいといえる。なぜならば，これは機械そのものであったり，人間と機械の関係に依存しており，どちらかというとその国の技術レベルに関係しても，その国の人々の文化（価値）からは比較的中立的であるからである

　以上では，移転対象となるノウハウ（技法）を規定する三つの決定要因の依存度合と，マニュアル化・プログラム化の度合（「技術依存型小売ノウハウ」・「管理依存型小売ノウハウ」）との間は，トレード・オフの関係が成立するという視点から，四つの空間においてそれらの諸要素の位置づけを試みた。そのうえで，海外小売企業における小売ノウハウの移転可能性を検討した。結論的に言えば，移転対象となる技法を規定する三つの決定要因に密接に依存する「管理依存型小売ノウハウ」は，海外移転が容易とはいえない。しかしながら，それらを規定する三つの決定要因にあまり依存しない「技術依存型小売ノウハウ」は，海外移転の可能性が高いといえる。なぜなら，一般的に技術依存小売ノウハウは比較的マニュアル化しやすいからである（空間Ⅳ：適用プロセス）。それに対して，管理依存型小売ノウハウは複雑かつその組織などに内在化されており，マニュアル化が困難であるからである（空間Ⅱ：適応プロセス）。しかしながら，マニュアル化・プログラム化しやすい技術型小売ノウハウであっても，それらを規定する三つの決定要因に深く依存すればするほど移転の可能性は低くなる（空間Ⅰ：不完全適用プロセス）。もう一つのケースは，マニュアル化が困難である管理依存型小売ノウハウであっても，それらを規定する三つの決定要因にあまり依存しない場合

もある（空間Ⅲ：不完全適応プロセス）。ここに提示されたフレームワークに従えば，海外小売企業における小売ノウハウの海外移転の可能性は，結局，その時代や消費環境において，消費者の価値やニーズを考慮した経営者・組織のマインドが図3-3で示された空間上のどの部分に映し出されるかによって異なる。つまり，小売ノウハウの海外移転は，適応・不完全適応ないしは適用・不完全適用という四つのプロセスを辿ることになる。

第5節 小売ノウハウの海外移転の前提条件

海外小売企業における小売ノウハウの移転は，実際に，適用・不完全適用ないしは適応・不完全適応という四つのプロセスによって行われると思われる。それは，小売企業が導入しようとする，ないしは移転させようとする小売ノウハウは，外部的環境要因と内部的環境要因とに影響を受けるからである。製造企業においては，高橋由明教授はそれらへの影響要因として，文化構造の構成要素，経済過程の構成要素，企業内外の諸組織として規定している。小売ノウハウの海外移転においては，どの要因がその阻害要因として作用するのかを文献的に検討する。

Lo and Yau, Li ら[52]は，新しい小売ノウハウ（技法）が移転されるためには，消費者にとって，既存の小売ノウハウの内容よりも新しい小売ノウハウの内容の方が効率的でなければならないとし，その前提条件としてインフラストラクチャーの未整備（経済過程要因）をあげている。また，Cundiffと Yoshino ら[53]も，発展途上国における小売ノウハウの移転は，進出先国の社会・文化・経済的環境が同水準であればあるほど，それらの移転の可能性が高くなる。さらに最小限の経済成長と柔軟性のある公的政策，新しい小売ノウハウを受け入れられる国の消費者の教育レベルなども必要であるとしている。もう一つの見解として，Okuchi and Shimokawa[54]らは，「日本においては，女性の社会進出や欧米のライフスタイルの適応や衣類・娯楽（entertainment）などの消費支出の増大という構造的変化を遂げることによって，新しい小売ノウハウの技法を先進諸外国からいち早く受け入れるこ

とができた」としている。

　これとは対照的に，Goldman[55]，Lau Ho-fuk[56]らは，発展途上国へのSM小売ノウハウを移転する際には，高度の製品パッケージ，冷凍・冷蔵設備，近代的輸送機関，コミュニケーションの設備などに関する小売ノウハウを修正しなければ，かなりのジレンマに直面すると述べ，それらの必要とする設備などが整備されていない，または不十分な国では小売ノウハウを修正すべきであるとしている。そして，Loら[57]は，中国でのSMは，パッケージング，輸送などのコストが価格レベルに含まれ，伝統的小売業の価格レベルよりも割高となっていることを明らかにした。さらに，Paiz[58]は，グアテマラのセルフ・サービス食品小売店（SM）は低所得層（low-income neighborhoods）の顧客を，同じく，Cunningham, William, Moore, and Isallaら[59]も，ブラジルのサンパウロにおけるSMは家庭用品，化粧品類，薬などの非食品を購入する上流階層（the affluent classes）の顧客をターゲットとして運営していることを明らかにした。これらの事例からいえることは，経済的環境の要因が同様であっても，その国の人口構成，社会慣習，政治的環境，個別企業の行動などのギャップによって，採用される小売ノウハウが異なるといえる。

　以上では，小売ノウハウの海外移転に関する既存研究の問題点を明らかにしたうえで，その解決すべき事柄の方法論として小売ノウハウとは何かをはじめ，小売機能と小売ノウハウとの関係，小売ノウハウを「技術依存型」と「管理依存型」とに分類し類型化を試みた。さらに，製造企業の移転研究の成果ともいえる「TAKAHASHIモデル」に依拠しながら，海外小売市場における小売ノウハウの海外移転に関するモデル化の構築を試みた。つまり，小売ノウハウの海外移転は，「技術依存型小売ノウハウ」・「管理依存型小売ノウハウ」の海外移転と，それらを規定する三つの決定要因との間には，例外もあるが，トレード・オフの関係が成立するということが明確となった。それらの諸要素を規定する三つの要因は，「文化構造」，「経済過程」，「企業内外の諸『組織』」である。

　つまり，海外小売市場における小売ノウハウの移転の成否は，移転対象と

なる諸技法がペーパーにマニュアル化可能なのか不可能なのか要因（X軸）と，それを規定する要因の依存度合（Y軸）によって，その移転のプロセスが異なる。すなわち，同平面空間において，Ⅰ（不完全適用プロセス），Ⅱ（適応プロセス），Ⅲ（不完全適応プロセス），Ⅳ（適用プロセス）という四つのサブ空間が出来上がる。この空間上において，移転対象となる小売ノウハウが，結局，その時代や消費環境において，消費者の価値やニーズを考慮した経営者・組織などのマインドがどの部分に色濃く映し出されるかによって異なるといえる。

　小売企業の海外移転の一般化理論の可能性に関する枠組みを構築するためには，上述した小売ノウハウの海外移転モデルに基づき，国内外の小売企業を対象とする現地調査を行い，小売ノウハウのうちどのような技法がどの程度まで現地に移転しているか（適用化），もしくは移転できていないのか（適応化），それはなぜなのかを具体的に突き止めることである。このような研究の一環として，本書の第5章と第6章では韓国と中国での実証調査の結果に基づき，どのような小売ノウハウが適用化しやすいか，あるいは適用化しにくいか（適応化）について具体的に検討する。

注
1）Yeoman, W. A., "Selection of Production Process for the Manufacturing Subsidiaries of U. S. based Multinational Corporation", D. B. A. dissertation, Harvard Business School (in Stobaugh, R. and L. T. Wells, Jr. ed Technology Crossing Boards, Harvard Business School Press, 1984, pp.21-46).
　Negandhi, A. R. and B. D. Estafen, "A Research Model to Determine the Applicability of American Management Know how in Differing Cultures and/or Environment", *Academy of Management Journal* (December), 1965.（経営理念と独立変数モデルを提示している。）
　Negandhi, A. R. and S. B. Prasad, *Comparative Management,* Appleton Century Crofts, 1971.（彼らは，経営哲学が経営管理のプロセスや有効性に相当な影響を及ぼすオープン・システムズ・モデルを提示している。その他，Oliver & Wilkinsonの「ジャパナイゼーション論」，Kaplinskyの発展途上国への日本の経営技術移転などの多数の研究文献がある。）
2）マーケティング技術の国際移転に関する研究の出発点は，Druckerである。Drucker, P. F. "Marketing and Economic Development", *Journal of Marketing,* Vol.22, January 1958, pp.28-48.（発展途上国と経済発展とマーケティング技術との関連性を明らかにしている）。そして，Wood & Vitelの研究によれば，Emlen, Elton, Cranchらは受入国の経済発展を促すと主張し，Myers & Prestonらは批判的視点から国際移転を展開している（Wood, V. R. & S. J. Vitel, "Marketing and Economic Development: Review, Synthesis and Evalua-

tion", *Journal of Macromarketing*, Spring, 1986, pp.28-48.)。日本では，林　廣茂『国境を越えるマーケティングの移転』同文舘，1999年。(日本のマーケティング技術の発展そのプロセスを体系化し，今後の展望を描いている。)
3) Goldman, Alieh, "Transfer of a Retailing Technology into the less Developed Countries : the supermarket Case", *Journal of Retailing*, Vol.57, No.2, 1981, pp.5-26.
4) Kacker, Madhav, "International Flow of Retailing know-how : Bridging the Technological Gap in Distribution", *Journal of Retailing*, Vol.64, No.1, spring 1988, pp.41-60.
5) Ho, S. and Y. Sin は，コンビニエンスストアを利用する香港の消費者を対象として，アンケート調査を行い，コンビニエンスストアの小売ノウハウの移転の阻害・促進要因を分析している。(Ho, S. and Y. Sin, "International Transfer of Retiling Technology : The Successful Case in Convenience Store in Hong Kong", *International Journal of Retailing*, Vol.2, No.3., 1987, pp.36-48.)
6) Ho, S. and H. Lau, "Development of Supermarket Technology: The Incomplete Transfer Phenomenon", *International Marketing Review*, spring, 1988, pp.2-30. (香港の消費者の生活様式と米国のそれとに比べて，SM が不完全にしか移転しない理由を検討した。)
7) 鈴木安昭「小売業の経営技術の移転」『消費と流通』第4巻1号，1980年，11-16ページ。同著「小売技術の国際的移転」『流通政策』No54，1993年，2-4ページ。
8) 青木　均「小売技術の国際移転に関する研究の方向性」『産業経営』早稲田大学産業経営研究所，1996年，197-214ページ。
9) 渦原実男「米国でのマーケティング環境の変化と小売業の対応―小売環境の現状分析とトイザらスを中心に―」『西南学院大学商学論集』第46巻2号，1999年，67-127ページ。
10) 金　亨洙「小売業の国際化の概念と小売ノウハウの国際移動の一考察」『中央大学企業研究所年報』第19号，1998年，171-202ページ。
11) 川端基夫『小売業の海外進出と戦略―国際立地の理論と実態―』新評論，2000年，274-275ページ。
12) 加藤　司「流通外資の競争力―その「移転」の可能性を考える―」『マーケティング・ジャーナル』第68号，1998年，4-15ページ。
13) 川端基夫，前掲書，274-275ページ。
14) Goldman, Alieh, "Transfer of a Retailing～", *op. cit.*, p.12.
15) ある経済主体の効用または生産技術が，他の経済主体の行動により市場を通さないで直接的影響を受けるとき，これを外部効果という。外部効果には外部経済と外部不経済とがあるが，ここでは外部経済を意味する。(金森久雄・荒憲治郎・森口親伺『経済辞典』有斐閣，1994年，69ページ。
16) Goldman, Alieh, "Transfer of a Retailing～", *op. cit.*, pp.13-15.
17) *Ibid.*, pp.15-16.
18) Assael, Henry, "The Political Role of Trade Associations in Distributive Conflict Resolutions", *Journal of Marketing*, Vol.32, 1968, pp.21-28.
19) Goldman, Alieh, "Growth of Large Food stores in Development Countries", *Journal of Retailing*, Vol.50, No.2, 1974, pp.139-169.
20) Goldman, Alieh, "Transfer of a Retailing～", *op. cit.*, pp.18-23.
21) *Ibid.*, p.18.
22) *Ibid.*, p.19.
23) *Ibid.*, pp.20-21.
24) *Ibid.*, pp.21-22.

25) 先進国の消費者は，車があるので，SMでのショッピングと他の用事とを兼ねることができるが，発展途上国の消費者はSMへ行くためには特別な旅行目的が必要となる。
26) *Ibid.*, p.22.
27) Kacker, Madhav, *op. cit.*, p.43.
28) 青木　均，前掲誌，197-214ページ。
29) 例えば，Duddy, E. D. and D. A. Revzan, Maynard, H. M. and T. N. Beckman, R. H. Buskirk, 向井鹿松らの研究である。

　　Duddy, E. D. & D. A. Revzan, *Marketing*, 1947, pp.147-150.（小売機能は本質的に流通機能と異なるものではないとして，購買活動，販売活動，金融活動，サービスの販売活動がある）

　　Maynard, H. M. & T. N. Beckman, *Principles of Marketing*, New York: Ronald, 1946, p.142.（小売業者は小売段階で流通機能を遂行するが，各機能の相対的重要性は，取扱商品のタイプと顧客に提供するサービスの程度によって異なるとして，購買活動，販売活動，金融活動，運送活動，格付活動，貯蔵活動がある）

　　向井鹿松「小売機構の社会的使命」『現代商業論』日本商業学会，1952年，8-17ページ。（小売商業機関の使命について，①生活に必要なもの，またはその経済的福祉の向上に寄与する物品の需要を探知し，喚起しまたはその求めに応じ，②その供給を探知し，喚起し，それを獲得し，③その消費者の浴する方法や条件のもとに提供することである）
30) 田口冬樹『現代流通論』白桃書房，1994年，113ページ。
31) 三浦　信『小売マーケティングの展開』千倉書房，1985年，65ページ。
32) *Journal of Marketing*, 1948 (October), p.211.
33) 三浦　信，前掲書，67ページ。
34) 清水　滋『大型店のマーケティング』同文舘，1988年，27ページ。
35) 三浦　信，前掲書，25-26ページ。
36) 清水　滋『小売業のマーケティング』ビジネス社，1997年，16ページ。
37) International chamber of Commerce (http://www.iccwbo.org/)
38) 占部都美編著『経営学辞典』中央経済社，1980年，500-501ページ。
39) 鳥羽欽一郎『アメリカの流通革新』日本経済新聞，1979年，23ページ。
40) Bucklin, Louis P., "Technological Change and Store Operations: The Supermarket Case", *Journal of Retailing*, Vol.56, No.1, 1980, pp.35-15.
41) Kacker, Madhav, *op. cit.*, p.48.
42) 林　周二『日経文庫　流通』日本経済新聞社，1982年，143ページ。
43) 高橋由明「標準化概念と経営管理方式の海外移転―移転論の一般化に向けての覚書」高橋由明・林　正樹・日高克平編著『経営管理方式の国際移転―可能性の現実的・理論的諸問題』中央大学出版部，2000年，273-314ページ。
44) 上掲書，283ページ。
45) 「企業組織を構成する個々人の行動は，その国のその時代の文化構造や経済過程によって規定されるし，また企業経営者の行う意思決定も，相手競争企業の行動動向，さらには全体経済の動向といった経済過程はもちろん，自社内の従業員の意志動向にも制約されるからである」上掲書，281ページ。
46) 上掲書，296ページ。
47) 上掲書，296ページ。
48) 上掲書，296-297ページ。
49) 上掲書，297ページ。
50) 上掲書，297ページ。

51) 清水　滋『大型店のマーケティング』, 前掲書, 13 ページ。
52) Lo, T. W., O. H. Yau, and Y. Li, "International Transfer of Technology: An Exploratory Study of the Case of Supermarkets in China", *Management International Review*, Vol.26, No.2, 1986, pp.71-76.
53) Cundiff, Edward W., "Concepts in Comparative Retailing", *Journal of Marketing*, Vol.29 (January), 1965, pp.59-63. Yoshino, M. Y., "International Opportunities for American Retailers", *Journal of Retailing*, 1966 (Fall), pp.1-10.
54) Okuchi, Akio and Koichi Shimokawa, "Development of Mass Marketing: The Automobile and Retailing Industries", International Conference on Business History, Tokyo: Japan, University of Tokyo Press, 1981, pp.265-289.
55) Goldman, Arleh, "Transfer of a Retailing〜", *op. cit.*, pp.5-29.
56) Lau Ho-fuk, "Transfer of Supermarket Technology Into Less Developed Countries: A Study of The Supermarket in Hong Kong and China", paper presented at The Annual meeting of the Academy of International Business, 1985. (in Kacker, M., *op. cit.*, p.51.)
57) Lo, T. W., O. H. Yau and Y. Li, *op. cit.*, pp.71-76.
58) Paiz, Rodolfo E., "Experimenting with New Concept of Retail Food Distribution in a Developing Environment", P. H. D. dissertation, Harvard University (in M. Kacker, *op. cit.*, p.51.)
59) Cunningham, William H., Russell,M. Moore, and Isalla, "Urban Markets in Industrializing Countries: The Sao Paulo Experience", *Journal of Marketing*, Vol.38, 1974, pp. 2-12.

第4章
小売ノウハウ（技術）の海外移転に関する実証研究
―韓国と中国―

第1節　調査の前提と方法

　製造業では，日本的経営管理・生産システムの海外移転に関する研究はもちろんのこと，その実証研究の調査においても国内外の各研究者によって積極的に行われており，一定の日本的経営管理や生産システムの海外移転の傾向が明らかになりつつある。しかし，小売ノウハウの海外移転の研究は，すでに鈴木安昭[1]氏も指摘しているように，非常に重要な研究領域であるが，製造業での海外移転研究と比べるとその蓄積は乏しい。また，小売企業（コンビニエンスストア・ディスカウントストア）を対象とする小売ノウハウの海外移転に関する実証研究はほとんど行われてこなかったといえる。本調査は韓国と中国の小売企業を対象として実証研究を行い，そのうえで国際比較を試みたという点では，一定の意義があるといえる。

　ところで，小売ノウハウの具体的内容は，その研究対象とした小売企業にとって小売マーケティング戦略の展開と密接に関わっており，小売企業側はその内容について完全に公表することを嫌う傾向がある。したがって，小売ノウハウの海外移転に関する詳しい調査は，それほど容易に行われるものではない。この調査で使用される調査票のアンケート項目の作成にあたっては，回答者側ができるだけ答えやすいようにということを第一に留意して，質問項目をなるべく少なくするとともに，記述回答部分も少なくした。調査は郵送または直接訪問によって行われたが，韓国における現地調査では韓国コンビニエンスストア協会の協力を得て筆者が行った。中国における現地調

査では，研究協力者（補助者）として久留米大学ビジネス研究科の大学院生（中国留学生）とともに行った。その際積極的に協力して下さった各企業の方々をはじめ，韓国のコンビニエンスストア協会の金点郁専務理事と本学ビジネス研究科の大学院生（張斌・楊明氏）のご協力に深く感謝するものである。

韓国については，ディスカウントストア3社，コンビニエンスストア4社に対して，2004年4月～2007年2月までの間にアンケート調査やインタビュー調査を行った。中国については，百貨店1社，ディスカウントストア2社，コンビニエンスストア2社に対して，2005年12月～2006年3月までの間にアンケート調査やインタビュー調査を行った。

回収サンプル数としては，いずれもやや少なく，とくに百貨店については不十分であるが，ディスカウントストアとコンビニエンスストアは日・欧・米の有名な大規模小売企業であるので一定の傾向を掴めうるものと考えられる。

第2節　アンケート調査から得られた結果と帰結

1．アンケート調査の結果

韓国と中国における小売ノウハウの類似度および異質性は，つぎのように測定された。小売ノウハウの属性は，1）店舗関連，2）マーチャンダイジング関連，3）販売関連，4）賃貸関連，5）教育関連，6）保管・物流関連，7）文化事業関連，8）情報システム関連から構成される。これらの各項目についての類似度・異質性は，図4-1に示す7点尺度を用いて質問した。尺度Aによって測定された評点の属性間合計が移転された小売ノウハウの類似度の平均値である。

一方，小売ノウハウを規定する決定要因の依存度合については，各項目の数値化が非常に困難であったため，小売ノウハウを35項目に分類し，そのうちペーパーにマニュアル化・図示化し，かつコンピューターにプログラム化しやすいと思われる項目を七つ選定してもらい，その難易度によって図4-1に示す7点尺度として測定した。尺度Bによって測定された評点の属

性間の値が小売ノウハウを規定する決定要因の依存度合である。

図 4-1 小売ノウハウを規定する決定要因の依存度合と類似度・異質性の測定用具

尺度 A	1 = 全く似ている　2 = 殆ど似ている　3 = やや似ている　4 = どちらでもない 5 = やや似ていない　　6 = 殆ど似ていない　　7 = 全く似ていない
尺度 B	1 点 = 最も弱い（1 位）　2 点 = やや弱い（2 位）　3 点 = 弱い（3 位）　4 点 = どちらでもない（4 位）　5 点 = 強い（5 位）　6 点 = やや強い（6 位）　7 点 = 最も強い（7 位）

(1) 参入戦略（移転モード）の方法

韓国と中国における小売企業の進出方法に関する現地調査では，コンビニエンスストアの場合はフランチャイズ契約が 2 社，海外直接投資が 1 社，合弁事業が 1 社，その他（情報技術提供諮問）が 1 社であった。ディスカウントストアの場合は海外直接投資が 2 社，合弁事業が 2 社，M&A が 1 社であった。つまり，韓国と中国における小売企業の参入方式では小売業態の特性によって若干異なるものの，それほどの相違点はなかった。

しかし，ここで注目すべき点は，ほとんどの小売企業は最初に当該の市場に進出する際，海外小売市場の視察・見学やセミナーや会議などに参加したことがあり，また海外小売企業における教育・訓練を受けたことがあると答えており，小売ノウハウの海外移転はインフォーマルな移転とフォーマルな移転モードによって同時に移転される傾向があるということである。

表 4-1 参入方式

	韓国・中国	
	コンビニエンスストア	ディスカウントストア
海外直接投資	1 社	2 社
フランチャイズ契約	2 社	
合弁事業	1 社	2 社
経営管理契約		
M&A		1 社
その他（情報提供技術諮問）	1 社	

(2)「社名(商標)」・「ユニフォーム」・「小売経営理念や政策」の類似度

「社名(商標)」については,韓国と中国はともにその類似度が高い。つまり,韓中の総平均にした値からみると,ディスカウントストアの類似度は1.0となり,コンビニエンスストアの類似度は2.0となっている。しかし,コンビニエンスストアの場合,参入方式によっては全く似ていないという答えもあり,中国の場合は1.0となっているが,韓国の場合は3.0となっている(1社を除けば1.0である)。

「ユニフォーム」についての類似度では,韓中の総平均にした値からみると,コンビニエンスストア(4.7)よりもディスカウントストア(2.0)の方の類似度が高い。つまり,両国において,ディスカウントストアでは「ユニフォーム」を着用しているが,コンビニエンスストアではあまり「ユニフォーム」を着用していない。とくに韓国では,コンビニエンスストアの場合はユニフォームの類似度が5.3で非常に低いのに対して,ディスカウントストアの場合はユニフォームの類似度が2.0となり,比較的高い。しかし,中国では,コンビニエンスストア(4.0)よりもディスカウントストア(2.0)の類似度が高い。

「小売経営理念や政策」に関する項目の類似度においても,韓中の総平均にした値からみると,全体的にその類似度が比較的高い。しかし,中国では,コンビニエンスストアの類似度(2.0)は高いが,ディスカウントストアの類似度(4.5)は比較的低い。それに対して韓国では,コンビニエンスストアの類似度(3.0)は低くなっているが,ディスカウントストアの類似度(1.7)は非常に高い。

表4-2 「社名(商標)」・「ユニフォーム」・「小売経営理念や政策」の類似度

	韓国		中国		韓中の総平均	
	CVS	DS	CVS	DS	CVS	DS
1. 社名 (平均)	3.0	1.0	1.0	1.0	2.0	1.0
2. ユニフォーム (平均)	5.3	2.0	4.0	2.0	4.7	2.0
3. 経営理念 (平均)	3.0	1.7	2.0	4.5	2.5	3.1

注:CVSはコンビニエンスストアを,DSはディスカウントストアを指す。

(3) 小売ノウハウを規定する決定要因の依存度合

小売ノウハウのうち，すでにペーパーにマニュアル化・図示化され，かつコンピューターにプログラム化されている項目に対しては，1位が「店舗設計，ストアレイアウト，社員の教育訓練」，2位が「サイン計画，ディスプレイ，接客」，3位が「内装・装飾，什器デザイン，冷蔵・冷凍設備，商品選定，アフターサービス，在庫管理」，4位が「立地選定基準，ゾーニング，商品開発，品揃えの範囲，チェックアウト，文化教室」，5位が「プリパッケージング，テナント契約方式，テナント募集，人材開発，POSシステムの運営程度，文化イベント」，6位が「値決め手法，テナントミックス，商品配送，仕入手法，商品補充，家賃管理，POSシステム，公共料金収納代行サービス」，7位が「取引ルール，販売イベント，広告方法」であった。

つまり，小売ノウハウを規定する決定要因の依存度合から言えば，表4-3に示すように「最も弱い」項目は1）～3），「やや弱い」項目は4）～6），「弱い」項目は7）～12），「どちらでもない」項目は13）～18），「やや強い」項目は19）～24），「強い」項目は25）～32），「最も強い」項目は33）～35）であった*。ここでいう小売ノウハウを規定する決定要因とは，本書の第3

表4-3 小売ノウハウを規定する決定要因の依存度合

順位（難易度・依存度合）	項　目
1位（1ポイント）	1）店舗設計　2）ストアレイアウト　3）社員の教育訓練
2位（2ポイント）	4）サイン計画　5）ディスプレイ　6）接客
3位（3ポイント）	7）内装・装飾　8）什器デザイン　9）冷蔵・冷凍設備　10）商品選定　11）アフターサービス　12）在庫管理
4位（4ポイント）	13）立地選定基準　14）ゾーニング　15）商品開発　16）品揃えの範囲　17）チェックアウト　18）文化教室
5位（5ポイント）	19）プリパッケージング　20）テナント契約方式　21）テナント募集　22）人材開発　23）POSシステムの運営程度　24）文化イベント
6位（6ポイント）	25）値決め手法　26）テナントミックス　27）商品配送　28）仕入手法　29）商品補充　30）家賃管理　31）POSシステム　32）公共料金収納代行サービス
7位（7ポイント）	33）取引ルール　34）販売イベント　35）広告方法

章ですでに論じているが,「文化構造」,「経済過程」,「企業内外の諸『組織』」のことである。

(4) 店舗関連の小売ノウハウについての類似度

　店舗関連の小売ノウハウにおいては, 韓中の総平均にした値からみると, ディスカウントストアが 2.3 となり, コンビニエンスストアが 3.9 となり, コンビニエンスストアよりもディスカウントストアの類似度が高い。小売業態別比較の視点からみると, 韓国では, 両小売業態ともに類似度が平均値 (4.0) に近いが, コンビニエンスストアの「① 立地選定の基準, ⑥ 什器デザイン, ⑦ 冷蔵・冷凍設備」の項目は一律的に 4.3 となり, その類似度が若干低い。しかし, 中国では, コンビニエンスストアの類似度 (4.3) よりもディスカウントストアのそれ (2.3) が非常に高い。とくに中国のコンビニエンスストアでは,「① 立地選定の基準」の項目は 6.0 となり非常に低く, その異質性が大きいが,「④ 内装・装飾 (3.5), ⑦ 冷蔵・冷凍設備 (3.0)」の項目ではその類似度が少し高い。

　とくにここで注目すべき点は, 図 4-2 でも示しているが, 韓国と中国と

表 4-4　店舗関連の小売ノウハウの類似度

	韓国		中国		韓中の総平均	
	CVS	DS	CVS	DS	CVS	DS
4．店舗関連の小売ノウハウ　(平均)	3.4	3.1	4.3	2.3	3.9	2.7
①立地選択の基準	4.3	3.7	6.0	3.0	5.2	3.4
②店舗設計	3.0	3.3	4.5	2.5	3.8	2.9
③ゾーニング	2.3	3.3	4.0	3.0	3.2	3.2
④内装・装飾	3.3	3.0	3.5	2.0	3.4	2.5
⑤サイン計画	2.3	2.3	4.5	1.5	3.4	1.9
⑥什器デザイン	4.3	2.7	4.5	1.5	4.4	2.1
⑦冷蔵・冷凍設備	4.3	3.3	3.0	2.5	3.7	2.9

＊　小売ノウハウを規定する決定要因の依存度合については, 各項目の数値化が非常に困難であったため, 小売ノウハウの 35 項目のうちペーパーにマニュアル化・図示化, かつコンピューターにプログラム化しやすいと思われる項目を七つ選定してもらい, その難易度によって試論的に 7 点尺度として測定し, 数値化したものである。

112　第4章　小売ノウハウ（技術）の海外移転に関する実証研究

の比較の視点からみるとディスカウントストアは韓国よりも中国のそれが全体的に高い類似度を表していることである。

図4-2　店舗関連の小売ノウハウの類似度（ディスカウントストア）

①立地選択の基準
②店舗設計
③ゾーニング
④内装・装飾
⑤サイン計画
⑥什器デザイン
⑦冷蔵・冷凍設備

‥‥◆‥‥　韓国のディスカウントストア　━■━　中国のディスカウントストア

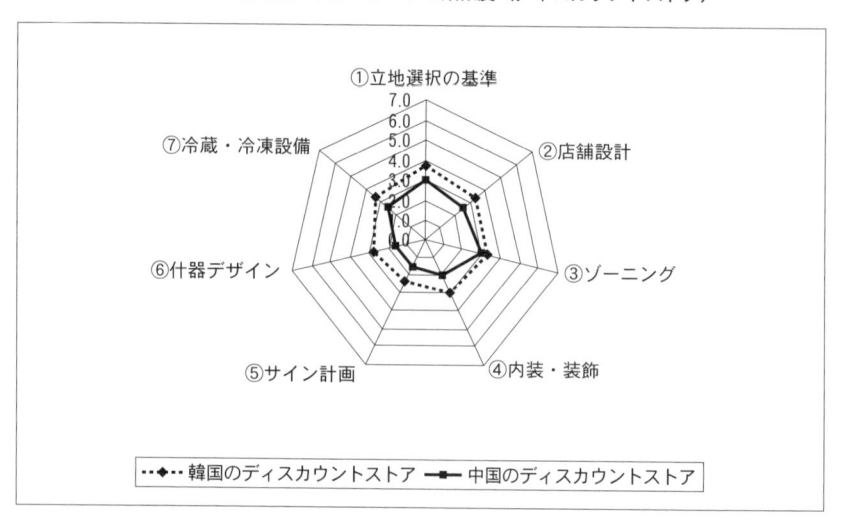

図4-3　店舗関連の小売ノウハウの類似度（コンビニエンスストア）

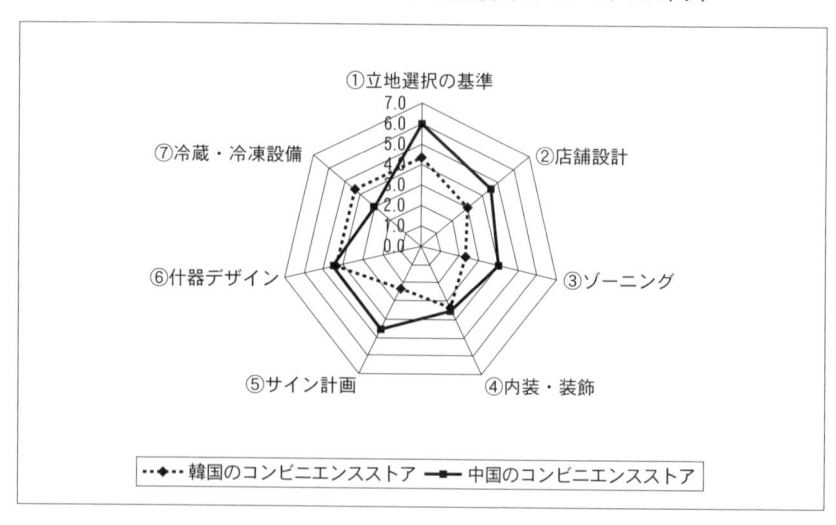

①立地選択の基準
②店舗設計
③ゾーニング
④内装・装飾
⑤サイン計画
⑥什器デザイン
⑦冷蔵・冷凍設備

‥‥◆‥‥　韓国のコンビニエンスストア　━■━　中国のコンビニエンスストア

(5) マーチャンダイジング関連の小売ノウハウについての類似度

マーチャンダイジング関連の小売ノウハウにおいては，韓中の総平均にした値からみるとコンビニエンスストアが4.2となり，ディスカウントストアが3.7となっており，他の項目に比べてその類似度の総平均にした値が若干低い。

具体的に言えば，コンビニエンスストアの場合，中国の類似度の平均値が4.9となり，韓国のそれらの平均値が3.5となっており，⑦プリパッケージングの項目を除けば，中国よりも韓国の方がその類似度が高い（図4-4を参照）。とくに韓国では，⑥品揃えの範囲と内容（2.3），⑧ストアレイアウト（2.3）の類似度が高いが，中国では①商品開発・メーカー（6.0），③取引ルール（6.0）が非常に低い。しかし，ディスカウントストアの場合，③取引ルールを除くと，韓国（4.4）よりも中国の方（3.1）の類似度が高い（図4-5を参照）。とくに中国ではほとんどの項目の類似度が比較的高いが，③取引ルールのみが3.5となり，若干韓国より低い。韓国では，③取引ルール（3.3），⑥品揃えの範囲と内容（3.3）が類似度の平均値より若干上回っているが，とくに①商品開発・メーカー（5.7），②商品選定（5.0），⑦プリパッケージング（5.0）の類似度が比較的低い。

表4-5 マーチャンダイジング関連の小売ノウハウの類似度

	韓国		中国		韓中の総平均	
	CVS	DS	CVS	DS	CVS	DS
5．マーチャンダイジング関連の小売ノウハウ	3.5	4.4	4.9	3.1	4.2	3.7
①商品開発・メーカー	3.3	5.7	6.0	3.5	4.7	4.6
②商品選定	3.3	5.0	5.5	3.5	4.4	4.3
③取引ルール	4.0	3.3	6.0	3.5	5.0	3.4
④仕入手法	4.0	4.3	5.5	2.0	4.8	3.2
⑤値決め手法	4.3	4.0	4.5	2.0	4.4	3.0
⑥品揃えの範囲と内容	2.3	3.3	4.5	2.5	3.4	2.9
⑦プリパッケージング	4.3	5.0	3.5	2.0	3.9	3.5
⑦ストアレイアウト	2.3	4.3	3.5	2.5	2.9	3.4

114　第4章　小売ノウハウ（技術）の海外移転に関する実証研究

図4-4　マーチャンダイジング関連の小売ノウハウの類似度（ディスカウントストア）

···◆···韓国のディスカウントストア　━■━中国のディスカウントストア

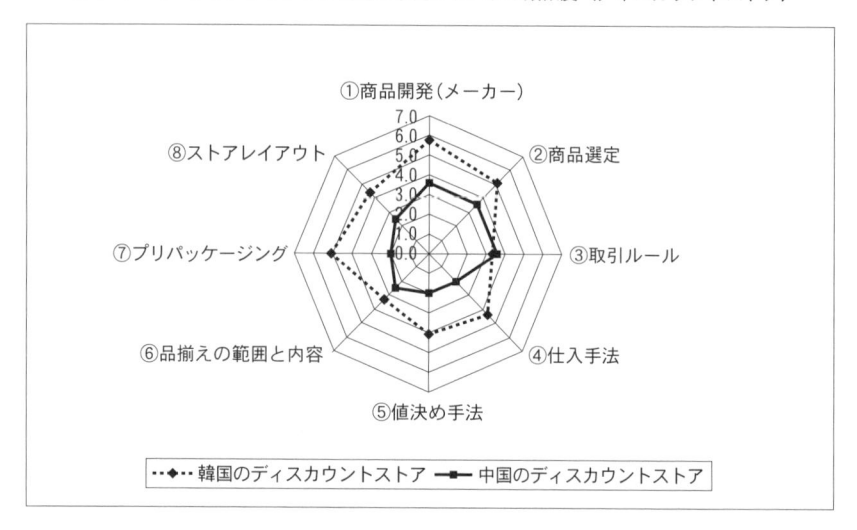

図4-5　マーチャンダイジング関連の小売ノウハウの類似度（コンビニエンスストア）

···◆···韓国のコンビニエンスストア　━■━中国のコンビニエンスストア

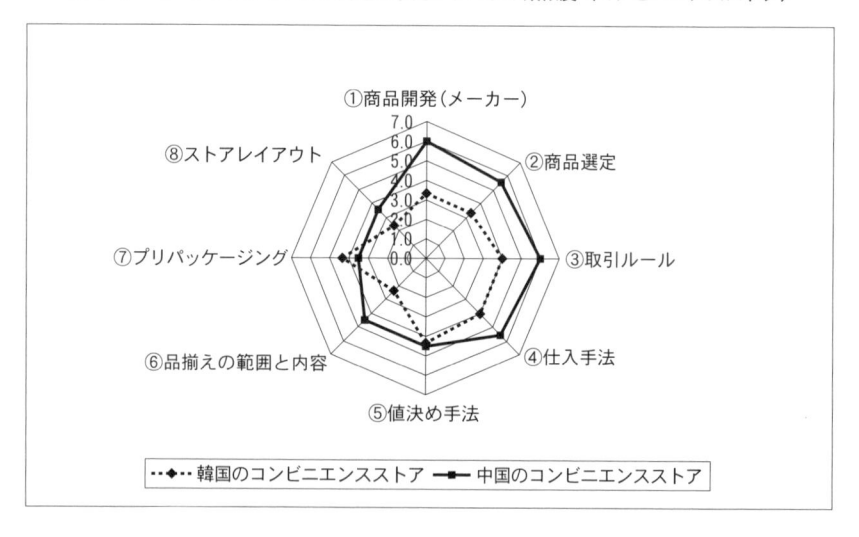

　韓国と中国との比較の視点から言えば，コンビニエンスストアでは，中国よりも韓国のそれらの類似度が全体的に高い。それに対して，ディスカウン

トストアでは，韓国よりも中国の類似度が全体的に高い。

(6) 販売関連の小売ノウハウについての類似度

販売関連の小売ノウハウにおいては，韓中の総平均値からみると，コンビニエンスストアが3.9となり，ディスカウントストアが3.1となっており，全体的にディスカウントストアの類似度が若干高い。とくにディスカウントストアでは，④接客 (1.9)，⑤アフターサービス (1.8) の類似度が高いが，コンビニエンスストアでは②販売イベント (5.6)，③広告方法 (5.4) の類似度が非常に低い。

コンビニエンスストアの場合，韓国ではその類似度の平均値が4.2となり，中国のそれ (3.5) よりも類似度が低い。とくに②販売イベント，③広告方法については，韓国と中国ともに類似度は非常に低いが，中国では④接客 (2.0)，⑤アフターサービス (1.5) の類似度は極めて高い。ディスカウントストアの場合，中国では平均類似度が2.6となり，韓国のそれ (3.6) よりも類似度が若干高い。コンビニエンスストアの場合と同じく，②販売イベント，③広告方法については，韓国と中国ともに類似度は非常に低いが，中国では④接客 (1.5)，⑤アフターサービス (1.5) の類似度は極めて高い。

韓国と中国との比較の視点から言えば，類似度が韓国よりも中国の方が両小売業態ともに全体的に高い。

表4-6　販売関連の小売ノウハウの類似度

	韓国		中国		韓中の総平均	
	CVS	DS	CVS	DS	CVS	DS
6．販売関連の小売ノウハウ　（平均）	4.2	3.6	3.5	2.6	3.9	3.1
①ディスプレイ	3.3	3.3	3.0	2.0	3.2	2.7
②販売イベント	5.7	5.3	5.5	4.0	5.6	4.7
③広告方法	5.3	5.0	5.5	4.0	5.4	4.5
④接客	3.0	2.3	2.0	1.5	2.5	1.9
⑤アフターサービス	3.7	2.0	1.5	1.5	2.6	1.8

116　第4章　小売ノウハウ（技術）の海外移転に関する実証研究

図4-6　販売関連の小売ノウハウの類似度（ディスカウントストア）

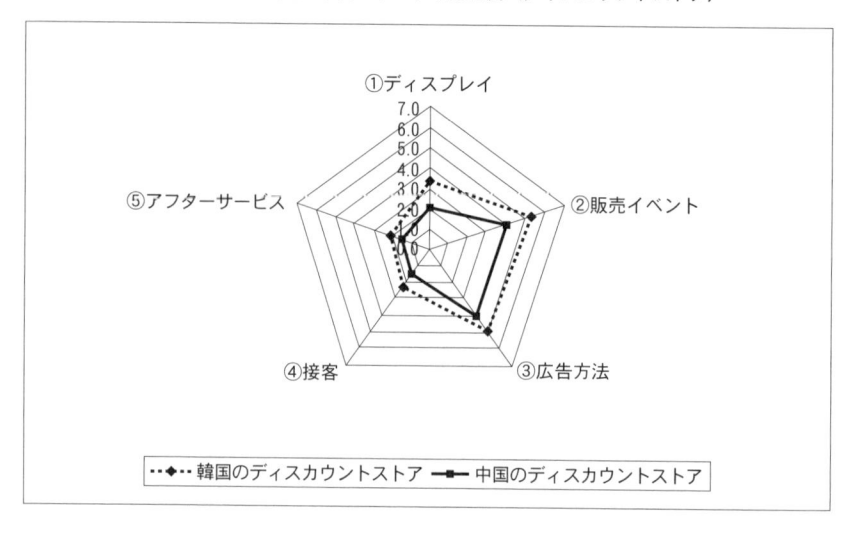

図4-7　販売関連の小売ノウハウの類似度（コンビニエンスストア）

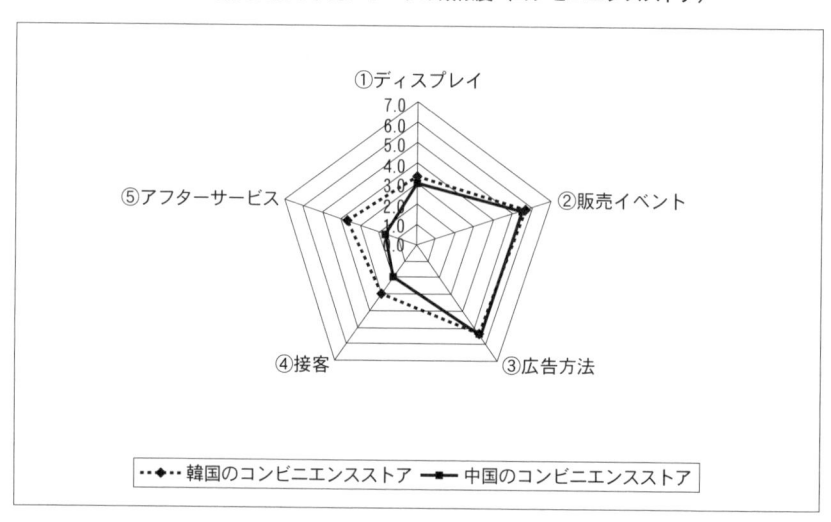

(7) 賃貸関連の小売ノウハウについての類似度

小売ノウハウのうち，賃貸関連の項目はディスカウントストアのみを調査

対象とし，韓中の総平均にした値からみると類似度はちょうど平均値（4.0）であるが，類似度が韓国（4.5）よりも中国（3.5）の方が高い。しかし，ここで注目すべき点として，韓国では④賃貸管理（3.3）を除いてその類似度が低いことに対して，中国では①テナントミックスのみの類似度が低く，③テナント契約方式と④賃貸管理の類似度は比較的高いことである。

表4-7　賃貸関連の小売ノウハウの類似度

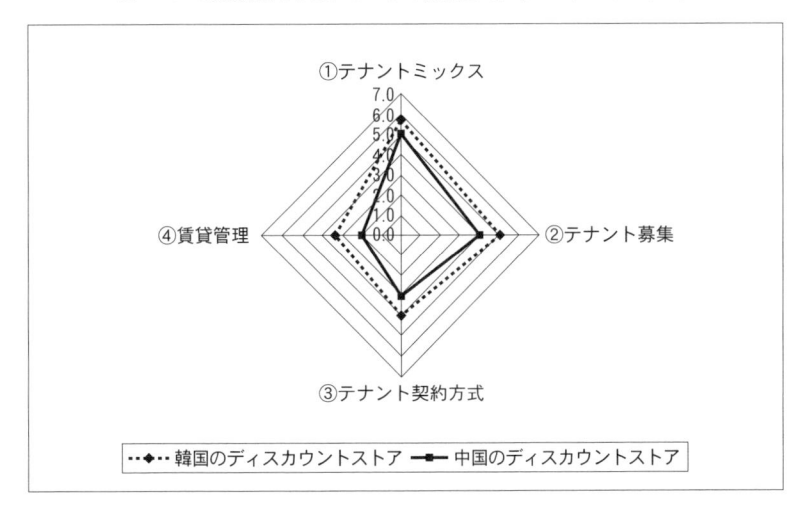

	韓国		中国		韓中の総平均	
	CVS	DS	CVS	DS	CVS	DS
7．賃貸関連の小売ノウハウ　（平均）	—	4.5	—	3.5	—	4.0
①テナントミックス	—	5.7	—	5.0	—	5.3
②テナント募集	—	5.0	—	4.0	—	4.5
③テナント契約方式	—	4.0	—	3.0	—	3.5
④賃貸管理	—	3.3	—	2.0	—	2.8

図4-8　賃貸関連の小売ノウハウの類似度（ディスカウントストア）

(8) 教育関連の小売ノウハウについての類似度

　教育関連の小売ノウハウでは，韓中の総平均にした値からみると，コンビニエンスストア（4.4）よりもディスカウントストア（2.8）の類似度が全体

的に高い（表4-8を参照）。

表4-8　教育関連の小売ノウハウの類似度

	韓国		中国		韓中の総平均	
	CVS	DS	CVS	DS	CVS	DS
8．教育関連の小売ノウハウ　（平均）	5.0	3.7	3.8	2.0	4.4	2.8
①人材開発	5.0	3.7	4.5	2.0	4.8	2.8
②社員の教育訓練	5.0	3.7	3.0	2.0	4.0	2.8

　コンビニエンスストアの場合，韓国では，①人材開発，②社員の教育訓練は一律的に5.0となり，その類似度が非常に低い。しかし，中国では，平均類似度が3.8となり，全体的に若干高いが，とくに①人材開発（4.5）の類似度は低い。ディスカウントストアの場合，韓国での平均類似度は3.7となり，中国での平均類似度は2.0である。さらに，韓国と中国との比較の視点から言えば，韓国よりも中国の類似度が，両小売業態ともに全体的に高い。

(9)　保管・物流関連の小売ノウハウについての類似度

　保管・物流関連の小売ノウハウにおいては，韓中の総平均にした値からみると，両小売業態とともに類似度が若干高いが，コンビニエンスストア（3.5）よりもディスカウントストア（2.9）の類似度が若干高い。

　コンビニエンスストアの場合，韓国での平均類似度が3.3となり，中国での平均類似度が3.8となっており，保管・物流関連の項目では中国よりも韓

表4-9　保管・物流関連の小売ノウハウの類似度

	韓国		中国		韓中の総平均	
	CVS	DS	CVS	DS	CVS	DS
9．保管・物流関連の小売ノウハウ　（平均）	3.3	3.3	3.8	2.6	3.5	2.9
①在庫管理	3.3	3.0	7.0	3.0	5.2	3.0
②商品配送	3.3	4.7	2.5	3.5	2.9	4.1
③チェックアウト	3.3	2.7	1.0	2.0	2.2	2.3
④商品補充	3.0	2.7	1.0	2.0	2.0	2.3

国の類似度が若干高い。韓国では平均値が 3 ポイント台である。中国では③ チェックアウト，④ 商品補充が 1.0 となり，最も類似度が高いが，① 在庫管理（7.0）は最も類似度が低い。ディスカウントストアの場合は，韓国

図 4-9　保管・物流関連の小売ノウハウの類似度（ディスカウントストア）

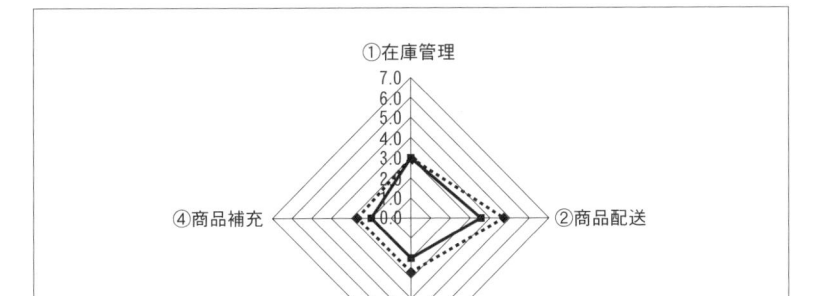

図 4-10　保管・物流関連の小売ノウハウの類似度（コンビニエンスストア）

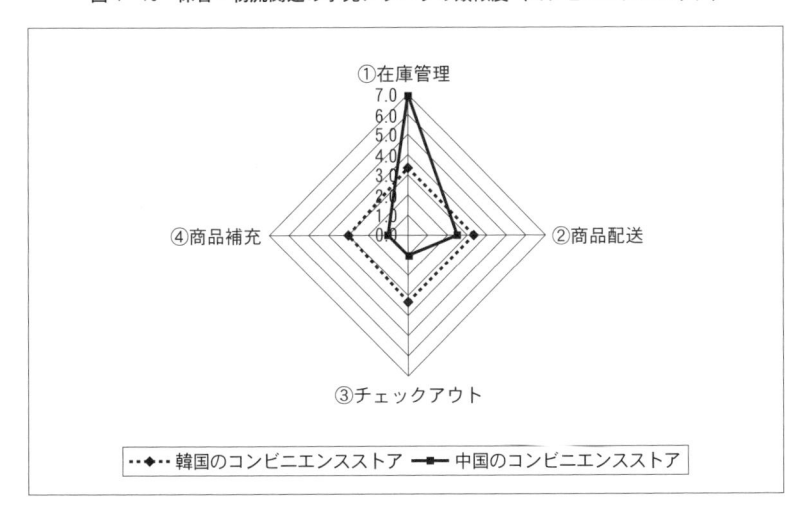

では平均類似度が3.3となり，比較的高くなっているが，③商品配送だけは比較的類似度が低い。中国では，平均類似度が2.6となり，全体的に韓国よりも中国の方の類似度が高い。

しかし，ここで注目すべきことは，韓国と中国との比較の視点から言えば，ディスカウントストアでは類似度が韓国よりも中国の方が高いが，コンビニエンスストアでは韓国よりも中国の方の類似度が低いことである。とくに中国のコンビニエンスストアでは項目ごとにその類似度の差が顕著であることである（図4-10を参照）。これらの要因が生じた理由は小売業態の移転時期とインフラストラクチャーによるものといえる。

(10) 文化事業関連の小売ノウハウについての類似度

文化事業関連の小売ノウハウにおいては，韓中の総平均にした値からみると，コンビニエンスストア（5.3）よりもディスカウントストア（5.0）の類似度が若干高いが，両小売業態とともに総平均値の類似度が他の小売ノウハウより極めて低い。

コンビニエンスストアの場合，韓国と中国とともに類似度の平均値が5.3となり，その類似度が高い。ディスカウントストアの場合，韓国では類似度の平均値が5.7となり，中国では類似度の平均値が4.3となり，韓国よりも中国の方が若干高くなっているが，いずれにしても最も低い類似度を表している。とくに文化事業関連の小売ノウハウにおいて，両国ともにその類似度が低い理由は，高橋由明教授[2]がすでに指摘したように，「文化構造」によるものといえる。詳しく言えば，文化的構造はある時代のある国の個々人の思考・行動様式，すなわち生活目的・目標，価値体系，社会的格付，行動基準の型であり，そのほかに文化そのものを構成するといえるその国の宗教，

表4-10 文化事業関連の小売ノウハウ

	韓国		中国		韓中の総平均	
	CVS	DS	CVS	DS	CVS	DS
10. 文化事業関連の小売ノウハウ （平均）	5.3	5.7	5.3	4.3	5.3	5.0
①文化イベント	5.0	5.7	5.0	4.0	5.0	4.9
②文化教室	5.7	5.7	5.5	4.5	5.6	5.1

政治，法律，教育といった各制度によって形づくられるからであるといえる。

(11) 情報システム関連の小売ノウハウについての類似度

情報システム関連の小売ノウハウにおいては，韓中の総平均にした値からみると，コンビニエンスストアが3.3となり，ディスカウントストアが2.3となり，コンビニエンスストアよりもディスカウントストアの方の類似度が高くなっているが，全体的に類似度が低い。

コンビニエンスストアの場合，韓国では類似度の平均値が4.1となり，中国では類似度の平均値が2.5となっており，韓国よりも中国の方の類似度が

表4-11 情報システム関連の小売ノウハウの類似度

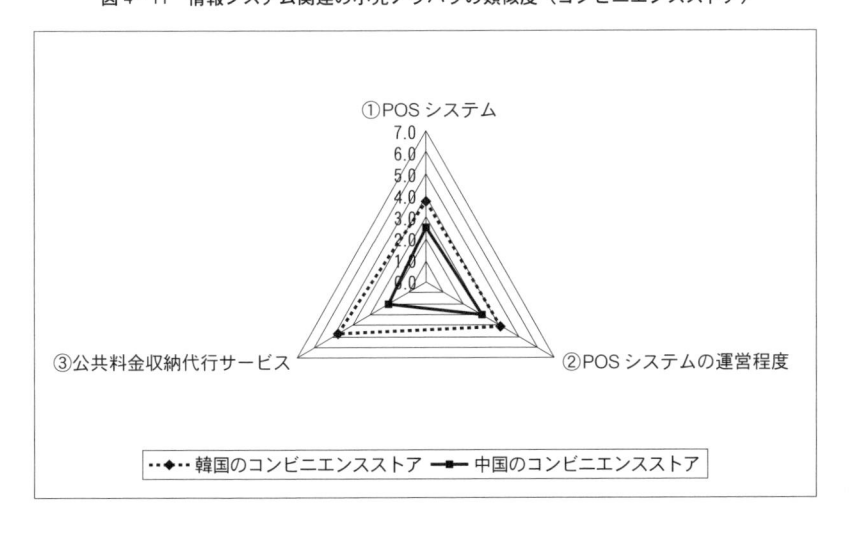

	韓国		中国		韓中の総平均	
	CVS	DS	CVS	DS	CVS	DS
11. 情報システム関連の小売ノウハウ（平均）	4.1	2.7	2.5	2.0	3.3	2.3
①POSシステム	3.7	2.7	2.5	2.0	3.1	2.3
②POSシステムの運営程度	4.0	2.7	3.0	2.0	3.5	2.3
③公共料金収納代行サービス	4.7	―	2.0	―	3.3	―

図4-11 情報システム関連の小売ノウハウの類似度（コンビニエンスストア）

高い。とくに韓国では，② POS システムの運営程度，③ 公共料金収納代行サービスの項目の類似度が低い。しかし，ディスカウントストアの場合は，両国ともに類似度が非常に高い。

2．アンケート調査から得られた帰結

本調査の詳しい分析は本書の第5・6章で述べることにするが，この調査から得られた主要な結果を簡単に整理すれば次のようになろう。

韓中の総平均にした値の調査結果から言えば，コンビニエンスストアの場合，類似度の低い小売ノウハウ（平均値が4.0以上）の項目はマーチャンダイジング（4.2），教育関連（4.4），文化事業関連（5.3）であるが，とくに文化事業関連の小売ノウハウが最も低い（5.3）。ディスカウントストアの場合，類似度の低い小売ノウハウは賃貸関連（4.0）と文化事業関連（5.0）であるが，コンビニエンスストアの場合と同じく最も類似度の低い小売ノウハウは文化事業（5.3）である（表4-12を参照）。

韓国と中国の比較の視点から言えば，コンビニエンスストアの場合，韓国では店舗関連が3.4，マーチャンダイジング関連が3.5，保管・物流関連が3.3となっているが，中国では店舗関連が4.3，マーチャンダイジング関連が4.9，保管・物流関連が3.8となり，これらの小売ノウハウの項目では，類似度が中国よりも韓国の方が高いことになる。しかし，類似度が中国よりも韓国の方が低い小売ノウハウは，販売関連（韓国：4.2，中国：3.5），教育関連（韓国：5.0，中国：3.7），情報システム関連（韓国：4.1，中国：2.5）の項目である。ちなみに文化事業関連の小売ノウハウにおいては，両国ともに類似度の平均値が同じく5.3である。ディスカウントストアの場合，韓国では，マーチャンダイジング関連（4.4），賃貸関連（4.5），文化事業関連（5.7）の小売ノウハウの項目において，その類似度が低い。しかし，中国では，文化事業関連（4.3）の小売ノウハウのみが低く，ディスカウントストアは文化事業関連の小売ノウハウを除いて全体的に類似度が高い。つまり，図4-13で示されているように，ディスカウントストアの小売ノウハウの類似度は，韓国よりも中国の方が全体的に高い。

第2節　アンケート調査から得られた結果と帰結

表4-12　韓国と中国における項目別小売ノウハウの類似度

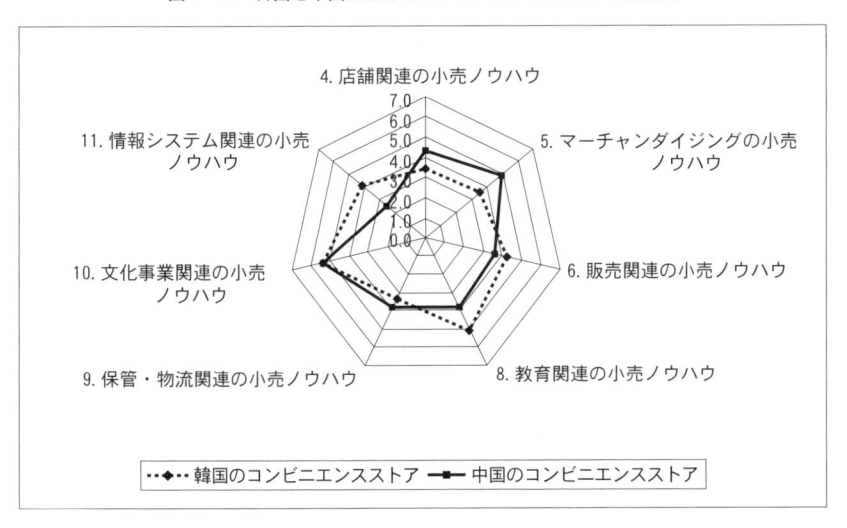

	韓国		中国		韓中の総平均	
	CVS	DS	CVS	DS	CVS	DS
4．店舗関連の小売ノウハウ　　　　　（平均）	3.4	3.1	4.3	2.3	3.9	2.7
5．マーチャンダイジング関連の小売ノウハウ（平均）	3.5	4.4	4.9	3.1	4.2	3.7
6．販売関連の小売ノウハウ　　　　　（平均）	4.2	3.6	3.5	2.6	3.9	3.1
7．賃貸関連の小売ノウハウ　　　　　（平均）	—	4.5	—	3.5	—	4.0
8．教育関連の小売ノウハウ　　　　　（平均）	5.0	3.7	3.8	2.0	4.4	2.8
9．保管・物流関連の小売ノウハウ　　（平均）	3.3	3.3	3.8	2.6	3.5	2.9
10．文化事業関連の小売ノウハウ　　　（平均）	5.3	5.7	5.3	4.3	5.3	5.0
11．情報システム関連の小売ノウハウ　（平均）	4.1	2.7	2.5	2.0	3.3	2.3

図4-12　韓国と中国におけるコンビニエンスストアの類似度

コンビニエンスストアとディスカウントストアの比較の視点から言えば，ディスカウントストアはコンビニエンスストアよりも，それらを営む小売ノウハウの類似度が高いことである（図4-14を参照）。その理由として考えられるのは，ディスカウントストアはコンビニエンスストアより商圏（trading areas），いわば特定エリアで買い物をする顧客の地理的吸引の範

囲が広いため，それらの類似度が高いといえよう。言い換えれば，小売ノウハウの海外移転においては，顧客の地理的吸引の範囲が広い小売企業（業

図4-13　韓国と中国におけるディスカウントストアの類似度

（レーダーチャート：項目 4.店舗関連の小売ノウハウ、5.マーチャンダイジングの小売ノウハウ、6.販売関連の小売ノウハウ、7.賃貸関連の小売ノウハウ、8.教育関連の小売ノウハウ、9.保管・物流関連の小売ノウハウ、10.文化事業関連の小売ノウハウ、11.情報システム関連の小売ノウハウ。凡例：韓国のディスカウントストア、中国のディスカウントストア）

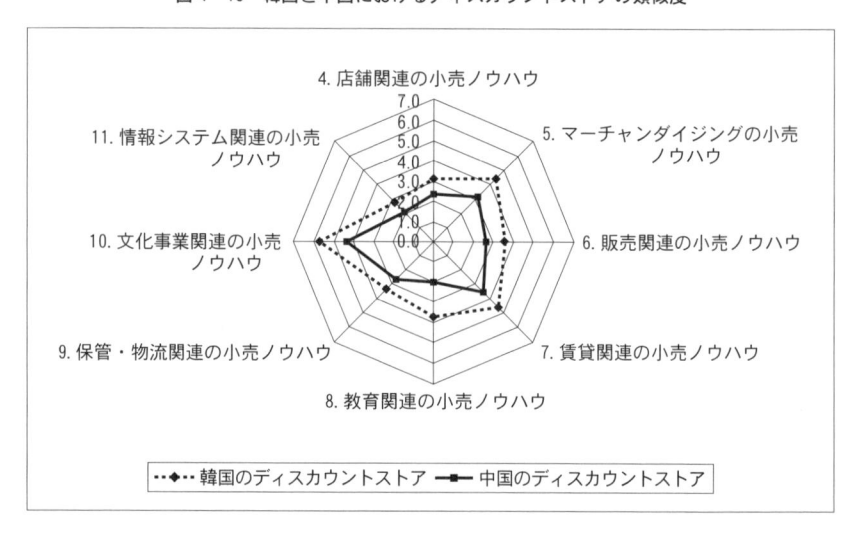

図4-14　コンビニエンスストアとディスカウントストア間の類似度の比較

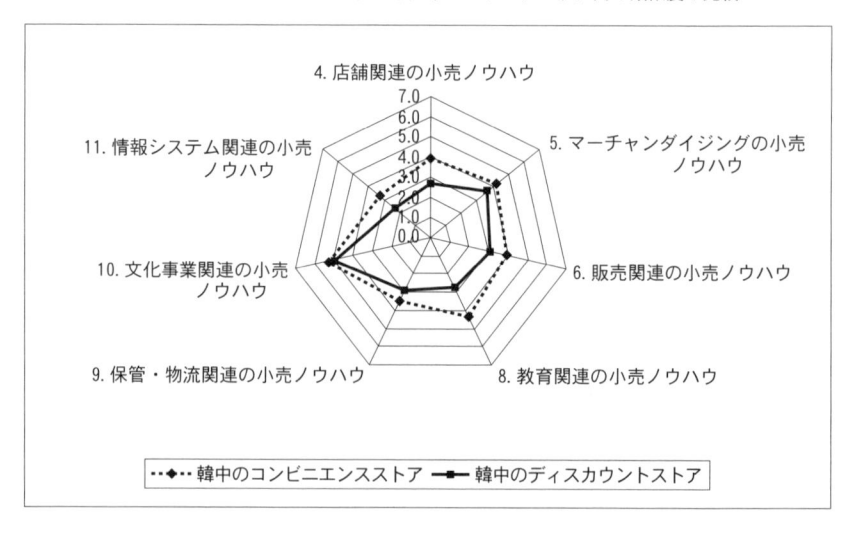

（レーダーチャート：項目 4.店舗関連の小売ノウハウ、5.マーチャンダイジングの小売ノウハウ、6.販売関連の小売ノウハウ、8.教育関連の小売ノウハウ、9.保管・物流関連の小売ノウハウ、10.文化事業関連の小売ノウハウ、11.情報システム関連の小売ノウハウ。凡例：韓中のコンビニエンスストア、韓中のディスカウントストア）

態）であればあるほど，その移転対象となる小売ノウハウの類似度は高くなるといえる。逆に言えば，顧客の地理的吸引の範囲が狭い小売企業（業態）であればあるほど，その移転対象となる小売ノウハウの類似度は低くなるといえる。

注
1) 鈴木安昭「小売業の経営技術の移転」『消費と流通』第4巻第1号，11-16ページ。
2) 高橋由明「標準化概念と経営管理方式の海外移転―移転論の一般化に向けての覚書」高橋由明・林　正樹・日高克平編著『経営管理方式の国際移転―可能性の現実的・理論的諸問題』中央大学出版部，2000年，273-314ページ。

第 5 章

東アジアにおけるコンビニエンスストアのグローバル競争と戦略・移転

第1節　アメリカ型コンビニエンスストアの生成と移転

1. アメリカ型コンビニエンスストアの成立と特徴

　アメリカにおいては19世紀前半に入ってから，次々と新しい小売業態が生成され発展を遂げ，小売産業の変化が生じはじめた時期であったといわれている。19世紀前半には，商品ラインの専門化のみならず，経済的機能においても専門化が生じ，その結果としてゼネラル・ストアに代わって専門店が一般的であった。しかし，19世紀後半に入ってからは，「薄利多売」，「商品の多角化」，「店舗の複数化」，「機能の統合化」などといった19世紀前半の専門化とは異なった戦略によって，百貨店をはじめとする通信販売，チェーンストア，ディスカウントストア，コンビニエンスストアなどの近代的小売業態が次々と生成され発展してきた[1]。

　アメリカにおいて，コンビニエンスストアの成立は比較的古く1920年代のことである。今日での形態は1950年代にまではすでに確立していたが，本格的発展を遂げるようになったのは1960年代以降のことであるといわれている。以下においては，初期のコンビニエンスストアの誕生とその特徴[2]について，概略的に検討することにする。

　今日，コンビニエンスストアのリーダーであるセブン-イレブンは，サウスランド・アイス社がその母体であった。そのサウスランド社の前身は，1910年代にダラス州で氷製造企業として出発したConsumer's Ice Companyである。コンビニエンスストアの誕生は，サウスランド社の発足から始

第1節 アメリカ型コンビニエンスストアの生成と移転 127

まるが，さらに同社が発足したきっかけは，Consumer's Ice 社と，のちにコンビニエンスストア・コンセプトの開発の主役ともいわれているジョーディ・トンプソン氏との出会いである。同氏は，Consumer's Ice 社に就職し，当時アメリカでは各家庭に電気冷蔵庫が普及していないことに着目し，新しいマーチャンダイジング計画として冷蔵庫用角氷を利用して冷やしたスイカを販売するというアイデアを開発し，競争優位性を確保した。その後，Consumer's Ice 社はいくつかの中小製氷企業を買収し，サウスランド・アイス社（現在のセブン-イレブン）となり，同氏は新しい経営責任者となった。当時サウスランド・アイス社の氷小売販売店を任されていたジョン・ジェファーソン・グリーン氏は，常に顧客へのサービス向上に関心を持ち，夏の時期には週7日・毎日16時間の営業をつづけ地域の人々から喜ばれていたが，消費者から「氷を売ってくれるのは確かに便利だけど，卵や牛乳，パンとかも扱ってくれると，もっと便利になるなぁ」[3]との声が寄せられたことから，同氏はそのアイデアをサウスランド社に提案し，同社はそのアイデアを受け入れた。そこで，氷の販売のみならず，卵や牛乳といった食品まで取り扱うことになった。いわゆる今日での「コンビニエンスストア」のコンセプトが開花することになった。このような小売形態の店舗は，初期においてはトーテム・ストア（Tote'm Store）と呼ばれ，店舗の庭に建てたトーテム・ポールや店舗の側面に描かれたトーテム・ポールがトレードマークとなり，今日でのコンビニエンスストアのシンボルになったといわれている。第二次世界大戦後，トンプソン氏は，あらゆる店舗に「7-ELEVEN」というロゴを使用し，社名も「Southland Corporation」へと変更し，本格的にコンビニエンスストア・チェーンとして成長しはじめた[4]。セブン-イレブンの店舗数は，1958年には300店，1961年には600店にまで至った。このような状況のなかで，アメリカの食品産業において，セブン-イレブンのコンセプトを模倣したコンビニエンスストアが次々と参入し，1956年には全米において500店だったものが，1957年には2,000店にまで成長し，コンビニエンスストアはすでにその地位を確立した。

2．日本と韓国における初期のコンビニエンスストアの移転と背景
(1) 日本における初期のコンビニエンスストアの移転と背景

　日本の小売市場において，コンビニエンスストアが誕生した1960年代後半は，高度成長期を背景にスーパーが急成長し，1970年をめどに小売市場の完全資本自由化が本格的に検討された時期でもあった。このような状況のなかで，スーパーを中心とした小売企業は，チェーン化の促進，店舗の大型化，および商品の多角化などに乗り出し，一部のスーパーはGMS（総合スーパー）へと発展し，1972年にはダイエーが三越百貨店を抜き，小売業トップの座を占めるようになった。これにより，中小小売業の行方が不安視されはじめたが，政府によるスーパー出店の規制の強化が対策の一つになった。中小小売業も自らチェーン化を図ることで，取引を防御しようとした。

　このような状況のなかで，1969年3月に豊中市で菓子の小売商協同連鎖店であるマイショップ・チェーンの「マミー豊中店」が日本のコンビニエンスストアの第1号店として誕生する。揺盤期にはボランタリー・チェーン（VC）および卸売商の中でも酒類卸売商などが先駆的役割を果たした。1970年には橘高主宰のコンビニエンスストア・チェーンのKマートが京都に，1971年7月には酒類卸のイズミック（当時山泉商会）が名古屋にココストアを開店した。その後，総合スーパーのイトーヨーカ堂やダイエーはアメリカ小売企業と提携をし，コンビニエンスストア市場への積極的参入を模索した。それに対して西友は，同市場への参入は早かったが，最初から自力開発をめざしており，若干遅れて1978年にファミリーマートの商標で船橋市に1号店を開店し，現在のファミリーマートの基礎となった。一方，イトーヨーカ堂は，1973年11月にサウスランド社と業務提携をし，セブン-イレブン・ジャパン（当時ヨークセブン）を設立し，1974年5月には1号店をフランチャイズ方式で開店した。1975年4月にダイエーは，アメリカのコンソリテッド・フーズ社のローソン・ミルク社と提携し，ダイエー・ローソン社を設立し，同年6月にローソン桜塚店（直営店）をはじめとする大阪府豊中店（加盟店）などを開店し，積極的事業を展開した（表5-1を参照）[5]。

　以上のようなプロセスを経て，日本においては，ボランタリー方式による

第1節　アメリカ型コンビニエンスストアの生成と移転　129

コンビニエンスストア（日本型）6)が事業を展開しはじめたことと，アメリカ型コンビニエンスストア（フランチャイズ方式）による小売ノウハウが移植・移転しはじめたことが基盤となり，初期のコンビニエンスストア市場が形成されるようになったといえる。これらに大きな影響を与えたのは，1972年3月に中小企業庁が発刊した「コンビニエンスストア・マニュアル」であるといわれている。つまり，本来小売産業は，保守的側面が強いといわれており，何らかの革新により新しい小売業態が登場すると脅威を受けそうな既存小売業態から反対されることが，一般的である。しかし，既存のコンビニエンスストアはもちろん，中小小売業においても，「コンビニエンスストア・マニュアル」の発刊によってフランチャイズ方式が積極的に導入される

表5-1　日本における初期のコンビニエンスストアの形成略史

年度	概要
1969	・マイショップ開店（豊中）
1970	・Kマート開店（大阪）
1971	・セイコーマート開店（札幌） ・ココストアの第1号店開店（春日井）
1972	・中小企業庁（農林省）『コンビニエンスストア・マニュアル』発刊 ・日本フランチャイズチェーン協会の発足
1973	・自力開発によるファミリーマートの第1号店開店（狭山） ・イトーヨーカ堂とサウスランド社との業務提携による当時ヨークセブン（現在のセブン-イレブン・ジャパン）の設立。
1974	・フランチャイズ方式でヨークセブンの第1号店の開店（東京）
1975	・ダイエーとアメリカのローソン・ミルク社との提携（ダイエー・ローソン社の設立） ・ローソン桜塚店第1号店開店（豊中）
1976	・ポプラとサンチェーンの開店（東京） ・セブン-イレブンの24時間営業開始
1977	・サンエブリー（山崎製パン）開店 ・関東ホット・スパー開店（土浦）
1978	・国分KGC開店（東京） ・ファミリーマートのフランチャイズ1号店開店

出所：日経流通新聞編『流通現代史』日本経済新聞社，1994年（付録：流通関連年表）。金顕哲『コンビニエンスストア業態の革新』有斐閣，2001年，19-23ページ。出家健治「コンビニエンス・ストアの成熟過程とその経営戦略」『熊本学園商学論集』第2巻第1号，1995年，73-96ページに基づいて修正作成。

ようになったこと，またコンビニエンスストアは当時中小小売業の経営近代化策として位置づけられたこと[7]が，結果として中小小売業が業態転換につながったのである。

つまり，日本におけるコンビニエンスストア市場は，以上のようなボランタリー方式（日本型）とフランチャイズ方式（アメリカ型）のコンビニエンスストアが混在した導入期（1969～76年）から，成長期前期（1977～85年）へ，また成長期後期（1986～90年）を経て，さらに成熟期（1991年以降）の段階[8]に向かっている。しかし，ここで注目すべき点は，導入期では日本型（ボランタリー方式）ないしアメリカ型（フランチャイズ方式）が混在していたが，むしろ成長期に入ってからは競争の激化に伴い，導入期での日本型の概念とは異なった「日本型コンビニエンスストア」が形成されるようになったということである。ここでいう日本型コンビニエンスストアとは，日本独自の小売環境においてアメリカ型の小売ノウハウがジャパンナイゼーションされた小売ノウハウ全般のことである。その特徴については，本章の第4節で詳しく述べることにする。

(2) 韓国における初期のコンビニエンスストアの移転と背景

韓国においては現在，本格的小売業態の開発時代ともいわれている。そのきっかけとなったのは，1989年からの段階的小売市場の自由化であるといえる。とくに1989年にコンビニエンスストアはその自由化の恩恵を受けた小売業態の一つである。

日本においては，1964年から小売市場が段階的に自由化され，小売市場の完全自由化は1975年から実施されたが，韓国の小売市場の自由化は，日本より21年遅れをとり，1996年から小売市場の完全自由化が実施された。概略的に言えば，韓国の小売市場の開放は，1989年から段階的自由化が実施され，1991年には小売業の選別的自由化が実施され，1993年にはその規制範囲が大幅に縮小され，ついに1996年には小売市場の完全自由化が実施された（表5-2を参照）[9]。このような小売市場の完全自由化は，小売構造の零細性と低生産性，小売業と卸売業との未分化と卸売機能の脆弱性，小売構造の複雑・段階性，および大都市への商圏集中と地方小売構造の未発達な

どという国内の小売産業が抱えている事柄[10]の解決策の一環として行われたといえる。しかし，それよりもウルグアイ・ラウンド（Uruguay Round）協定，韓・米協定，韓・EC協定などの外圧によって行われたといえる。換言すれば，小売市場開放の実施に直接的契機となったのは，国内小売産業の必要性にもあるが，それよりも外部的影響が大きかったと思われる[11]。

表5-2　韓国小売市場の自由化の経緯

区　　分	年　度	概　　要
第1段階	1989年1月	・技術導入及び卸売業への投資拡大 ・外国支社の規制緩和
第2段階	1991年7月	・小売業の選別的開放（店舗数および売場面積の制限緩和）
第3段階	1993年7月	・流通業に対する大幅な規制緩和 ・完全自由化の前段階
第4段階（完全自由化）	1996年1月	・店舗数および店舗当りの売場面積の制限の完全撤廃

出所：商工部編「卸・小売業振興5ヵ年計画」商工部，1988年10月。商工会議所編『流通市場開放計画と地域流通産業の対応』商工会議所，1993年，9ページ。大韓商工会議所『流通産業の発展戦略』商工会議所，1997年，106ページ。

韓国の小売市場の自由化[12]は，先進諸外国からの小売ノウハウや情報技術を導入すると同時に，新しい小売業態の経営ノウハウ，経営の合理化，競争促進という効率性の追求などによる小売産業の近代化を図ることが，その狙いであった。また，その特徴は，店舗数および売場面積に対する規制緩和と，規制業種の撤廃という二つの側面から段階的に自由化されたといえる。以下においては，店舗数および売場面積に対する規制緩和，規制業種の撤廃，小売業態別規制緩和という側面から，韓国における小売市場の自由化の特徴を明らかにする。

第1段階（1989年1月）においては，小売ノウハウの導入および卸売業への投資を拡大し，外国企業における国内支社の輸入販売業種を拡大した。売場面積は700m^2未満，店舗数は1店舗のみ出店可能となった。

1991年7月に実施された第2段階においては，韓国標準産業分類上，小売業は68業種に分類しており，そのうち36業種が選別的に自由化された。

その売場面積は 1,000m² 未満，店舗数は 10 店舗以下まで外国人の投資が認められた。

1993 年の第 3 段階においては，韓国小売市場における外国企業の投資規制が最も広く緩和され，いわゆる小売市場の完全自由化の前段階であった。売場面積は 3,000m² 未満，店舗数は 20 店舗未満まで規制が緩和された。また，卸売業に対する外国人の投資を認可制から申告制へと転換した。さらに，卸売業では 89 業種のうち 73 業種が，小売業では 68 業種のうち 56 業種が自由化された。小売業態別規制緩和の特徴として，「百貨店・ショッピングセンター・GMS（量販店）では，店舗数は 20 店以下，売場面積は 1,000m²〜3,000m² 未満まで緩和された。それに対して，専門店・スーパーマーケットでは，店舗数が 10 店舗以下，売場面積は 1,000m² まで緩和された」[13]。しかし，この段階においても，韓国小売市場における外国小売企業の参入は顕著ではなかった。その理由としては，売場面積（3,000m² 未満）の規制があげられる。つまり，日・米・欧などの出店予想国が関心を持っていた百貨店，GMS，ショッピングセンターなどのような大規模小売業態を出店するためには，売場面積 3,000m² 以下という売場面積の規制が依然として参入の障壁であったといえる。もう一つの理由は，外国人に対する不動産取得の規制である。その他，高い賃貸料，高い貸金，および小売企業の経営環境，いわゆる文化・経済的環境要因の相違などが参入の障壁になったといえる。

1996 年 1 月 1 日からの第 4 段階（小売市場の完全自由化）においては，売場面積や店舗数の規制が廃止され，完全自由化が実施された。さらに 1998 年には，「競争促進および新しい小売業態の拡散に伴い，大規模店舗の設立・営業に関する規制や運営基準（施設と直営比率）が撤廃された。1997 年の通貨危機を克服するため，『外国人投資促進法』が制定され，外国人の土地所有が可能となり，韓国小売市場における外国小売企業の法的参入障壁はなくなった」[14]といえる。

このような状況のなかで，小売市場の自由化を先どりしたのは，コンビニエンスストアであった。その理由の一つとして考えられるのは，韓国の小売構造は小規模なスーパーマーケットと在来市場，および百貨店の狭い業態で

構成されており，さらに百貨店を除くと在来市場とスーパーマーケットはほとんど零細規模であり，生活維持型小売業という特徴を有していたからである。つまり，コンビニエンスストアは，韓国小売構造の特徴ともいえる百貨店と在来市場の二層小売構造中で中間的小売業態としてニッチ的側面を有していたからである。もう一つの理由は，初期の小売市場の自由化の論点が売場面積の制限であったために，コンビニエンスストアはその売場面積の制限が直接的参入障壁にならなかったということである。韓国のコンビニエンスストア市場における外資系コンビニエンスストアの初期参入は，1989年に韓国のサークルKがアメリカのサークルKと提携して出店したことである。その後，韓国においては，日米のコンビニエンスストアと韓国地元企業との提携方式で一挙に参入してきた[15]。

韓国における初期のコンビニエンスストア市場は，SK精油の「OKマート」とLG精油の「Joyマート」を除いて，六つの大手企業のコンビニエンスストアから構成されていた。三星系列である普光「ファミリーマート」は日本のファミリーマートと，大象流通の「ミニストップ」は日本のイオンと技術提携を結んでいる。そして，コーロンの「ローソン」を買収したロッテ系列である「セブン-イレブン」は，アメリカのサウスランド社を買収したイトーヨーカ堂から直接経営技術を導入している。眞露の「ベストア」は，日本のキャメルマートから会計情報化などの本部運営技法をはじめ，店舗運営，接客，商品発注，およびPOSシステムなどの運営方式の提供を受けていたが，1997年にその契約を解消した。東洋マートは日本のサンクス社と業務契約を結び，「Buy The Way」という商標を用いている[16]。

第2節　日・米・韓におけるコンビニエンスストアの定義と展開

1．コンビニエンスストアの定義に関する比較

コンビニエンスストアの定義について，アメリカにおいては，全米コンビニエンスストア協会によると，「コンビニエンスストアは，営業時間は他のスーパーマーケットよりも長時間で，ショッピング上の完全な利便さを顧客

に与えるためにセルフサービス方式が採用されている。また，コンビニエンスストアは，つぎのような品目を含む日常必需品についてバランスのとれた在庫を保有していなければならない。すなわち，酪農品，パン菓子類，飲物，タバコ，冷凍品類，限られた農産物など」[17]であると定義したうえで，その取扱品目についても詳しく説明している。そして，その定義について，「プログレッシブ・グローサー」においても，コンビニエンスストアとは，「限られたブランドとサイズの商品を，小規模店舗で，セルフ・サービス方式で，長時間，販売する食品小売業である」[18]と定義している。

　一方，日本においては，その定義は必ずしも統一されていないが，通商産業大臣官房調査統計部が策定した「小売業の業態分類と定義」[19]によると，「売場面積が 50m² 以上〜500m² 未満で，売場面積50％以上で，セルフ・サービス方式をとっており，営業時間は 12 時間以上，閉店時刻は午後 9 時以降のもの」として規定している。また，流通経済研究所では，消費者に便利さを提供する小売業のことで，「最寄品中心の品揃え，長時間営業，住宅地などの便利な場所での立地などの利便性を意味する。従って，店舗の規模は小さく売場面積 60〜200m² である」と定義している。さらに，セブン-イレブン・ジャパンにおいても，自らの小売形態を「精選された食料品，ファストフード，乳製品，衣料，雑貨，その他の日用品及び特殊品を提供し，顧客の満足を最大限に拡大することを特質とする小売店」[20]と定義している。

　おなじく韓国においても，コンビニエンスストアの定義は必ずしも統一されていないのが現状である。「韓国百貨店協会」においては，コンビニエンスストアとは「消費者に利便性を提供することが目的であり，商品構成は食品類をはじめ，日用品などの 2,000〜3,000 品目を取り揃えており，その他，現金自動支払機やファックス機の利用などのサービスを提供すること。住宅地に隣接した小規模小売店舗で，年中無休，24 時間営業などの長時間営業を行う小売店舗である」[21]と定義している。そして，韓国マーケティング研究院の「マーケティングのハンドブック」においても，コンビニエンスストアとは，「営業時間は 24 時間で，地域別販売面積においては，ソウル市は 70m²〜250m²，その他の地域は 50m²〜166m² であり，販売方法は対面方式

またはセルフ・サービス方式であり，商品構成は食料品を販売する小売店である」[22]と規定している。さらに，「大韓商工会議所」の「小売業経営動態」の基準においては，取扱商品は主として食料品であり，セルフサービス販売方式で，連鎖化事業者が直営店として営業を行う，あるいは連鎖化事業者と加盟契約（主にフランチャイズ契約）を締結した企業，1日20時間以上の営業，広範囲の食品（酒類，お菓子類を含む）が売上の50％以上である店舗を，コンビニエンスストアの調査対象としている。

以上，日・米・韓の相違点をみると，立地面や商品構成ではほとんど変わらない。しかしながら，売場面積の規定においては，アメリカは売場面積を規定していないのに対し，韓国と日本は売場面積を規定している。また，アメリカでは淘汰の段階に，日本では成熟期の段階に属しているが，韓国ではコンビニエンスストアの歴史が短く，成長期の段階に属しており，基本的コンセプトは同じであるが，実際に運営される方法は日・米と比べて，大きな相違点が存在している。例えば，日本においては，宅配や通信販売，切手，チケット販売，公共料金などの収納代行サービスが行われているが，韓国では簡単なサービスを除いて高度のサービスを提供していない状況にある。

2．コンビニエンスストアの展開に関する比較

アメリカにおいてはすでに述べたように，コンビニエンスストアは1920年代にサウスランド社によって始められたが，これは1950年代の全米的な都市や郊外への再編成，とくに地域開発計画（plan unit development）に伴って本格的に発展しはじめた。その主な成長の要因は，アメリカ流通概要資料集[23]によれば，コンビニエンスストア自らが消費者のニーズに適応したコンセプト（①時間・②距離・③買い物のしやすさの利便性）のもとで経営戦略を展開していることにあったという。しかし，1970年代に入ってから，在来型コンビニエンスストアは，スーパーマーケットの24時間営業とガソリンスタンド系コンビニエンスストアの併設により，その優位性を失った。また，1980年代に入ってからは，人口の都心への回帰現象に伴い，都心型コンビニエンスストアが展開されるようになった。このような状況の

なかで，在来型コンビニエンスストアは顧客ニーズへの対応に遅れてしまい，売上高も減少し，さらに競合業態に対抗してディスカウント政策をとったため，利益率の低下という経営上の問題を抱えるようになった。そのため，Southlandは1991年にイトーヨーカ堂グループの傘下に入り，再建を進めるようになった。1990年代に入ると，大手チェーンのリストラによりその店舗数は減少するが，1店舗当りの売上や顧客単価はわずか増加しており，コンビニエンスストアは回復基調にあったものの，コンビニエンスストアは淘汰の時代を迎えるようになった。その後，アメリカでは，コンビニエンスストアのコンセプト（利便性）を修正し始める一方，再建が本格的に行われている。例えば，ディスカウントセールの取り止め，ファストフードなど利益率の高い商品を中心とするマーチャンダイジングの再編，および新しいサービスの提供（コピー，キャッシュディスペンス，自動振込み）などがあげられる。イトーヨーカ堂グループの傘下に入った「Seven-Eleven Inc (Southland)」社においてもセブン-イレブン・ジャパンの指導のもとにリノベーションを開始した。同社の再編の動きとして，同資料集では，フレッシュ食品の充実，商品アイテムの拡充，セントラル・キッチンの建設によるサンドイッチとデイリー製品の自家製造（製品の味と品質の維持のため），毎日配送システム（デイリー・プログラムの採用），AIM (Accelerated Inventory Management) システムによるフレッシュ食品の在庫管理と発注業務の開始，POSシステムの導入とそれによる在庫管理があげられる[24]としている。

表5-3 コンビニエンスストアの店舗数・売上高推移（アメリカ）

	1999年	2000年	2001年	2002年	2003年
店舗数（店）	119,400	119,800	124,500	132,400	130,659
対前年増加率（％）	5.0	0.3	3.9	6.3	−1.3
売上高（10億ドル）＊	234.0	269.4	287.3	294.3	335.3
対前年増加率（％）	25.8％	15.1％	7.3％	2.4％	13.9

注：＊印はガソリン販売を含む。資料：Convenience Store News Market Research 2004 （流通経済研究所『アメリカ流通概要資料集2005年』流通経済研究所，2005年，139ページから再引用）

また，日本においては1960年代後半，アメリカからコンビニエンスストアという小売ノウハウが移転され，その間に目覚しく成長してきた。日本におけるコンビニエンスストアの店舗数・売上高推移に関する統計は通商産業省編「商業統計表業態別統計編（小売業）」により知ることができる。統計からみると，コンビニエンスストアの店舗数と売上高は持続的に成長しており，その店舗数が4万店[25]を超えるようになったのは，2002年（41,770店）からである。しかし，このような傾向は新規店舗出店による増加であり，既存の店舗は営業不振という大きな問題点もある。例えば，2001年2月末の大手コンビニエンスストアの店舗数は，セブン-イレブンが8,661店，ローソンが7,683店，ファミリーマートが5,812店にまで達していたが，2000年代に入ってからは大手企業の経常利益の低下，都市部などの一部地域での飽和状態，および不採算店の閉鎖が加速化している[26]といわれている。2003年現在，コンビニエンスストア最大手であるセブン-イレブン・ジャパンの店舗数が1万店を突破し，「日本のコンビニエンスストアの歴史はセブン-イレブン歴史と等しい」[27]とまでいわれるほど，同市場をリードし続けている。その後ろをローソン（2位），ファミリーマート（3位）などが続く順となっている。

一方，韓国においては，コンビニエンスストアが移転されたのは1989年のことであり，その移転の元は日本とアメリカである。韓国のコンビニエン

表5-4　コンビニエンスストアの店舗数・売上高推移（日本）

	店舗数（店）	従業者数（人）	年間販売額（百万円）	売場面積（m²）
1991年	23,837	189,611	3,125,702	―
1994年	28,226	302,233	4,011,482	―
1997年	36,631	406,490	5,223,404	―
1999年	39,561	551,895	6,126,986	4,090,236
2002年	41,770	612,611	6,713,687	4,481,071
2004年	42,738	642,147	6,922,202	4,715,252

注：1991年から97年の3回分は平成9年度商業統計（業態別統計編）を，1999年から2004年の3回分は平成11・14年度商業統計（業態別統計編）を利用した。平成14年調査において業態定義の見直しを行っており，平成11年は平成14年と同定義で再集計した数値である。

スストア市場では，1995年の店舗数は1,620店（前年比12.6％増）であり，年間売上高は7,967億ウォン（前年比22.8％増）であった。また，2000年には，その店舗数が2,826店（前年比20.8％増），年間売上高が13,638億ウォン（前年比22.9％増）にまで急速な成長を遂げている。さらに，2005年には，その店舗数が9,085店（前年比10.2％増），年間売上高が46,092億ウォン（前年比10.7％増）にまで増加しており，比較的安定した成長ぶりを見せている。

以上のような日・米・韓の差は，日米のコンビニエンスストアが長年にわたり努力を積み重ね，消費者に受け入れられてきた歴史を物語っているともいえる。日本と韓国とのコンビニエンスストアの比較は難しいが，日本と韓国はともにその店舗数が徐々に増加しつつある。とくに，韓国においては，1992年から1995年にかけてコンビニエンスストアが急増している。その理由としては，消費者のライフスタイルの変化と国民所得の増加があげられるが，とくに財閥企業によるコンビニエンスストア事業への参加も大きいといえるだろう。つまり，アメリカでは淘汰の時期，日本では成熟期，韓国では成長期であることが，その相違点である。

表5-5 コンビニエンスストアの店舗数・売上高推移（韓国）

	店舗数（店）	増加率（％）	売上高（億ウォン）	増加率（％）		店舗数（店）	増加率（％）	売上高（億ウォン）	増加率（％）
1989年	7	—	14	—	1998年	2,060	0.3	10,645	−4.6
1990年	39	457.1	111	692.9	1999年	2,339	13.5	11,096	4.2
1991年	277	610.3	792	613.5	2000年	2,826	20.8	13,638	22.9
1992年	688	148.4	2,547	221.6	2001年	3,870	36.9	19,887	45.8
1993年	1,296	88.4	5,118	100.9	2002年	5,680	46.8	28,066	41.1
1994年	1,439	11.0	7,071	38.2	2003年	7,200	26.8	36,319	29.4
1995年	1,620	12.6	8,684	22.8	2004年	8,247	14.5	41,622	14.6
1996年	1,885	16.4	9,779	12.6	2005年	9,085	10.2	46,092	10.7
1997年	2,054	9.0	11,153	14.1					

出所：韓国コンビニエンスストア協会編『コンビニエンスストア運営動向』韓国コンビニエンスストア協会，2006年，103-104ページに基づいて修正作成。

第3節 韓国と中国におけるコンビニエンスストアの競争構造と戦略

1. 韓国におけるコンビニエンスストアの競争構造と戦略

韓国のコンビニエンスストア市場においては，その店舗数は直営店よりも，加盟店の方が増加傾向にあるといえる。韓国では，「セブン-イレブン」と「AM・PM」は直営店中心の事業展開であるのに対して，「ローソン」，「ファミリーマート」，「ミニストップ」，「GS25（2005年LG25からGS25へと社名変更）」は加盟店中心の事業展開であることが，その特徴である。韓国におけるコンビニエンスストアの企業別市場占有率（店舗数）をみると，2005年現在，ファミリーマートが34.7％で一番高く，GS25（22.7％），セブン-イレブン（13.7％），Buy The Way（11.0％），ミニストップ（10.2％）の順位になっている（図5-1を参照）。ファミリーマートは「地球村情報システム」と提携し，1996年から韓国で始めてチケット販売を行っている。また，日本ですでに定着している公共料金などの収納代行サービスについても，請求書のバーコードやコンビニエンスストアのPOS端末機を利用した新システム開発に力を入れている。

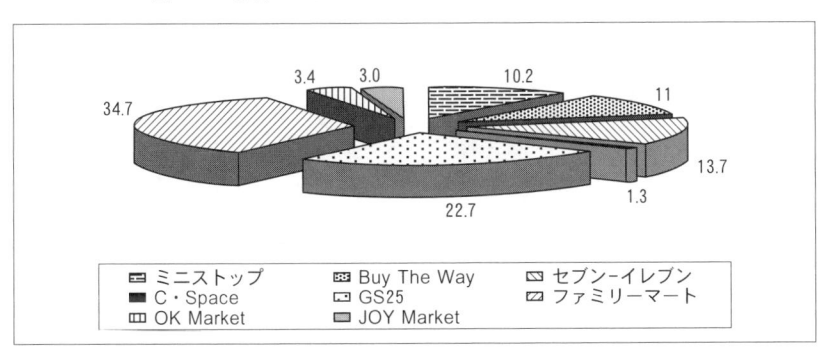

図5-1 韓国におけるコンビニエンスストア企業別市場占有率

出所：韓国コンビニエンスストア協会編『コンビニエンスストア運営動向』韓国コンビニエンスストア協会，2006年，105ページに基づいて修正作成。

表 5-6 コンビニエンスストアの競争構造（韓国）

母企業名	CVS 名	1990 年	1991 年	1993 年	1995 年	1997 年	1999 年	2001 年	2003 年	2005 年
コリアセブン	Seven Eleven	12	36	59 (15)	61 (53)	165	252	1,001	1,292	1,248
コーロン	Lawson	8	32 (16)	76 (164)	88 (146)	–	–	–	–	–
サクルケイ NHDL	Circle-K C-Space	3 (2)	8 (31)	55 (139)	10 (960)	133	103	110	125	116
普光	Family Mart	6 (1)	10 (34)	29 (241)	34 (86)	473	529	903	2,165	3,152
味元通商	Mini Stop	3	27 (16)	44 (160)	45 (148)	175	189	406	873	928
LG 流通	GS25 (LG25)	2	8 (34)	46 (220)	46 (244)	476	546	780	1,580	2,060
東洋マート	Buy The Way		17 (3)	29 (44)	52 (53)	166	178	302	709	999
AM・PM SK Network	AM・PM Ok Mart		5	13 (17)	12 (36)	100	150	188	250	313
スパメトロ	Spar Metro			4	14 (1)	22	–	–	–	–
眞路ベストア	JR Bestore			1	57 (75)	–	–	–	–	–
GS カルテクス	Joy Mart					50	143	180	206	269

注：（ ）は加盟店である。ローソンは 89 年に開店したが，99 年にセブン-イレブンに買収された。スパメトロ（Spar Metro）は 98 年に撤退し，JR Bestore も 97 年に撤退した。AM・PM はアメリカの AM・PM 社と技術提携を打ち切り OK Mart へと社名変更した。Circle-K も技術提携を解消し C・Space へと社名を変更した。LG25 も 2005 年に GS25 へと社名を変更した。

出所：韓国コンビニエンスストア協会編『コンビニエンスストア理解と運営現状』韓国コンビニエンスストア協会，1995 年，132 ページ。同編『コンビニエンスストア運営動向』1996 年，58 ページ。同編『コンビニエンスストア運営動向』2006 年，105 ページに基づいて作成。

韓国のコンビニエンスストア市場においては，利用客は店舗内で簡単に食事を済ませるという傾向があり，積極的にファストフードのプライベート・ブランド（PB）商品開発に力を入れている。例えば，ファミリーマート，GS25（旧 LG25），ローソン（1999 年セブン-イレブンへの買収），サークル K（C・Space へと社名変更），ミニストップの各社においては，とくにのり巻やピザやスパゲティーなどの新商品開発に取り組んでいる。また，ローソンは若い女性をターゲットとしたダイエット商品開発に力を入れている。さらに，サークル K は主として餅類の商品開発に積極的に取り組んでいる。

つまり，韓国のコンビニエンスストア市場においては，大きく分類して韓国系と外資系のコンビニエンスストアとの競争構造となっている。それゆ

え，コンビニエンスストア各社は商品開発の優位性の確保のみならず，その出店戦略においても差別化を図っており，その競争が激化している。例えば，2005年現在，ファミリーマートが1996年の35店舗から3,152店舗を出店しており，積極的出店戦略に乗り出している。また，韓国資本であるGS25も2,060店舗を出店している。さらに，セブン-イレブンも積極的投資戦略で市場参入すると発表している。今後，韓国においては，韓国系と外資系のコンビニエンスストアとの競争が激化していくといえる（表5-1を参照）。とくに韓国系と日本系のコンビニエンスストアとの競争がいっそう激化すると思われる（表5-6を参照）。それと同時に，「外資系対外資系」間のグローバル競争も激しくなると思われる（表5-7を参照）。

表5-7　韓国における日本系コンビニエンスストアの売上高の推移

	1997年	1998年	1999年	2000年	2001年	2002年	2003年	2004年	2005年
ファミリーマート	23.0	23.9	22.6	22.9	23.3	25.1	30.1	33.5	34.7
ミニストップ	8.5	7.8	8.1	9.0	10.5	11.9	12.1	11.2	10.2
セブン-イレブン	8.0	8.3	10.8	23.8	25.9	24.7	17.9	14.4	13.7
合　計	39.5	40.0	41.5	55.7	59.7	61.7	60.1	59.1	58.6

出所：韓国コンビニエンスストア協会編『コンビニエンスストア運営動向』2006年，105ページに基づいて修正作成。

2．中国におけるコンビニエンスストアの競争構造と戦略

中国においては1992年に，最初のコンビニエンスストア（中国では便利店と呼ばれる）が深圳に開店して以来[28]，沿海地域の都市部においても出店ラッシュは続いており，コンビニエンスストア同士の競争が激化している。とくに上海では，コンビニエンスストアが飛躍的な成長を遂げており，その競争の激しさも増している状況である。

中国におけるコンビニエンスストアの発展プロセスについて，黄江明氏[29]は投資主体の視点から2段階に分けて次のように述べている。第1段階（1992～96年）[30]では，先発的外資系企業の参入によって，中国におけるコンビニエンスストア市場が形成された時期であるとしている。例えば，セブン-イレブン・香港が1992年深圳に出店して以来，1993年には香港系の百

式便利店と百家便利店が上海に出店し，上海最初のコンビニエンスストアとなった。日本のローソンは1996年に，上海華聯スーパー有限公司と提携を結び，合併企業である上海華聯便利商業有限公司（華聯羅森）を設立した。

第2段階（1997～2002年)[31]では，中国の地元企業が先発的外資系コンビニエンスストアの小売ノウハウを模倣しながら店舗を開発し，参入を図った時期であるとしている。例えば，1997年上海聯華便利商業有限公司（聯華）の設立，1998年上海良友連鎖経営有限公司（良友）の設立，1998年上海可的便利有限公司（可的）の設立，2001年上海好徳便利有限公司（好徳）の設立がその事例である。その他に上海では，梅林85818，喜士多，家得利，21世紀，易購超などといった地元系コンビニエンスストアも加わって，さらに台湾系「ファミリーマート（全家）」も2004年に出店しており，激しい競争を繰り広げている。

NHKのドキュメンタリー番組によれば，現在上海では，コンビニエンスストアをめぐって中国系の大手「可的」，台湾系の「ファミリーマート（全家）」，日系の「ローソン（羅森）」と三つの資本が凌ぎを削っているという。上海においてこのような競争が展開されるようになったのは，1996年7月に日本のローソンが初めて進出し，地元系の可的がすぐに開店したところからはじまる。その後，1997年11月には「聯華」が，2000年8月には「良友」が，2001年4月には「好徳」などが次々と開店し，その競争の激しさを増している（表5-8を参照）。上海におけるコンビニエンスストア総店舗数は，2002年には2000店に達し，2003年には3300店にまで急速に成長し

表5-8 上海市における大手コンビニエンスストア5社の概況（2001年）

チェーン	設立年月	店舗数	直営店	品揃え	投資額(億元)
聯華	1997.11	724	60%	2,500	0.2
可的	1998	501	70%	3,000	—
良友	1998.9	390	—	3,000	12
好徳	2001.6	100	100%	3,000	0.02
華聯羅森	1996.7	78	100%	2,500	0.83

出所：黄江明「中国コンビニエンスストアの成長と消費者の評価」矢作敏行著『中国・アジアの小売業革新』日本経済新聞社，2003年，99ページ。

ている。

第4節　韓国と中国における日本型コンビニエンスストアの移転と展開

1．日本型コンビニエンスストアの形成と特徴

　日本におけるコンビニエンスストアの展開についての区分は論者によって若干異なる[32]が，本章の冒頭でもすでに述べたように，日本ではボランタリー方式（日本型）とフランチャイズ方式（アメリカ型）のコンビニエンスストアが混在した導入期（1969～76年）から，成長期前期（1977～85年）・後期（1986～90年）へ，さらに成熟期（1991年以降）を経て進展してきた。このようなプロセスのなかで，導入期においてはボランタリー方式の日本型ないしフランチャイズ方式のアメリカ型[33]が混在しながら展開していたが，成長期に入ってからは導入期での日本型の概念とは違った，今日的「日本型コンビニエンスストア」が培われたといえる。ここでいう日本型コンビニエンスストアとは，日本独自の小売環境においてアメリカ型の小売ノウハウがジャパンナイゼーションされた小売ノウハウ全般のことである。本来なら，ここで日本型コンビニエンスストアについても史的観点から解明すべきであるが，詳しい検討は今後の研究課題とし，以下では出家健治氏と金顕哲氏の既存研究に基づきながら概略的に紹介し，その特徴について検討する。

　日本におけるコンビニエンスストアの展開について，出家氏は，① 導入期と成長・発展過程（1968～82年），② アメリカ型コンビニエンスストアの成熟化に区分し経営戦略の視点から検討している。つまり，日本におけるコンビニエンスストアはボランタリー方式の日本型とフランチャイズ方式のアメリカ型によって展開されてきたが，導入期（1968～73年）では前者の日本型がその発展の「推進的役割」を担っていたが，成長期（1974～82年）では前者が淘汰しはじめる一方，後者のアメリカ型が徐々に浸透し定着し，1983年以降は後者のアメリカ型の成熟化という段階を経てきたとしている。簡潔に言えば，日本におけるコンビニエンスストアの成長期（1980年代前

半）においては，「① 年中無休や長時間営業，② 日用品や最寄品の定価販売，③ フランチャイズ方式などを柱とするコンビニエンスストア」[34]，いわばアメリカ型コンビニエンスストアが定着し成長を遂げたといえる。しかし，1980年代半ばからの成長期後半・成熟期の段階においては店舗数・売上高の伸び率の鈍化や同異業態間の競争激化などにより，再編の動きが活発になり，また新製品の開発や情報システムの構築や物流システムの整備などについてもより積極的に取り組みはじめた。もう一つは，セブン-イレブン・ジャパンによるコンビニエンスストアの生みの親であるサウスランド社の買収（1991年）と再建であった。サウスランド社の再建について，金氏[35]は，「ファストフード中心の商品戦略や単品管理，仮説検証型マーチャンダイジング，協力的配送システムの構築，POSシステムなど，日本で構築した独自のノウハウを積極的に導入し，成功を収めた」としている。つまり，日本においては，日本独自のコンビニエンスストアが展開されたといえる。

　以上の状況を考慮した場合，ここで注目すべき点は日本独自の小売マーケティング環境において，アメリカ型のそれがジャパンナイゼーションされた真の意味の「日本型コンビニエンスストア」が開花されたということである。日本型コンビニエンスストアの特徴は金氏によると，つぎのようにまとめることができる。第1はファストフード商品群の強化である。つまりファストフードは他の商品よりマージン率が高く，そこから高い粗利益を確保しようとしたことである。その結果，その客層も若者のみならず，主婦や年配者にまで広がった。第2は情報システムを構築し，チェーン運営の効率化を図ったことである。例えば，POSは商品の受発注や商品管理などに利用され，セブン-イレブン・ジャパンが1982年に導入して以来，ミニストップ（87年），ローソン（88年），ファミリーマート（89年）なども次々と導入した。第3は小口発注に対応した配送制度づくりや日配品の毎日配送などといった物流システムの合理化を図ったことである。また個別店舗のレベルにおいては，公共料金などの収納代行や小口キャッシングなどのサービスが強化されたこともも一つの特徴である[36]。さらに，経営戦略の視点から言えば，① 都市部の繁華街への出店戦略，② ドミナント方式による集中出店戦

略の展開, ③店舗内在庫のスリム化の追求もその特徴としてあげられるといえる[37]。

2. 韓国と中国への日本型コンビニエンスストアの移転の理論的含蓄

以上のように, 日本型コンビニエンスストアが構築されて以来, 欧米地域のみならず, 韓国と中国においても, 日本型コンビニエンスストアが移転され, かつ成長を成し遂げている。その背景の要因は次のとおりである[38]。まず, 第1の要因は, 経済成長による市場機会の拡大, 近代的小売業態導入の遅れ, および自国小売市場の自由化などによるプル要因である。また, 第2は, 自国市場の飽和や大型店出店の抑制措置などのプッシュ要因である。さらに, 第3の要因は, コンビニエンスストアの定義は時代とともに, また業態の変化とともに適応してきた。しかしながら, 基本的には, 小規模店舗で小商圏, 生鮮食料品以外の生活必需品の幅広い品揃え, 長時間でセルフ・サービス方式など[39]については標準化戦略を採っていることである。言い換えれば, コア的コンビニエンスストア・コンセプトは修正せず, 現地の小売マーケティング環境に強く影響を受ける小売ノウハウにおいては部分的適応または完全適応戦略を採ったからであるといえる。これらの要因のうち, 第3の要因が現地コンビニエンスストア業態への移転を成功させた決定的要因であるといえる。

このような移転論的研究としては, Kackerの研究をはじめ, 日本では小川孔輔・林廣茂氏の研究[40]もある。Kackerの研究[41]については, すでに本書の第3章でも詳しく紹介しているが, 簡単に言えば小売ノウハウの移転手段 (vehicles of flow) には計画的移転 (planned flow) と非計画的移転 (unplanned flow) がある。非計画的移転は海外視察や小売業セミナーや小売業者大会などによる移転を指し, 公式的協議が行われないのが特徴であるとしている。それに対して, 計画的移転はジョイント・ベンチャーやフランチャイジング契約による移転を指し, いわば公式・計画的に実施することがその特徴である。

一方, 小川・林氏は, マーケティング移転とは「文化を借りること (culture

borrowing）である」[42]と定義したうえで，戦後の日本が経験したマーケティング移転プロセスを，① 採用と模倣の時代，② 応用と革新の時代，③ 学習と創造の時代という三つの段階に分類し説明している。このマーケティング技術の移転には，大きく「AI 移転と SAL 移転」[43]があるという。まず，AI 移転[44]と SAL 移転[45]の違いは，同氏らによると，「マーケティング技術を移転する主体が日本企業なのか外国企業なのかの違いである。したがって，移転元と移転先が変わると，AI 移転と SAL 移転が入れ替わることになる」[46]という。要するに，アジア地域における日本企業のマーケティング技術の輸出は SAL 移転であり，アメリカ企業からのマーケティング技術の輸入は AI 移転である。また同氏らは，戦後，日本の自動車・家電製品でのマーケティング移転の歴史を踏まえたうえで，以下のように日本のマーケティング移転に関する発展プロセスを説明している（図5-2を参照）[47]。

①採用と模倣の時代（1950年代～1960年代半ば）：アメリカから先駆的日本企業がマーケティング技術を移転しはじめた1950年代を第1段階とし，マーケティング技術の「採用と模倣」（Adopt & Imitate）としている。日本へマーケティングの概念が最初に導入されたのは，1956年であるといわれている。つまり，1955年9月に日本生産性本部が主催し，石坂泰三氏（当時東芝社長）が団長になってアメリカへ視察旅行をした。また，翌年（1956年）に，日本のマーケティング専門の視察団がアメリカに渡ってマーケティング概念を持ち帰り，さまざまな産業においてマーケティングのノウハウが導入されはじめた[48]。この時期では，製品の製造技術と商品の販売に関する基本的マーケティング技術，とくに広告やプロモーション活動などが導入された[49]としている。

②応用と革新の時代（1960年代半ば～1980年代以前）：第2段階は，アメリカから習得したマーケティングの技術を日本市場と消費者のニーズに合わせて修正し適応していく「応用と革新」（Adapt & Innovate）であるとしている。例えば，日本的マーケティング革新の特徴としては，① 製品のフルライン化，② 絶え間のない製品改良と性能向上（小型化，高性能化），③ 販売ネットワークの整備（流通系列化）があげられる[50]としている。

図5-2 マーケティング技術の移転

		製品	プログラム	プロセス	ピープル	マーケティング・インフラストラクチャー			製品	プログラム	プロセス	ピープル
日本企業による移転	採用と模倣					(4) グローバルなブランド文化の発展度合	日本企業による移転	標準化				
	応用と革新	（内なるAI移転）				(3) マーケティング文化の発展度合		適応化	（外なるSAL移転）			
	習熟と創発							現地化				
		製品	プログラム	プロセス	ピープル	(2) 経済・物質文化の発展度合			製品	プログラム	プロセス	ピープル
外国企業による移転	標準化						外国企業による移転	採用と模倣				
	適応化	（内なるSAL移転）				(1) 社会・精神文化の発展度合		応用と革新	（外なるAI移転）			
	現地化							習熟と創発				

（上部見出し：外国から日本への移転（内なるGlobalization）／日本から外国への移転（外なるGlobalization））

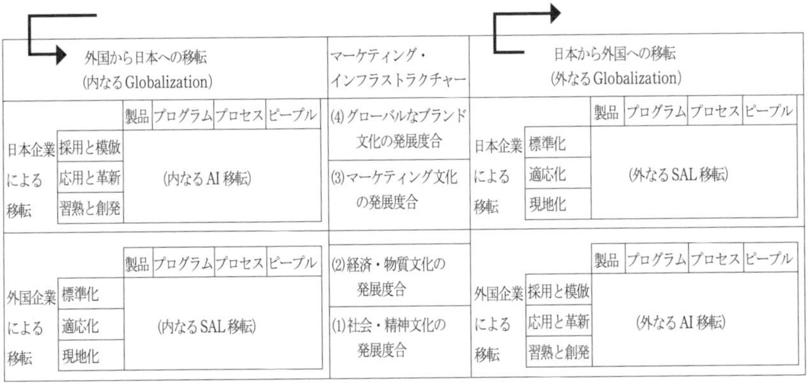

出所：小川孔輔，林廣茂「米日間でのマーケティング技術の移転のモデル」『マーケティング・ジャーナル』日本マーケティング協会，1997年，67ページ。

③習熟と創発の時代（1980年代後半から）：第3段階は「習熟と創発」(Adept & Invent) であるとしている。つまり，日本企業が国内市場に向けて開発した技術や製品づくりのノウハウは，1980年代に入ると海外でも受け入れられ，普遍的ノウハウとして世界中で新しいビジネスを生み出していったとしている。新しい製品分野に応用された技術は，欧米から日本に移転された要素技術である。導入された技術を組み合わせて統合する日本的マーケティング，いわば「技術を応用する技術」ないし「ノウハウを応用するノウハウ」は，日本人の発想から生まれたアイデアであり，日本独特のノウハウである[51]としている。

すなわち，日本におけるマーケティングの移転プロセスは，最初は欧米諸先進国からのAI移転であり，その後，日本の環境に適応した日本独特のマーケティング・ノウハウがアジア諸国に移転しており（SAL移転），むしろ初期段階においてそれを導入した欧米へ逆に移転する傾向さえもみられるようになってきている。

以上，Kackerの見解から言えば，日本における初期のコンビニエンスストアの移転（60年代）は，アメリカのコンビニエンスストアと公式的協議

を行わず，海外視察や小売業セミナーや小売業者大会などによる非計画的移転が主とした移転プロセスであったのに対して，1970年代のサウスランド社とイトーヨーカ堂との業務提携が契機となり，日本におけるコンビニエンスストアの移転プロセスは計画的移転プロセスへと移行してきたといえる。一方，韓国と中国においては，1980年代後半に入ってから，アメリカと日本のコンビニエンスストアとの海外直接投資，マネジメント契約，ジョイント・ベンチャー，フランチャイジングなどといった計画的移転のプロセスを通じて移転されたといえる。

一方，小川・林氏の見解から言えば，日本におけるコンビニエンスストアの移転は，初期の1950年代〜1960年代半ばには先駆的日本のコンビニエンスストアがそのノウハウをアメリカから移転し，「採用と模倣」(Adopt & Imitate) を試みた AI 移転であったといえる。しかしながら，1960年代半ば〜1980年代以前にはアメリカから習得したコンビニエンスストアの小売ノウハウを日本市場と消費者のニーズに合わせて修正し適応していく「応用と革新」(Adapt & Innovate) の段階であったといえる。その後，1980年代後半に入ってからは「習熟と創発」(Adept & Invent) の段階を経て，日本型コンビニエンスストアは欧米地域のみならず，韓国と中国などのアジア小売市場においてもその小売ノウハウが SAL 移転されたといえる。とくに韓国においては，日本とアメリカからのコンビニエンスストアの SAL 移転がほとんどであったが，導入期から成長期に入ってからは日本型コンビニエンスストアが顕著となった。しかし，コンビニエンスストア市場それ自体が未だに成熟の段階にまで至っていないのが，現状である。中国においては，ほとんど日本のコンビニエンスストアからの SAL 移転であり，現在導入期であるといえる。

第5節　韓国と中国における日本型コンビニエンスストアの海外移転と戦略

以上では，日本型コンビニエンスストアの展開をはじめ，韓国と中国にお

第5節 韓国と中国における日本型コンビニエンスストアの海外移転と戦略　149

ける日本型コンビニエンスストアの移転プロセスについて理論的に検討した。以下では，すでに筆者が提示した「小売ノウハウの海外移転に関するモデル」（第3章）と，「韓国と中国における小売ノウハウの海外移転に関するアンケート調査の結果」（第4章）を踏まえながら，韓国と中国における日本型コンビニエンスストアの小売ノウハウ移転の特徴について検討する。

1．日本型コンビニエンスストアの海外移転モデルの概要

すでに筆者が提示した小売ノウハウの海外移転モデルから言えば，日本型コンビニエンスストアの移転は，「技術依存型」・「管理依存型」小売ノウハウの海外移転と，それらを規定する三つの決定要因との間には，例外もあるが，トレード・オフの関係が成立する。具体的に言えば，日本型コンビニエンスストアの小売ノウハウの移転は，移転対象となる小売ノウハウがペーパーにマニュアル化可能なのか不可能なのかの要因を横軸とし，それを規定する要因の依存度合を縦軸にとると，それらの移転のプロセスが異なる。つまり，日本型コンビニエンスストアが直面する移転は，同平面空間において，Ⅰ空間（不完全適用プロセス），Ⅱ空間（適応プロセス），Ⅲ空間（不完全適応プロセス），Ⅳ空間（適用プロセス）という四つのサブ空間が出来上がる[52]。

それらの諸要素を規定する三つの要因は，「文化構造」，「経済過程」，「企業内外の諸『組織』」である。ここでいう「技術依存型小売ノウハウ」とは，物的技術と関連する機械・店舗設備などの店舗オペレーションに関する小売ノウハウ全般のことである。それに対して，「管理依存型小売ノウハウ」とは企業内外情報を手がかりに，それに経営理念やマーケティング政策・戦略を反映させる形で樹立するマーチャンダイジングなどは技術者や経営者などに内在化されている小売ノウハウ全般のことである。つまり，移転対象となる小売ノウハウが技術依存的性質を有すれば有するほど，それらはマニュアル化もしくはプログラム化しやすくなる。それゆえ，各国の小売ノウハウ間の類似性が高くなり，いわば適用の移転（適用化）である。逆に言えば，移転対象となる小売ノウハウが管理依存的性質を有すれば有するほど，それら

は技術者や経営者などに内在化されており，マニュアル化もしくはプログラム化が困難になる。その結果，各国の小売ノウハウ間の類似度が低くなり，異質性として現れる。つまり，適応の移転（適応化）である。

2．韓国と中国における日本型コンビニエンスストアの移転と戦略
⑴　コンビニエンスストアの小売ノウハウの類似度と移転（適用・適応化）関係

コンビニエンスストアにおける小売ノウハウの類似度とそれらを規定する決定要因の依存度合については，それらが駆使している小売ノウハウを大きく10項目として分類し，韓国と中国の両国における現地のコンビニエンスストアを対象にアンケート・インタビュー調査を行い，7尺度によって測定した（詳しいことは第4章を参照）。ここでいう小売ノウハウの類似度とは，コンビニエンスストアにおける日本と韓国・中国間の事業展開のギャップ（隔たり）を表す度合である。つまり，各国の小売ノウハウ間の数値が低ければ低いほど類似度が高く，いわば各国の小売ノウハウの間ではそれらの異質性（ギャップ）が低くなる。それは，小売ノウハウの海外移転モデルから言えば，韓国と中国において，日本型コンビニエンスストアがそのまま持ち込まれ，いわば「適用」の移転プロセスによるものであるといえる。

しかし，各国の小売ノウハウ間の数値が高ければ高いほど類似性が低く，いわゆる各国の小売ノウハウ間の異質性が強くなる。その理由は，小売ノウハウの海外移転モデルから言えば，韓国と中国において，小売ノウハウを規定する三つの決定要因（「文化構造」・「経済過程」・「企業内外の諸『組織』」）によってさまざまな制約を受け，修正させたりすることによって，日本型コンビニエンスストアがそのまま持ち込まれず，「適応」の移転プロセスによるものであるといえる。ちなみに類似度の平均値は4.0（どちらでもない）である（表5-9を参照）。

小売ノウハウを規定する決定要因の依存度合については，各項目の数値化が非常に困難であるため，小売ノウハウの35項目のうちペーパーにマニュアル化・図示化し，かつコンピュータにプログラム化しやすいと思われる項目を七つ選定してもらい，その難易度によって7点尺度として測定し，数値

第5節　韓国と中国における日本型コンビニエンスストアの海外移転と戦略　151

化したものである（表5-10を参照）。

　韓国と中国におけるコンビニエンスストアの類似度を総平均した値（総平均値）*）からみる（表5-11を参照）と，小売ノウハウの類似度が4.0（平均）以下であった項目としては，1）社名（2.0），3）経営理念（2.5），4）店舗関連（3.9），6）販売関連（3.9），8）保管・物流関連（3.5），10）情報システム関連（3.3）があげられる。つまり，これらの項目は類似性の高い（適用度の高い）小売ノウハウである。それに対して，小売ノウハウの類似度が4.0以上であった項目としては，2）ユニフォーム（4.7），5）マーチャンダイジング関連（4.2），7）教育関連（4.4），9）文化事業関連（5.3）があげられる。つまり，これらの項目は類似度（適用度）の低い小売ノウハウであり，いわゆる異質性が高い。換言すると，現地小売環境において何らかの制約を受け，修正を加えられたことである（適応化）。

　また，韓国と中国との比較の視点から言えば，類似度が韓国より中国の方が高い小売ノウハウの項目は，1）社名（韓3.0，中1.0），2）ユニフォーム（韓5.3，中4.0），3）経営理念（韓3.0，中2.0），6）販売関連（韓4.2，中3.5），7）教育関連（韓5.0，中3.8），10）情報システム関連（韓4.1，中2.5）である。それに対して，類似度が中国より韓国の方が高い小売ノウハウの項目は，4）店舗関連（韓3.4，中4.3），5）マーチャンダイジング関連（韓3.5，中4.5），8）保管・物流関連（韓3.3，中3.8）である。ちなみに9）文化事業関連の小売ノウハウでは両国ともに5.3である。

　これらの小売ノウハウのうち，韓国においては1）社名，3）経営理念，4）店舗関連，5）マーチャンダイジング関連，8）保管・物流関連の小売ノウハウの類似度が4.0以下であるのに対して，中国においては1）社名，3）経営理念，6）販売関連，7）教育関連，8）保管・物流関連，10）情報システム関連の小売ノウハウの類似度が4.0以下である。しかし，小売ノウハウの類似度が4.0以上である項目として，韓国では2）ユニフォーム，6）販売関連，7）教育関連，9）文化事業関連，10）情報システム関連の

＊　総平均値とは，韓国と中国におけるコンビニエンスストアの小売ノウハウの類似度をそれぞれ平均にした値から，さらに両国を合算し平均にした値である。

表5-9 韓国と中国におけるコンビニエンスストアの類似度（マニュアル化の度合）

	韓国と中国におけるコンビニエンスストア（CVS）の類似度		
	韓国CVSの平均値	中国CVSの平均値	韓中の総平均
1．社名	3.0	1.0	2.0
2．ユニフォーム	5.3	4.0	4.7
3．経営理念	3.0	2.0	2.5
4．店舗関連の小売ノウハウ	3.4	4.3	3.9
①立地選択の基準	4.3	6.0	5.2
②店舗設計	3.0	4.5	3.8
③ゾーニング	2.3	4.0	3.2
④内装・装飾	3.3	3.5	3.4
⑤サイン計画	2.3	4.5	3.4
⑥什器デザイン	4.3	4.5	4.4
⑦冷蔵・冷凍設備	4.3	3.0	3.7
5．マーチャンダイジング関連の小売ノウハウ	3.5	4.9	4.2
①商品開発・メーカー	3.3	6.0	4.7
②商品選定	3.3	5.5	4.4
③取引ルール	4.0	6.0	5.0
④仕入手法	4.0	5.5	4.8
⑤値決め手法	4.3	4.5	4.4
⑥品揃えの範囲と内容	2.3	4.5	3.4
⑦プリパッケージング	4.3	3.5	3.9
⑧ストアレイアウト	2.3	3.5	2.9
6．販売関連の小売ノウハウ	4.2	3.5	3.9
①ディスプレイ	3.3	3.0	3.2
②販売イベント	5.7	5.5	5.6
③広告方法	5.3	5.5	5.4
④接客	3.0	2.0	2.5
⑤アフターサービス	3.7	1.5	2.6
7．教育関連の小売ノウハウ	5.0	3.8	4.4
①人材開発	5.0	4.5	4.8
②社員の教育訓練	5.0	3.0	4.0
8．保管・物流関連の小売ノウハウ	3.3	3.8	3.5
①在庫管理	3.3	7.0	5.2
②商品配送	3.3	2.5	2.9
③チェックアウト	3.3	1.0	2.2
④商品補充	3.0	1.0	2.0
9．文化事業関連の小売ノウハウ	5.3	5.3	5.3
①文化イベント	5.0	5.0	5.0
②文化教室	5.7	5.5	5.6
10．情報システム関連の小売ノウハウ	4.1	2.5	3.3
①POSシステム	3.7	2.5	3.1
②POSシステムの運営程度	4.0	3.0	3.5
③公共料金収納代行サービス	4.7	2.0	3.3

第5節 韓国と中国における日本型コンビニエンスストアの海外移転と戦略　153

表5-10 小売ノウハウを規定する決定要因の依存度合

小売ノウハウの項目	小売ノウハウを規定する決定要因の依存度合
1）店舗関連の小売ノウハウ	
①立地選択の基準	4
②店舗設計	1
③ゾーニング	4
④内装・装飾	3
⑤サイン計画	2
⑥什器デザイン	3
⑦冷蔵・冷凍設備	3
2）マーチャンダイジング関連の小売ノウハウ	
①商品開発・メーカー	4
②商品選定	3
③取引ルール	7
④仕入手法	6
⑤値決め手法	6
⑥品揃えの範囲と内容	4
⑦プリパッケージング	5
⑧ストアレイアウト	1
3）販売関連の小売ノウハウ	
①ディスプレイ	2
②販売イベント	7
③広告方法	7
④接客	2
⑤アフターサービス	3
4）教育関連の小売ノウハウ	
①人材開発	5
②社員の教育訓練	1
5）保管・物流関連の小売ノウハウ	
①在庫管理	3
②商品配送	6
③チェックアウト	4
④商品補充	6
6）文化事業関連の小売ノウハウ	
①文化イベント	5
②文化教室	4
7）情報システム関連の小売ノウハウ	
①POSシステム	6
②POSシステムの運営程度	5
③公共料金収納代行サービス	6

小売ノウハウであるが，中国では2）ユニフォームが平均値（4.0）であるものの，5）マーチャンダイジング関連と9）文化事業関連の小売ノウハウ

があげられる。

　以上のように，韓国と中国における小売ノウハウ間の類似度の格差が生じた理由としては，「小売ノウハウの海外移転モデル」から言えば，第1に，その移転対象となる小売ノウハウが「技術依存型」なのか「管理依存型」なのかによって異なることである。第2に，移転対象となる小売ノウハウがそれらを規定する三つの決定要因（「文化構造」・「経済過程」・「企業内外の諸『組織』」）に対してどの程度影響を受けるかによっても，各国の小売ノウハウの移転の格差が生じたりするからである。

　「技術依存型小売ノウハウ」は機械そのものであったり，人間と機械の関係に依存しており，どちらかというとその国の技術レベルに関係しても，その国の人々の文化（価値）からは比較的中立的であるため，これらの諸要素はペーパーにマニュアル化され図示化されることができる技術であり，かつコンピュータにプログラム化できる技法である。それゆえ，これらの諸要素は類似度が高くなる。しかし，「管理依存型小売ノウハウ」は企業内外情報を手がかりに，それに経営理念やマーケティング政策・戦略を反映させる形で樹立するマーチャンダイジングなどは技術者や経営者などに内在化されていることが多い。つまり，人間と機械の関係だけでなく人間と人間の関係に強く依存しており，マニュアル化もしくはプログラム化が困難となり，類似度が低くなる。その結果，各国の小売ノウハウ間の類似性が顕著となり，異質性として現れる。

(2) コンビニエンスストアの小売ノウハウの移転分布

　以下においては，「小売ノウハウの海外移転モデル」に基づいて韓国と中国における日本型コンビニエンスストアの小売ノウハウの移転について具体的に検討するが，分析の枠組みは移転対象となる小売ノウハウがペーパーにマニュアル化可能なのか不可能なのかの度合（7尺度）（表5-9を参照）を横軸に，それらを規定する決定要因の依存度合（7尺度）（表5-10を参照）を縦軸にとり，四つの空間において小売ノウハウを移転分布図として位置づける。移転分布図を作成するにあたっては，同平面図において韓国と中国の小売ノウハウを同時に位置づけているが，①～⑧は韓国の小売ノウハウを，

ⓐ～ⓗは中国の小売ノウハウを指す。

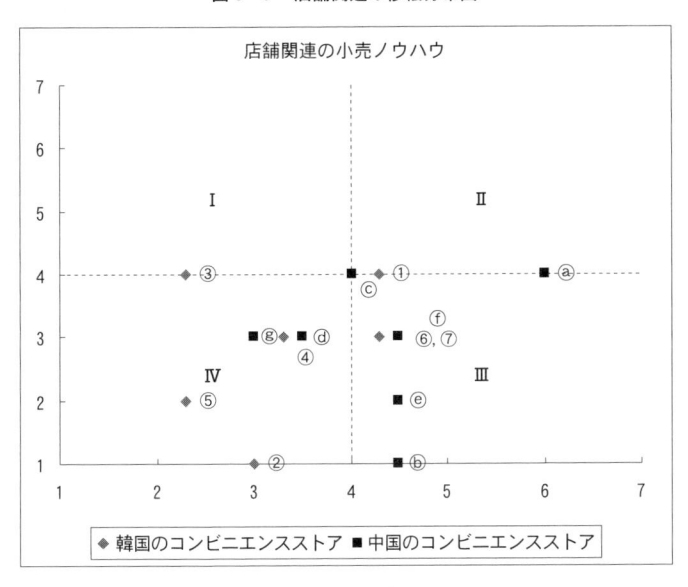

図5-3　店舗関連の移転分布図

店舗関連の小売ノウハウ

◆ 韓国のコンビニエンスストア　■ 中国のコンビニエンスストア

　コンビニエンスストアの小売ノウハウのうち，まず「店舗関連」からみていくが，あらかじめ要点を述べると，店舗関連では，それらを規定する決定要因に対して依存度合が比較的低いため，韓国と中国との間には若干の差異があるものの，ほとんどの項目は適用プロセスの「Ⅳ空間」または不完全適応プロセスの「Ⅲ空間」に属している。具体的に言えば，「Ⅳ空間」に属する小売ノウハウには，韓国では②店舗設計，③ゾーニング，④内装・装飾，⑤サイン計画が，中国ではⓓ内装・装飾，ⓖ冷蔵・冷凍設備が含まれ，全体的に適用度が高い。これらの項目の特徴は，ペーパーにマニュアル化またはコンピュータにプログラム化が比較的容易な小売ノウハウであるといえる。それに対して，「Ⅲ空間」に属する小売ノウハウには，韓国では①立地選定の基準，⑥什器デザイン，⑦冷蔵・冷凍設備が，中国ではⓐ立地選定の基準，ⓑ店舗設計，ⓔサイン計画，ⓕ什器デザインが含まれる。つまり，これらの項目の特徴は，ペーパーにマニュアル化またはコンピュータ

156　第5章　東アジアにおけるコンビニエンスストアのグローバル競争と戦略・移転

にプログラム化が比較的困難な小売ノウハウであるといえる（図5-3を参照）。つまり，店舗関連の小売ノウハウにおいて，韓国と中国との間に若干の差異が生じている理由としては，移転対象となる小売ノウハウのマニュアル化またはプログラム化の度合によるものと考えられる。

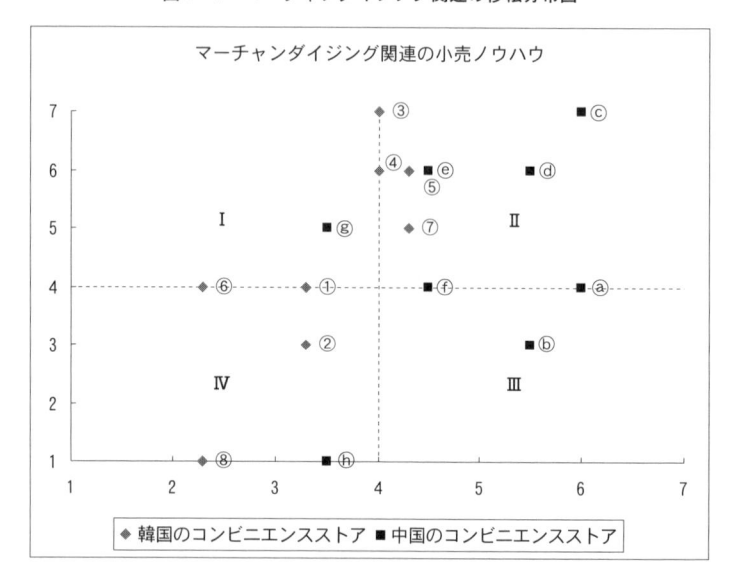

図5-4　マーチャンダイジング関連の移転分布図

[図：マーチャンダイジング関連の小売ノウハウの移転分布図。横軸1〜7、縦軸1〜7。韓国のコンビニエンスストア（◆）と中国のコンビニエンスストア（■）をプロット。四つの空間I・II・III・IVに区分されている。]

また，図5-4のマーチャンダイジング関連の移転分布図からもみられるように，これらの小売ノウハウ移転の特徴としては，店舗関連の小売ノウハウとは違い，移転対象となる小売ノウハウのマニュアル化・プログラム化の度合とそれらを規定する決定要因の依存度合が多様であるために，四つの空間において各項目の小売ノウハウが比較的散見される傾向がある。しかし，韓国と中国との比較の視点から言えば，韓国では適用の移転プロセスの傾向が強く，中国では適応の移転プロセスの傾向があるといえる。詳しく言えば，「IV空間」（適用プロセス）に属する小売ノウハウには，中国ではⓗストアレイアウトのみであるが，韓国では①商品開発・メーカー，②商品選定，⑥品揃えの範囲と内容，⑧ストアレイアウトが含まれ，全体的に適用

第5節　韓国と中国における日本型コンビニエンスストアの海外移転と戦略　157

度が高い。しかし，韓国では ① と ⑥ の決定要因の依存度合が中立的である。一方，中国では，⑧ プリパッケージングはそれを規定する決定要因に対して強く依存し，「Ⅰ空間」の部分的適用プロセスの移転であるといえる。それに対して，韓国では ⑤ 値決め手法と ⑦ プリパッケージングが，中国では ⓒ 取引ルール，ⓓ 仕入手法，ⓔ 値決め手法が「Ⅱ空間」に属し，いわば適応プロセスの移転である。つまり，これらの小売ノウハウは，ペーパーにマニュアル化またはコンピュータにプログラム化の可能性が低く，かつそれらを規定する決定要因の依存度合が高い傾向にある。しかし，中国では，ⓑ 商品選定のみは，マニュアル化またはプログラム化が困難であるが，それらを規定する決定要因の依存度合が比較的低い「Ⅲ空間」に属している。ちなみに，中国における ⓐ 商品開発・メーカーと ⓕ 品揃えの範囲と内容は，マニュアル化またはプログラム化の度合が比較的高いが，それらを規定する決定要因の依存度合が中立的である。韓国における ③ 取引ルールと ④ 仕入手法は，それらを規定する決定要因の依存度合が高いが，それらのマニュアル化またはプログラム化の度合が中立的である。

　韓国と中国のコンビニエンスストアにおける「販売関連」の小売ノウハウの移転の特徴としては図5-5に示されているように，「Ⅱ空間」と「Ⅳ空間」とに二極化されていることがあげられる。詳しく言えば，販売関連の小売ノウハウのうち，②ⓑ 販売イベントと③ⓒ 広告方法は両国ともに適応プロセスの「Ⅱ空間」に属しており，ペーパーにマニュアル化またはコンピュータにプログラム化が難しく，かつそれらを規定する決定要因の依存度合も高い。しかし，①ⓐ ディスプレイ，④ⓓ 接客，⑤ⓔ 商品補充については両国ともに，ペーパーにマニュアル化またはコンピュータにプログラム化が比較的しやすく，かつそれらを規定する決定要因の依存が比較的低い適用プロセスの「Ⅳ空間」に属している。

　つぎに，「教育関連」の小売ノウハウの移転においては，①ⓐ 人材開発は韓国と中国ともに適応プロセスの「Ⅱ空間」に属しており，この項目はマニュアル化・プログラム化が難しく，さらにそれらを規定する決定要因の依存度合が高いため，日本との格差が顕著であるといえる。しかし，② 社員

158　第5章　東アジアにおけるコンビニエンスストアのグローバル競争と戦略・移転

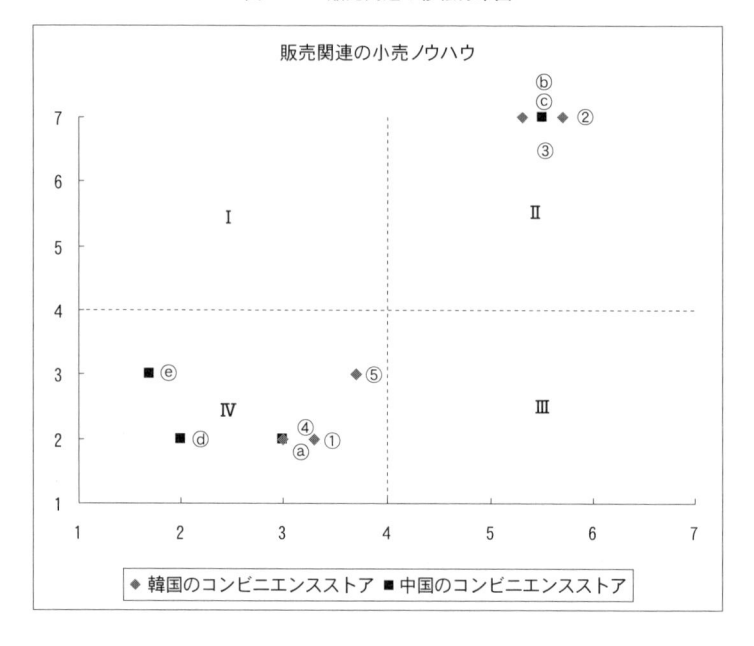

図5-5　販売関連の移転分布図

販売関連の小売ノウハウ

（縦軸：1〜7、横軸：1〜7の散布図）

- I 空間、II 空間、III 空間、IV 空間に区分
- II 空間：ⓑ、ⓒ、②（約(5.5, 7)付近）、③（約(5.5, 6.8)）
- IV 空間：ⓔ（約(2, 3)）、⑤（約(3.7, 3)）、ⓓ（約(2, 2)）、④、ⓐ、①（約(3, 2)付近）

◆ 韓国のコンビニエンスストア　■ 中国のコンビニエンスストア

の教育訓練は，全体的にそれを規定する決定要因の依存度合が極めて低いが，韓国は「IV空間」に，中国は「III空間」に属しており，両国の間ではマニュアル化・プログラム化の度合によって移転のプロセスが異なっている（図5-6を参照）。

「保管・物流関連」の小売ノウハウの移転の特徴としては，中国でのⓐ在庫管理（「III空間」）の項目を除くと，全体的に適用度が高いが，それらを規定する決定要因の依存度合が比較的高いため，この項目は「I空間」または「IV空間」に属することがあげられる。韓国では，① 在庫管理は適用プロセスの「IV空間」に，② 商品配送，③ チェックアウト，④ 商品補充は部分的適用プロセスの「I空間」に属しており，それらを規定する決定要因の依存度合によって移転プロセスが異なる。また，中国においても，ⓑ 商品配送，ⓒ チェックアウト，ⓓ 商品補充は「I空間」に属しており，それらを規定する決定要因の依存度合が比較的高いといえよう（図5-7を参

第5節　韓国と中国における日本型コンビニエンスストアの海外移転と戦略　159

図5-6　教育関連の移転分布図

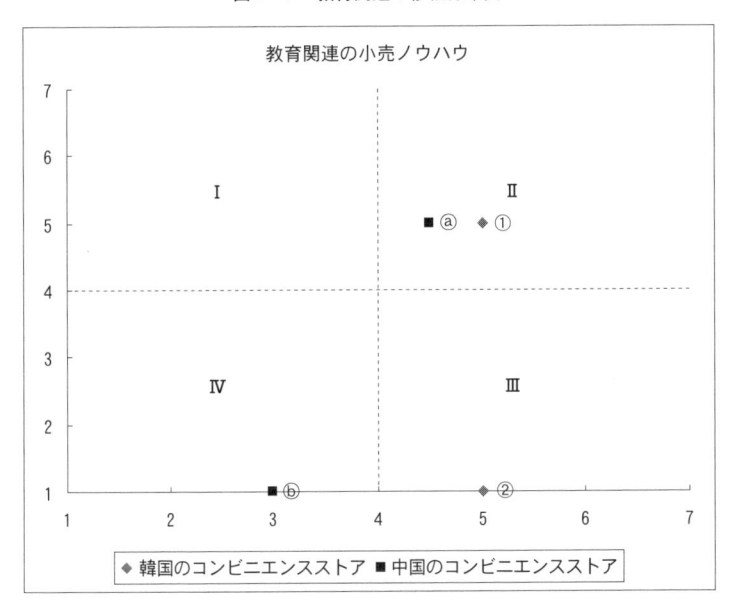

図5-7　保管・物流関連の移転分布図

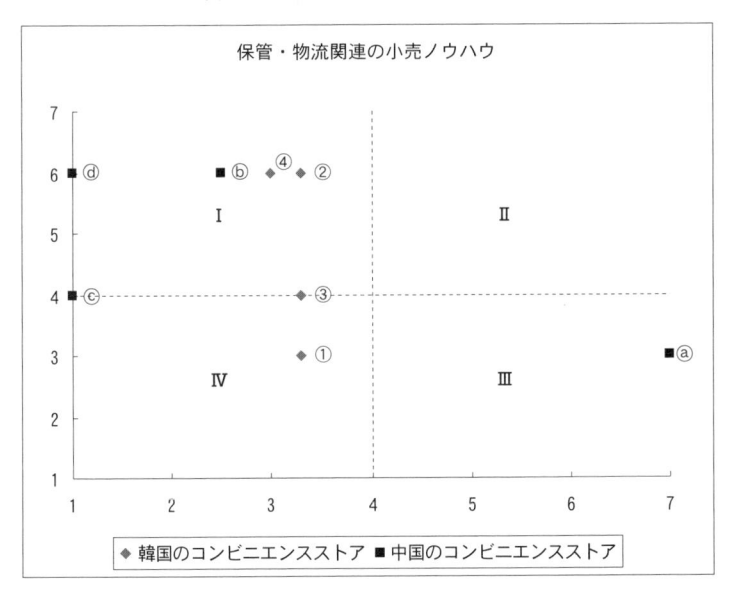

照)。

　さらに,「文化事業関連」の小売ノウハウの移転においては図5-8に示されているように,他の小売ノウハウの移転とは違い,全体的に適応プロセスの「Ⅱ空間」に収斂化していることが,その特徴である。両国ともに,②ⓑ文化教室はそれらを規定する決定要因に対して依存度合が中立的であるが,①ⓐ文化イベントは「Ⅱ空間」に属し,日本との格差が最も大きい小売ノウハウの一つであるといえる。このような格差が生じた理由としては,高橋由明教授[53]のいう経営管理方式を決定する三つの要因のうち,とくに文化構造によるものである。つまり,文化的構造はある時代のある国の個々人の思考・行動様式,すなわち生活目的・目標,価値体系,社会的格付,行動基準の型のみならず,さらにそのほかに文化そのものを構成するといえるその国の宗教,政治,法律,教育といった各制度によって形づくられたものであるからである。

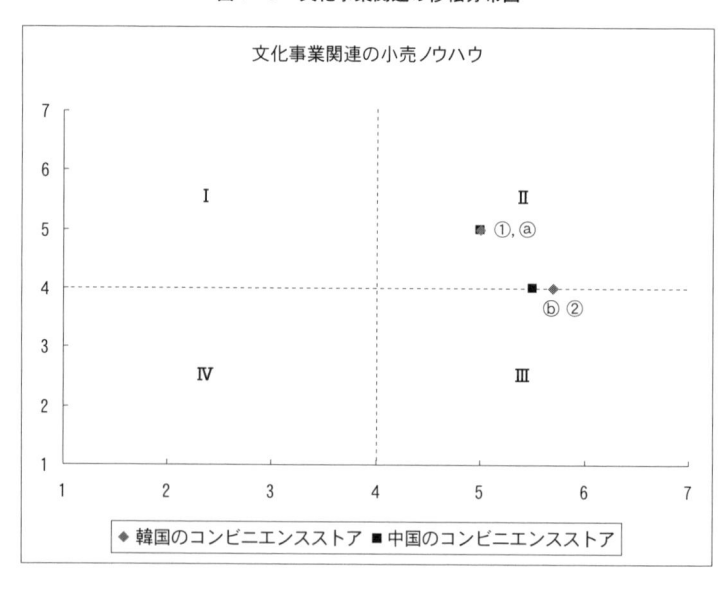

図5-8　文化事業関連の移転分布図

文化事業関連の小売ノウハウ

◆ 韓国のコンビニエンスストア　■ 中国のコンビニエンスストア

第5節　韓国と中国における日本型コンビニエンスストアの海外移転と戦略　161

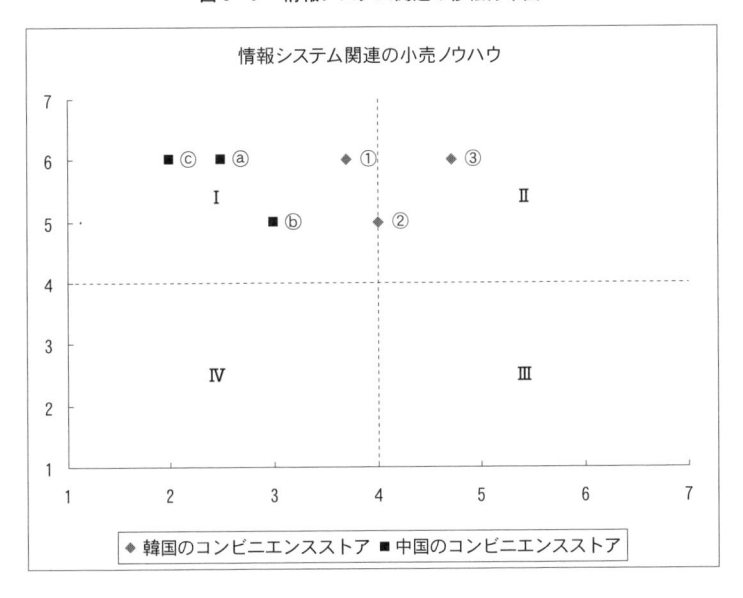

図5-9　情報システム関連の移転分布図

情報システム関連の小売ノウハウ

◆ 韓国のコンビニエンスストア　■ 中国のコンビニエンスストア

　最後に，韓国と中国のコンビニエンスストアにおける「情報システム関連」の小売ノウハウの移転は図5-9に示されているように，店舗関連の小売ノウハウとは異なり，全体的にそれらを規定する決定要因の依存度合が高いため，いずれも「Ⅰ空間」または「Ⅱ空間」に属していることが，その特徴である。つまり，両国の間の移転の格差は移転対象となる小売ノウハウのマニュアル化・プログラム化の度合によって生じたといえる。具体的に言えば，韓国では，① POSシステムは部分的適用プロセスの「Ⅰ空間」に属しているが，② POSシステムの運営程度と ③ 公共料金収納代行サービスは「Ⅱ空間」に含まれ，適応プロセスの移転である。しかし，中国では情報関連の諸項目は「Ⅰ空間」に属しており，移転の傾向が部分的適用プロセスであるといえる。

　小売ノウハウの海外移転モデルと本書の4章での実証研究の結果に基づいて検討すると，日本型コンビニエンスストアの移転は「技術依存型小売ノウハウ」・「管理依存型小売ノウハウ」の海外移転と，移転対象となる小売ノウ

ハウを規定する三つの決定要因（文化構造，経済過程，企業内外諸組織）との間には，例外もあるが，トレード・オフの関係が成立するといえる。「技術依存型小売ノウハウ」は，ペーパーにマニュアル化され図示化されることができる，そしてコンピュータにプログラム化ができる技法である。それらの諸要素は，機械そのものであったり，人間と機械の関係に依存しており，その国の技術レベルに関係しても，その国の人々の文化（価値）からは比較的中立的である。いわゆる適用化（標準化）（Ⅰ空間またはⅣ空間）の移転プロセスを採ることになる。それに対して，「管理依存型小売ノウハウ」は，ほとんどの技法が人間に内在化されており，比較的マニュアル化やプログラム化ができない。それらの諸要素は，人間と機械の関係のみではなく，人間と人間の関係に依存する技法である。しかしながら，マニュアル化もしくはプログラム化しやすい諸要素であっても，その移転対象となる技術を規定する三つの要因（文化構造，経済過程，企業内外諸組織）との関係が深くなればなるほど移転の可能性が低くなる。いわゆる適応化（Ⅱ空間またはⅢ空間）の移転プロセスを採ることになる。

以上の視点から言うと，韓国と中国における日本型コンビニエンスストアの競争戦略の枠組みは，Ⅳ空間に属する小売ノウハウについては適用化戦略を採っているが，むしろⅡ空間に属する小売ノウハウについては適応化戦略を採っていることである。しかし，Ⅰ空間に属する小売ノウハウについては部分的適用化戦略を，Ⅲ空間に属する小売ノウハウについては部分的適応化戦略を採っているといえよう。

注

1) 川辺信雄『セブン-イレブンの経営史』有斐閣，1994年，26-42ページ。
2) 徳永　豊『アメリカの流通業の歴史を学ぶ』（第2版）中央経済社，1992年，181-199ページ。大韓商工会議所編『アメリカの流通産業』大韓商工会議所，1995年，147-148ページ（韓国語）。川辺信雄，前掲書，42-62ページ。
3) セブン-イレブン・ジャパン（http://www.sej.co.jp/oshiete/rekishi/rekishi01.html）
4) 川辺信雄『セブン-イレブンの経営史』，前掲書，42-62ページ。
国友隆一『一目で分かるコンビニ業界』日本実業出版社，2000年。
5) 金　顕哲『コンビニエンスストア業態の革新』有斐閣，2001年，19-23ページ。
川辺信雄「コンビニエンス・ストアの経営史―日本におけるコンビニエンス・ストアの30年」『早稲田商学』早稲田商学同攻会，第400号，2004年，1-59ページ。

6) 出家健治「コンビニエンス・ストアの成熟過程とその経営戦略」『熊本学園商学論集』第2巻第1号, 1995年, 73-96ページ。同氏は, アメリカ型コンビニエンスストアとは違い, ボランタリー方式のコンビニエンスストアは取扱品のうち生鮮品のウェイトが極めて高いことから, 日本型コンビニエンスストアと称している。
7) 金　顕哲, 前掲書, 17-19ページ。
8) 上掲書, 19-31ページ。
9) 金　亨洙「流通産業の国際マーケティング行動に関する考察―日・米・韓の流通の国際比較と小売企業の国際化・グローバル化を中心に―」(博士学位論文) 中央大学, 2000年, 328ページ。その他, 香港とシンガポールでは流通市場の自由化が1960年代に, 台湾では1986年に自由化された。
10) 金　亨洙「韓国の流通産業の国際化と国際マーケティング戦略―小売企業のグローバル・マーケティング戦略を念頭において―」久留米大学商学会編『久留米大学商学研究』第7巻2号, 2001年, 21-52ページ。
11) 流通開放対策委員『流通産業開放の評価と展望』商工会議所, 1992年, 6-14ページ (原文は韓国語である)。
12) 大韓商工会議所『流通産業の発展戦略』同商工会議所, 1997年, 106ページ。
13) 鄭　月順「韓国の流通規制緩和と日本小売業の韓国進出」日本流通学会編『流通』No.14, 2001年, 128ページ。
14) 上掲誌, 129ページ。
15) 大久保孝『韓国の流通産業』産能大学, 1992年, 68-71ページ。
16) 林　英均「韓国の割引店とコンビニエンスストア」関根　孝・オセジョ編著『日韓小売業の新展開』千倉書房, 2003年, 290-291ページ。
17) 日本経済新聞社編『コンビニエンスストア』日本経済新聞社, 1975年, 62ページ。
18) 田島義博・宮下正房編『流通の国際比較』有斐閣, 1985年, 67ページ。
19) 通商産業大臣官房調査統計部編『商業統計速報 (卸・小売業)』通商産業調査部, 1995年, 8ページ。
20) 川辺信雄, 前掲書, 14ページ。
21) 韓国百貨店協会編『流通経済ハンドブック』韓国百貨店協会, 1997年, 593-594ページ。
22) 韓国マーケティング研究院編『経営とマーケティング』韓国マーケティング研究院, 1990年, 66ページ。
23) 流通経済研究所『アメリカ流通概要資料集2005年』流通経済研究所, 2005年, 137ページ。
24) 上掲書, 137-141ページ。
25) しかし, ある統計においては, コンビニエンスストアが4万店を超えるようになったのは1991年 (41,848店) からである。
26) 関根　孝「小売業の発展動向」関根　孝・オセジョ編『日韓小売業の新展開』千倉書房, 2003年, 75-76ページ。
27) 日経MJ (流通新聞) 編『日経MJ　流通経済の手引 (2004)』日本経済新聞社, 2003年, 35ページ。
28) 方軍愛「上海におけるコンビニエンスストアの現状」『上海経済交流』No.50, 2000年。
29) 黄　江明「中国コンビニエンスストアの成長と消費者の評価」矢作敏行『中国・アジアの小売業革新』日本経済新聞社, 2003年, 93-113ページ。
30) 上掲書, 96ページ。
31) 上掲書, 96ページ。
32) 詳しいことは以下の論文を参照されたい。出家健治, 前掲誌, 73-96ページ。川辺信雄「コ

ンビニエンス・ストアの経営史―日本におけるコンビニエンス・ストアの30年―」『早稲田商学』第400号，早稲田商学同攻会，2004年，1-59ページ。
33) 出家氏は，日本型コンビニエンスストアはボランタリー方式による事業展開と生鮮品のウェートが高いことであるのに対して，アメリカ型コンビニエンスストアはフランチャイズ方式による事業展開とファストフードのウェートが高いとしている。
34) 金　顕哲，前掲書，23ページ。
35) 上掲書，27ページ。
36) 出家健治，前掲誌，83-90ページ。金　顕哲，前掲書，26-27ページ。
37) 出家健治，前掲誌，79-81ページ。
38) 関根　孝・オセジョ編著『日韓小売業の新展開』千倉書房，2003年，1ページ（まえがき）。
39) 金　顕哲，前掲書，18ページ。
40) 小川孔輔・林　廣茂「米日間でのマーケティング技術の移転のモデル」『マーケティング・ジャーナル』日本マーケティング協会，1997年，4-21ページ。
41) Kacker, Madhav, "International Flow of Retailing know-how : Bridging the Technological Gap in Distribution", *Journal of Retailing,* Vol.64, No.1, spring 1988, pp. 41-60.
42) 小川孔輔・林　廣茂，前掲誌，6ページ。
43) 上掲誌，6-8ページ。
44) AI移転には，二つのケースがある。第1に，日本に進出した企業が，本国や第3国に日本のマーケティング技術をAI移転するケースである。第2に，NIESやASEAN諸国の企業のように，日本国内で活動しなくても，日本のマーケティング技術を学んで自国へAI移転するケースである。
45) 同氏らは，欧米の多国籍企業が欧米流の先行マーケティングを日本に移転するプロセスのことを，SAL移転と呼び，それは標準化（Standardize），適応化（Locally Adapt），現地化（Localize）の頭文字である。その事例として，コカ・コーラ，P&G，マクドナルドなどが挙げられる。
46) 小川孔輔・林　廣茂，前掲誌，8ページ。
47) 上掲誌，7-8ページ。
48) 詳しいことは，日本マーケティング協会編「特集：マーケティング30年の光と影」『マーケティング・ジャーナル』26号，1987年を参照。
49) 森川英正他『日本経営史5：高度成長を超えて』岩波書店，1995年。前掲誌，7ページから再引用。
50) 伊丹敬之他『競争と革新：自動車産業の企業成長』東洋経済新報社，1988年。大道康則『家電』日本経済新聞社，1993年。下川浩一『自動車』日本経済新聞社，1993年。小川孔輔・林　廣茂，前掲誌，7ページから再引用。
51) 伊丹敬之他，前掲書，88ページ。
52) 金　亨洙「海外小売企業における小売ノウハウ（技術）の移転可能性に関するモデル化―製造企業との比較の視点から―」久留米大学商学研究会編『久留米大学商学研究』第8巻2号，2002年，69-103ページ。
53) 高橋由明「標準化概念と経営管理方式の海外移転―移転論の一般化に向けての覚書」高橋由明・林　正樹・日高克平編著『経営管理方式の国際移転―可能性の現実的・理論的諸問題』中央大学出版部，2000年，273-314ページ。

第6章
東アジアにおけるディスカウントストアの
グローバル競争と戦略・移転

第1節　欧米型ディスカウントストアの成立と特徴

1．欧米型ディスカウントストアの成立と特徴

　アメリカにおいては，19世紀後半に近代的小売業態として百貨店が誕生したが，主にスチュアートやメーシーズが「幅広い品揃えや定価販売や近代的商法」などの新しい小売ノウハウ（技術）を海外小売市場から積極的に受け入れ，主として都市市場を中心に普及し発展を遂げてきた。その後，モンゴメリー・ワードやシアーズ・ローバックは「通信販売」の小売ノウハウを開発し，農村市場を中心に新しい小売業態として普及し発展を遂げた。20世紀に入ってからは，「チェーンストア」という小売ノウハウが開発され，各商品系列別に発展を遂げた。1930年代に入ってからは，そのうち食料品チェーンストアは食料品「スーパーマーケット」チェーンへと業態を転換し，食料品の低価格販売方式による小売ノウハウとしてスケールメリット追求型小売経営を営み，発展を遂げてきた[1]。これが，ディスカウントストアの誕生の契機になったといわれている。

　スーパーマーケットは食料品分野における「低価格・大量販売」という小売ノウハウとして事業展開をしているのに対して，ディスカウントストアは家電や家具などの非食品分野における「低価格・大量販売」という小売ノウハウとして「ローコスト・オペレーション」を行うところにその特徴がある。このような特徴をもつディスカウントストアは，アメリカ小売市場において，第二次世界大戦後最初の小売イノベーションとして登場したが，今日

でのディスカウントストアの概念とは若干異なる「ディスカウント・ハウス」であった。ディスカウント・ハウスの最初の誕生は，1948年にE. Ferkaufがニューヨークで旅行カバンを中心とした「E. J. コーベット」を開店した頃からであるといわれている。その後，1950年代半ばには，「SSDDS (Self Service Discount Department Store)」というフルライン化した「総合ディスカウントストア」が誕生し，ディスカウントストアは広く知られるようになり，多くの小売企業がディスカウントストア市場への市場参入を図った時代である。さらに1970年代後半に入ってから，アメリカのディスカウントストア市場においては，次々と新しいディスカウントストアが誕生し，ディスカウントストア型小売業態の分化が始まり，本格的成長段階を迎えた。

アメリカの小売産業においては，1980年代から1990年代にかけて，ディスカウントストアが急速な成長を遂げ，新たな変化が生じた。例えば，長年にわたってアメリカの小売産業の頂点にあったシアーズが，ディスカウントストアのウォルマートにその座を1990年に譲り渡したことであった。ウォルマートは，非食品分野において幅広い範囲の商品を扱う総合型ディスカウントストアであり，定期的に特売を行うのではなく，EDLP (Every Day Low Price) という小売ノウハウを用いてローコスト・オペレーションを行っている。さらに，総合型ディスカウントストアに食品中心のスーパーマーケットを結合した，スーパー・センターと呼ばれる新業態も登場し，ウォルマートもこの新業態にかなり出店している。これに対して，特定の商品カテゴリーに特化し，その中で低価格と圧倒的アソートメントを実現していくというのが，カテゴリー・キラーである。例えば，玩具のトイザらス，エレクトロニクス製品のサーキットシティやベストバイ，スポーツ用品のスポーツ・オーソリティなどがその事例である。このカテゴリー・キラーを主に集めたショッピングセンターはパワーセンターと呼ばれる。その他，会員制を原則に倉庫型店舗において低価格での卸売と小売を行うホールセール・クラブ，メーカーや百貨店の売れ残り品を廉価で販売するファクトリー・アウトレット，アパレルブランド品を中心に低価格販売を行うオフプライスス

トアなど，専門型ディスカウントストアの小売業態が成長してきた[2]。

このような総合型ディスカウントストアをはじめとするディスカウントストア型小売業態が1980年代後半に成長した背景[3]としては，1980年代のレーガン政権下での貧富の差の拡大やインフレの進行があげられる。また，親の世代よりも豊かな暮らしができるという確信がベビーブーマーの間で薄らいだこと，そして1980年代後半から1990年代初めの景気後退により消費者の価格意識が高まり，それが買物スタイルとして定着したことなどがあげられる。つまり，これらの市場環境要因が，ディスカウントストア型小売業態の成長を促したからである。それとともに，この市場環境の変化に対して，既存の小売業態が十分に対応できなかったからである。このような状況のなかで，新しいディスカウントストア型小売業態は，情報技術をはじめとするローコスト・オペレーションの小売ノウハウを駆使し，成長機会を追求したからである[4]。

つまり，アメリカのディスカウントストア市場は，ディスカウント・ハウスの第1段階から，第2段階の総合ディスカウントストアへ，さらに第3段階の独自の自主マーチャンダイジングを展開する現在のディスカウントストアという三つのプロセスを経て発展してきた。詳しく言えば，第1段階から第2段階においては，ディスカウントストアはメーカーの流通支配に対抗し，ゲリラ的廉価販売を展開しながらメーカー主導の標準小売価格への抵抗と流通支配力の抑制を通じて正規の流通チャネルへと参加し，新しい流通チャネルを構築しはじめた段階である。第3段階においては，正規の流通チャネルに参加したディスカウントストアが安定的廉価販売と独自性・差別性を目指してNBの仕入れ政策からPB商品開発による仕入れ政策へと転換した段階である[5]といえる。

2．ディスカウントストアの分類と機能

ディスカウントストア分類の仕方の基準はいろいろあるが，まず① 仕入方法での継続性やチェーンオペレーションの有無の分類では「ディスカウント・ハウス（DH）」と「ディスカウントストア（DS）」に分類し，② 取扱商

品の幅の分類では「総合型ディスカウントストア」と「専門型ディスカウントストア」に分類することができる。また，③売り方や小売経営方法の違い（業態）の分類では，有名ブランドの衣料品類を取り揃えて安売りする「オフ・プライス・ストア」，メーカーやリテーラーが在庫品やサイズ不揃いの商品などを安売りする「アウトレット」，会員制による廉売組織である「ホールセール・クラブ」，スーパーマーケットとディスカウントストアのコンセプトを組み合わせた「スーパー・センター」などに分類している。さらに，商業集積の分類では，「従来のショッピングセンター」と，ショッピングセンターの核店舗をカテゴリー・キラーで構成する「パワーセンター」とに分類することができる[6]。今日でのアメリカのディスカウントストア市場においては，低価格訴求の新しい小売ノウハウを駆使し，新しいディスカウントストア型小売業態が相次いで登場しており，さらに分化される方向にある。

しかし，ディスカウントストアの分類方法はさまざまであるが，それらを営む小売ノウハウの基本的機能はいくつか共通している点がある。ディスカウントストアの基本的機能として，白石善章氏[7]らは同一市場において同一の商品，あるいは同等の機能を持つ商品を他の業態よりも低価格で提供することによって，消費者に価格面での恩恵を与えることであると述べている。また，渦原実男氏[8]もそれらの機能について，第1は流通コスト削減と物価安定機能をあげている。つまり，ディスカウントストアはローコスト・オペレーション技術により，安く売れる仕組みを構築することが小売ノウハウの特徴であり，その成果は流通全体のコスト削減と低価格での消費者への提供に繋がるという。第2は無駄を省いた商品化の機能と消費者利益貢献機能をあげている。第3は耐久消費財の大衆化促進機能をあげている。

これらの機能を果たすために，ディスカウントストアは「ローコスト・オペレーション」・「ローコスト経営」という小売ノウハウを徹底的に追及し，それらの小売ノウハウを前提として運営していることが最大の特徴である。「ローコスト・オペレーション」・「ローコスト経営」とは，小林隆一氏は売上対経費率の引下げ，経費絶対額の削減の仕組みであり，効率追及の徹底である[9]とし，渥美俊一氏は「経費が業界平均よりもはるかに低い状態であ

第1節　欧米型ディスカウントストアの成立と特徴　169

り，経費には現場の直接経費のほか，間接管理経費，販売償却費，支払い金利などが含まれる」[10]としている。つまり，ローコスト・オペレーションの小売ノウハウによって，ディスカウントストアは企業収益の増大をはかっていることが，その目的である。これこそが，今後の成長性と現在の安全性の評価尺度となるからである。第2の目的は多店舗化の実現である。第3の目的は，損益分岐点が低く，必要の都度，粗利益率を切り下げて，価格競争の面で競争力を発揮するためである。第4の目的は消費者への低価格のイメージ作りをはかっていることである[11]。言い換えれば，ディスカウントストアがこれらの目的を遂行するために用いられる小売ノウハウこそが，それらの特徴であるといえよう。

3．欧米型ディスカウントストアの特徴

ディスカウントストアの発祥地であるアメリカにおいては，「ローコスト・オペレーション」・「ローコスト経営」の小売ノウハウを用いて1930年代からすでにアメリカ型ディスカウントストアのコンセプトを築き上げ，今日ではアメリカの小売産業を主導する業態として成長している。それらのアメリカ型ディスカウントストアのコンセプトの基本的特徴について，安部昇氏[12]は以下のようにまとめることができるとしている。

①期間を限定する特売や不定期的催事廉売ではなく，常に標準品質の商品を市場価格より安価での販売を特徴とする（EDLP）。

②安価の対象商品は一部の目玉商品ではなく，概ね全商品がその廉売の対象である。

③量産・量販店の廉売に対する大衆需要の拡大により，フルライン化，次第に総合ディスカウントストア（SSDDS）化する傾向にある。

④リミテッドラインのディスカウントストアは，初期のディスカウントストアハウスがその原型であるが，最近はカテゴリー・キラーという専門型ディスカウントストアへと進展している。

⑤非正規ルートの仕入れ形態から正規ルートの仕入れ形態へと移行する傾向がある。

⑥NBの商品構成や品揃えの形態からPBの商品構成や品揃えの形態へと移行していることである。

以上ではアメリカ型ディスカウントストアの特徴について述べたが、ヨーロッパでは総合型ディスカウントストアを代表するのは仏カルフールのハイパーマーケットであるといえる。その起源は、1963年ヨーロッパに出現した大規模な総合ディスカウントストアであるカルフールのハイパーマーケット1号店であるといわれている。その定義について、相原修氏によるとフランスにおいては、「売り場面積が2,500m^2以上であり、主力製品は食品のウエイトが高く、さらに雑貨、衣料、住関連用品など生活に必要な商品をすべて網羅する豊富な品揃えと価格訴求力を持つ大型のセルフ・サービス業態である」[13]としている。ハイパーマーケット業態の特徴[14]について、1972年のINSEやLSAのデータにおいては、品揃えの深さは百貨店より若干劣るが、伝統的店舗よりは圧倒に豊富であるとしている。マージン率においては百貨店の31%程度、大衆百貨店の22.6%と比べ16%程度で極端に低いが、商品回転率は高い（1回／1.1ヶ月であるが、百貨店は1回／2.5ヶ月）としている。つまり、ハイパーマーケット業態のコンセプトは、マージンが低いが、回転率が高いという小売ノウハウを用いてローコスト・オペレーションを行うことが、その特徴である。

以上のように、欧米型ディスカウントストアの小売企業が用いられる小売ノウハウ（政策・戦略）の共通的特徴としては、福田順子氏の見解を引用していえば、大きく価格政策・戦略と仕入れ政策・戦略に分類することができるといえよう（表6-1を参照）。ここでいう「欧米型ディスカウントストア」の小売ノウハウは、欧米小売市場において、小売企業が「ローコスト・オペレーション」・「ローコスト経営」を営む際に用いられる小売ノウハウや小売政策・戦略の全般を指す。欧米型ディスカウントストアの小売ノウハウの共通的特徴の一つは、「低価格政策」を採っていることである[15]。それを支えている小売ノウハウとしては、①EDLP（Every Day Low Price）政策、②柔軟な価格設定、③販売促進的低価格政策、④プライベート・ブランド（PB）の商品開発による低価格政策、⑤最低価格保証（low price guarantee) があげられる。

① EDLPはディスカウントストアの基本であり，それを実現するために，低マージン・高回転，セルフ・サービス方式による人件費削減といったローコスト・オペレーションの小売ノウハウを用いているのはもちろん，さらに店舗の生産性の向上と情報技術の活用による効率的オペレーションの実現や，流通コストの削減などといったローコスト・オペレーションの小売ノウハウを用いている。

表6-1　欧米型ディスカウントストアの小売ノウハウとその特徴

ディスカウントストアの小売ノウハウの分類	価格政策	①EDLP（Every Day Low Price）政策		
		②柔軟な価格設定		
		③販売促進的低価格政策	・High−Low 価格	
			・TPR（Temporary Price Reduction）	
			・クーポンによる割引	
		④PBの商品開発による低価格政策		
		⑤最低価格保証（low price guarantee）		
	仕入れ政策	①多様な仕入れ形態	・ディール・バイイング	
			・フォワード・バイイング	
			・ダイバーティング	
			・カテゴリー・レビュー・プロセス	
		②ディスカウント及びアローアンス	・ディスカウント	現金割引
				取引割引
				季節割引
			・アローアンス	バックホール・アローアンス
				スロッティング・アローアンス
				パフォーマンス・アローアンス

出所：福田順子「米国ディスカウントストア業界の現状」『公正取引』No.529, 1994年, 14-19ページに基づいて作成。

② 柔軟な価格設定とは競合店舗の価格によって価格を設定しなおすことである。ディスカウントストアの一般的価格決定は，第1にバイヤーによる小売価格の決定，第2に競合他社の価格を考慮した価格決定，第3に同一商品が他店舗の方が安かった場合に価格を設定しなおす方法である。つまり，

ディスカウントストアはこれらの方法を有機的に組み合わせ、より魅力的な価格を設定している。

③販売促進的低価格政策は他店舗との差別化の手段として用いられている。例えば、EDLPの小売ノウハウの他に、High－Low価格、TPR(Temporary Price Reduction)、クーポンによる割引がある。High－Low価格とは時期や季節によって価格にバリエーションをつけることである。TPRとはある一定の期間において、特定の商品の価格を一時的に引き下げるという低価格戦略プログラムのことである。

④プライベート・ブランド(PB)の商品開発による低価格政策は、メーカーから提供される割引制度のみでは、安定的商品供給とEDLPの実現と利益の確保が困難であり、そのため、PB商品の開発を積極的に取り組むことになる。欧米ではPBの比率が高いが、日本ではPBの比率が低いのが特徴である。

⑤最低価格保証(low price guarantee)は、カテゴリー・キラーに多く採用される価格政策であり、同一商品を他店の方が低価格で販売している場合その差額を支払うという小売ノウハウである。

もう一つの特徴としては、「仕入れ政策」があげられる[16]。一般的に欧米型ディスカウントストアの小売企業の仕入れは、メーカーと直接取引が行われているが、それは流通コストの削減と、市場変化への迅速な対応がその狙いである。日本ではまだ、ディスカウントストアの努力によって低価格が実現しているという側面が強いが、アメリカではメーカーと卸・小売業者との取引において、各種割引やアローアンスの制度が確立している。つまり、欧米型ディスカウントストアは「多様な仕入れ形態」、「ディスカウント及びアローアンス」の小売ノウハウを採用していることである。例えば、「多様な仕入れ形態」の小売ノウハウとしては、ディール・バイイング[17]、フォワード・バイイング[18]、ダイバーティング[19]、カテゴリー・レビュー・プロセス[20]がその事例である。「ディスカウント及びアローアンス」の小売ノウハウとしては、バックホール・アローアンス[21]、スロッティング・アローアンス[22]、パフォーマンス・アローアンス[23]がその事例としてあげられる。

第2節　東アジアにおける欧米型ディスカウントストアの移転と展開

1．日本における欧米型ディスカウントストアの移転と背景

　日本においては，ディスカウントストア（多くの安売り店）の登場は1952年といわれているが，それらはバッタ屋ルート（安売りの現金問屋ルート）から仕入れて安売りするという不安定な小売経営がほとんどであった。しかし，アメリカのディスカウントストアの生成・展開とは時間的ずれはあるが，日本のそれについて白石善章氏らは以下の三つの時期（1950年代後半，1970年代前後，1990年以後から現在に至る）[24]に分けて説明している。

　第一期においては，セルフ・サービスやチェーンオペレーションという小売ノウハウをスーパーマーケットがいち早く導入し，他小売企業とは異なる廉価販売を実施したことが，日本においてもディスカウントストアの原型としてみることができる。しかし，当時日本の小売市場では，大店法などの大型店舗出店規制策が存在しており，それが価格訴求型ディスカウントストアの発展の歯止めとなり，結局欧米型ディスカウントストアの小売ノウハウの移植・移転が不可能となったといえる。

　また，第二期（第1次オイルショック以後の不況）においては，紳士服・カメラ・時計などの業種分野において，ヨドバシカメラやメガネドラッグやダイクマなどの専門型ディスカウントストアの小売企業が続々と出現した。つまり，日本国内小売企業による欧米型ディスカウントストアの小売ノウハウの移植・移転の試みといえる。しかし，メーカーが流通を支配しており，それらの小売企業は正規のチャネルを通じた仕入れさえもできず，現金問屋などの非正規チャネルを通じた仕入れを試みたのであるが，結局品揃えの不十分さと低品質商品提供が原因となり，日本における欧米型ディスカウントストアの小売ノウハウは定着するところにまでは至らなかった。

　しかし第三期の1990年代後半に入ってからは，出店規制の緩和やバブル

経済の崩壊による地価下落や消費者の購買意識の変化などがプル要因として働き，本格的ディスカウントストア型の小売企業が続々と出現し，とくに欧米のグローバルなディスカウントストア型小売企業の参入が顕著である。

　以上のように，日本の小売産業においても，欧米型ディスカウントストアの小売ノウハウが移転され発展されてきた。宮下正房氏[25]はその理由について，第1に，有名メーカー品を正規の流通ルートから安く仕入れることができたこと。第2に，経営技法の合理化によりローコストの管理システムを確立して，安く販売できるようになったこと。第3に，外国資本のディスカウントストアが参入し，本格的店舗展開を実施していること。第4に，ディスカウントストアはメーカーに生産コストの引き下げを要請し，安いコストで生産した商品を安く仕入れて，安く販売している。そのために，東南アジアなどで生産し，みずからのブランドを付した商品を輸入し，販売するという開発輸入製品を増加させていること。第5に，郊外地区の比較的安い土地において，低廉な店舗コストで，安い価格を提供するディスカウントストア・チェーンが増加してきたことをあげている。

　しかし，日本においては，ある程度ディスカウントストアの登場と発展の兆しが見え始めたのは，1980年代後半から1990年代に入ってからである[26]といえる。この時期においては，外資系小売企業の参入件数は1980年代の27件から1990年代の37件へと増加しており，とくに①資本進出の増大，②大型専門型ディスカウントストアのカテゴリー・キラーやSPA（Specialty store retail of Private Apparel：自社ブランド商品の小売業），③欧米系小売企業の増大がその特徴である[27]。つまり，日本においては，ディスカウントストア業態間の細分化がアメリカほど進んでおらず，総合型ディスカウントストアと専門型ディスカウントストアの二つのタイプが発展を成し遂げている。総合型ディスカウントストアは，アメリカからスーパーチェーンがローコスト・オペレーションの小売ノウハウを移転し業態転換または業態開発によって発生したものが多い。それに対して専門型ディスカウントストアは，衣料品・家電品・カメラ・靴などの専門店チェーンがローコスト・オペレーションの小売ノウハウをアメリカから移転・移植し，日本の小売企業の

環境に合わせて発展を遂げてきたといえる。

2．韓国と中国における欧米型ディスカウントストアの移転と展開

　韓国のディスカウントストア市場においては，1996年に小売市場が完全自由化されて以来，欧米型小売企業が続々と参入を果たしている。しかし，韓国のディスカウントストア市場における欧米型小売ノウハウの移転の最初の試みは，韓国大手小売企業である新世界百貨店が1993年にEマートをソウル市の倉洞（チャンドン）に出店し，1994年にプライス・クラブを出店したのが最初であるといわれている。それらによる韓国ディスカウントストアは，ヨーロッパのハイパーマーケットとアメリカのショッピングセンターのコンセプトを混合した形で小売ノウハウを用いて展開していることが，その特徴である。しかし，韓国における外資系ディスカウントストアの移転は，1996年に出店したフランスのカルフールが最初であり，2002年現在22店を展開しており，アメリカのウォルマートは1996年にすでに出店していたマクロ・コリアの4店を1998年に買収し，9店舗を展開している。また，イギリスのテスコは1999年に韓国の大手総合商社である三星物産と提携し，「ホーム・プラス」を開店している。

　一方，中国においても，1990年代後半以降，外資系ディスカウントストアの小売企業が続々と進出している。小売業対外開放の初期の段階においては，ほとんど百貨店が合弁小売企業の対象であったが，その後スーパーマーケットをはじめ，コンビニエンスストア，ハイパーマーケット，倉庫型店舗などの小売企業が相次いで参入している。例えば，ウォルマートは1996年に中国の深圳に進出し，スーパー・センターとサムズクラブを出店しており，現在北京・上海・大連・青島などで46店舗を展開しており，主としてスーパーセンター・サムズクラブ・ネイバーフッドという三つのディスカウントストア型小売業態を展開している。中国小売市場における外資系小売企業の国別参入状況をみると，欧米では仏のカルフール，オーシャン，ギャラリー・ラファイエット，プランタン，アメリカのウォルマート，プライスマート，オランダ系のマクロ，ローヤル・アホールド，ドイツのメトロ，ス

ウェーデンのイケア（IKEA），イギリスの B&Q などがある[28]。アジア地域からの参入小売企業としては，日本のイトーヨーカ堂とジャスコなどをはじめとする，タイのロータス，韓国の E マートや農心（ノンシン），マレーシアのパークソン，台湾の太平洋百貨店などがあげられる。

韓国と中国の小売市場において，外資系ディスカウントストアが積極的に参入した背景としては，プッシュ要因とプル要因に分けて説明できる。プル要因としての市場環境では経済成長の拡大・持続，小売市場の成長力，競争の未発達，経営規模の経済性，インフラ整備の進展が，法的規制では小売市場の完全自由化あるいは開放，出店・営業規制の緩和などが，経営戦略では地理的多角化による経営リスクの分散などがあげられる。プッシュ要因としての市場環境では経済成長の鈍化・停滞，小売市場の成熟化，競争の激化が，法的規制では出店規制の強化，高税率などが，経営戦略ではグローバル化の重要性の認識，余剰資金の活用などがあげられる[29]。

第3節　東アジアにおけるディスカウントストアの競争構造と戦略

1．日本におけるディスカウントストアの競争構造と戦略

日本の小売市場における外資系小売企業の参入は，1975年の資本自由化になってからであるといわれている。しかし，南氏等によると第一次外資系小売企業の参入ブームは外資系小売企業との提携により国内小売市場での競争優位性を発揮しようとする日本の小売企業の働きかけによって生じたが，1990年代の第二次外資系小売企業の参入ブームは合弁方式を含めて資本進出する外資系小売企業が増えており，第一次ブームとその性格が異なっている。日本トイザらスの成功が第二次ブームの典型的事例の一つである[30]。その理由としては，すでに述べたように日本の小売市場では1990年代以降，バブル経済の崩壊や消費者の低価格志向の強まりなどの小売環境変化に伴い，新たなニッチ・マーケットが形成され，次々と新しいディスカウントストア型の小売企業が参入できたからである。しかし，総合型ディスカウント

ストアよりも，家電製品・カメラなどを中心とする専門型ディスカウントストア（アウトレット・オフプライスストアなど）が顕著であった。これらのほとんどの小売企業は欧米からそれらの小売ノウハウを修得し，新たに開発したものと，既存業態（スーパー）から転換したものとがある。例えば，スーパー長崎屋は大都市のスーパー3店をディスカウントストアへと業態を転換し，ジャスコなども既存のディスカウントストアとの違いを強調したディスカウントストアへと業態を転換した[31]。

表6-3 日本におけるカルフール・コストコ・ウォルマートの参入動向

	カルフール	コストコ	ウォルマート
参入時期 （1号店開店年）	1999年 （2000年）	1998年 （1999年）	2002年 ―
展開店舗数 （平均売場面積）	4店 （19,539.5m²）	4店 （12,125m²）	― ―
参入戦略	100％子会社方式	100％子会社方式	西友との提携
進出業態	ハイパーマーケット	ホールセール・クラブ	経営技術移転・商品供給

出所：南亮一・矢作敏行「日本市場参入後のグローバル・リテイラー」矢作敏行編『中国アジアの小売業革新―全球化のインパクト』日本経済新聞社，2003年（図表5-2，図表5-3に基づいて修正作成）。

1990年代後半からの第三次外資系小売企業の参入ブーム[32]においては，アジア小売市場のグローバル化の進展に伴い，巨大外資系ディスカウントストアの小売企業は100％子会社方式，合弁方式（過半数の資本参加），あるいはM&Aによる参入戦略を用いて日本のディスカウントストア市場において本格的に参入し，「日本小売企業間の競争構造」から「国内小売業態対外資系小売業態間（異同）の競争構造」へと変化していることが，その特徴である。例えば，1999年4月，アメリカのコストコ社は福岡・久山町に会員制ホールセール・クラブの1号店を出店したほかに，2000年にフランスのカルフールは千葉市に幕張店・1号店を開店した。さらに，2002年には，アメリカのウォルマートは西友と提携（出資比率は37％である）しており，ドイツ大手小売企業のメトロも総合商社の丸紅と合弁会社（メトロの出資比率は80％である）を設立し，キャッシュ・アンド・キャリー方式の会員制

総合食品卸売業の1号店をオープンした。2003年現在，カルフールは4店舗を，コストコ社は3店舗を展開している（表6-3を参照)[33]。

2．韓国におけるディスカウントストアの競争構造と戦略

韓国の小売市場においては1990年代以降，最も目覚しい発展を遂げている業態はディスカウントストアである。すでに述べたように，韓国におけるディスカウントストアの小売ノウハウの移転・移植は，新世界百貨店が1993年にEマートを出店し，1994年にプライス・クラブを出店したのが最初である。その後，国内小売企業としてキムズ・クラブとマグネットも相次いで出店すると同時に，フランスのカルフールをはじめとするアメリカのウォルマートやコストコ社，イギリスのテスコなどといった欧米系ディスカウントストアの小売企業が相次いで参入を果たした。

表6-4 ディスカウントストアの競争状況（韓国）

	店舗名	販売額（百万ドル）		市場シェア率(%)		店舗数	
		1999年	1998年	1999年	1998年	1999年	1998年
1	Eマート	1,400	1,011	21.5	20.5	19	13
2	カルフール	832	288	12.8	5.9	11	4
3	キムズ・クラブ	557	596	8.6	12.1	14	22
4	ハナロ・クラブ	544	306	8.4	6.2	3	2
5	マグネット	529	82	8.2	1.7	8	3
6	ホーム・プラス	383	188	5.9	3.8	2	1
7	ウォルマート・スーパーセンター	326	265	5.0	5.4	5	4
8	トップ・マート	309	251	4.7	5.1	33	33
9	アラム・マート	287	222	4.4	4.5	18	17
10	メガ・マート	275	165	4.2	3.3	3	2

出所：'The List of Powerful Retailers at Home', Discount Merchandiser, January 2000.

それゆえ，韓国ディスカウントストア市場においては現在，国内小売企業のみならず，カルフールやウォルマートなどの外資系小売企業が積極的に参入しており，同小売業態間の競争が一気に激化している[34]（表6-4を参照）。このような現象が生じた背景について，「韓国スーパーチェーン協会」の調

査結果によれば，これから最も有望な小売業態はディスカウントストアであるからであるという。つまり，第1はIMF危機をきっかけとして消費者の消費行動が低価格志向へと転換していることである。第2は，ディスカウントストアがポジショニングし得る小売空間が存在していることである。つまり，韓国の小売構造は百貨店と在来市場がそのほとんどを占めており，その間の中間的小売業態が貧弱である。第3の理由は，自動車と大型冷蔵庫の普及により遠距離と週末ショッピングが拡散されていることである。第4は，韓国政府が，新都市と副都心の開発とともにディスカウントストアなどの低価格志向小売業態の出店を政策的に奨励していることなどが，その背景としてあげられている[35]。

しかし，韓国のディスカウントストアの新設店舗数の推移をみると，2000年には81店舗，2001年には114店舗を出店しており，ディスカウントストア業態間の小売競争が激しくなっている。つまり，2001年現在，韓国ディスカウントストアのトップであるEマートはすでに41店舗を出店しており，さらに2005年までに80店舗を展開する計画案を出している。その後をロッテ・マートが続いているが，同じく2001年の23店舗から2005年までに80店舗に増やそうとしている。3番手の三星テスコ（ホーム・プラス）は，2001年現在の14店舗から55店舗（2005年）に増やす計画を持っている。4番手のカルフールは22店舗（2001年）から40店舗（2005年）にま

表6-5 ディスカウントストアの店舗数の推移（韓国）

		1997年	1998年	1999年	2000年	2001年	2002年
国内企業	Eマート	9	13	19	27	41	51
	ロッテ・マート	0	3	8	17	23	34
	小計	9	16	27	44	64	85
海外企業	カルフール	3	6	11	20	22	25
	ホーム・プラス	1	1	2	7	14	20
	ウォルマート	4	4	5	6	9	15
	コストコ	2	3	3	4	5	5
	合計	19	30	48	81	114	150

出所：韓国チェーンストア協会「ディスカウント・マーチャンダイジング」1月号，2001年（原文は韓国語である）。

で拡大する計画である。さらに,卸売と小売の兼業であるハナロ・クラブは2001年現在13店舗を出店しているが,今後30店舗に増やす計画をしている。つまり,韓国のディスカウントストアの店舗数は2001年現在の114店舗から2005年には366店舗へと倍増することになる[36]と思われる。

つまり,韓国においては,ディスカウントストアの店舗数が急速に増加しており,国内外ディスカウントストア間の小売競争も激しくなっている。しかし,日本におけるディスカウントストアの競争構造とは異なり,韓国特有の競争構造が生まれつつあるといえる。その特徴について,オセジョ氏ら[37]は,以下のように述べている。第1に,韓国系ディスカウントストアの小売企業が相対的に優位性を持っていることである（表6-4を参照）。第2に,一般的にディスカウントストアの競争戦略は,百貨店やスーパーマーケットやコンビニエンスストアと大きく異なっている点をあげている。詳しく言えば,ディスカウントストアはEDLP戦略を徹底的に追求していることである。この戦略は低コスト・低マージン運営が前提となり,これを完成させるためには多店舗開発能力,EDIなどのITの全面的活用,供給業者との関係性の強化などの経営戦略が求められるとしている。第3に,韓国系ディスカウントストアは自由形態企業によって運営されている点をあげている。さらに同氏らは,自由形態企業（free-form corporation）とはマルチ・チャネル事業を追求する企業のことであり,その狙いは異質な小売市場に対してより効果的かつ同時に奉仕することにあるとしている。例えば,Eマートの大株主は,韓国百貨店の新世界である。同じくロッテ百貨店はロッテ・マートの親会社である。カルフールと三星テスコもまた自由形態企業であり,カルフールはプロモデスなどの一連の買収を通じて,世界第2位の小売コングロマリットになった[38]。

以上,韓国のディスカウントストア市場においては,ビジネスウィーク誌によれば,アメリカのウォルマートとフランスのカルフールは韓国国内小売資本のEマートに苦戦していると報じている。つまり,韓国のウォルマートは過去3年続けて純損失なのに対して,Eマートやロッテ・マートなどの国内小売企業の純利益は4年間で20倍に増加した事実である。詳しく言え

ば，国内系小売企業はディスカウントストア業態市場の 77% を占めており，逆に言えば外資系ディスカウントストアの小売企業は市場のわずか 23% しか占めていないことになる。このように，外資系ディスカウントストアの小売企業の業績が低迷しているが，その要因について同氏らは韓国小売市場の特異性をあげている。もう一つの要因は競争環境の逆風をあげている。さらに，韓国小売市場の特異性については，① 外資系小売企業への反感，② 贅沢な雰囲気の選好，③ 広い店舗への期待，④ 高品質の食品，⑤ 所得水準による社会階層をあげている。言い換えれば，外資系ディスカウントストアの小売企業はそれらを営む小売ノウハウを韓国小売市場の特異性に合わせてある程度適応化戦略を採っているが，その適応化戦略はいまだに不十分であった[39]といえる。

3．中国におけるディスカウントストアの競争構造と戦略

中国のディスカウントストア市場においても，韓国のそれと同じく，小売業対外開放というプル要因によって，日・欧・米などの外資系小売企業が積極的に参入し，グローバル小売競争の荒波が押し寄せている状況である。ハイパーマーケット，ディスカウントストア，ホールセール・クラブ，カテゴリー・キラーといった欧米の外資系小売業態が一挙に参入し，その主導権をめぐってグローバル小売競争が展開されている。

とくに中国のディスカウントストア市場においては，「外資系小売企業対外資系小売企業」といったグローバル小売競争が顕著である。中国のディスカウントストア市場において，最初に参入した外資系小売企業は 1995 年に 1 号店を開店したフランスのカルフールであった。その後，カルフールは，北京，上海，天津，重慶の 4 大直轄市のみならず，広東省諸都市や青島のような沿岸地域，成都，沈陽といった内陸都市にまで店舗ネットワークを拡大しているが，それは短期間かつ多店舗化という出店戦略を採っており，出店地域ごとに異なるパートナーと手を結んでおり，独自の店舗ネットワークを構築してきた。例えば，北京では国有大企業の中国新技術投資創業公司（CVIC）と提携し，上海では現地スーパーマーケット・チェーンの聯華超市と

表6-6 中国における外資系小売企業の参入概況（2003年3月現在）

会社名（国・地域）	売上高（元）	店舗数	参入業態
カルフール（フランス）	約110億	35	ハイパーマーケット
太平洋百貨店（台湾）	約110億	8	百貨店
好又多（台湾）	約100億	52	量販店
大潤発（台湾）	86億	35	量販店
華潤万佳（香港）	86億	397	ハイパーマーケット スーパーマーケット
パークソン（マレーシア）	68億	28	百貨店，スーパーマーケット
ウォルマート（アメリカ）	約60億	26	スーパー・センター ネイバーフッド・ストア等
メトロ（ドイツ）	53億	16	C&C 卸
楽購（Himart）（台湾）	約50億	22	ハイパーマーケット
ロータス（タイ）	約33億	12	ハイパーマーケット
プライス・スマート（アメリカ）	約30億	30*	ウェアハウスクラブ スーパー・センター
百佳（パークンショップ）（香港）	18億	19	ハイパーマーケット スーパーマーケット
イトーヨーカ堂（日本）	約17億	3	総合スーパー
マクロ（オランダ）	16億	6	C&C 卸
B&Q（イギリス）	約16億	8	専門店
オーシャン（フランス）	8億	2	ハイパーマーケット
OBI（ドイツ）	約7億	4	専門店
IKEA（スウェーデン）	約7億	2	専門店
セブン-イレブン（香港）	約6億	132（614）**	コンビニエンスストア
ジャスコ（日本）	約2.2億	7	総合スーパー

注：①*公社公式サイトによると，C&Cウェアハウスストアを11店舗のみ運営しているが，最近ではスーパー・センター業態への出店が多い。②**カッコ内はセブン-イレブン・ジャパンが公表している店舗である。
出所：胡欣欣「中国小売業の近代化と外資参入動向」矢作敏行編『中国アジアの小売業革新―全球化のインパクト』日本経済新聞社，2003年，38ページ（中国連鎖経営協会公表データ：http://www.ccfa.org.cn）。

提携を結んだ。もう一つの参入戦略の特徴としては，参入初期の段階において，参入コストの削減のために中国のカルフール店舗ではPOSやバーコー

第3節　東アジアにおけるディスカウントストアの競争構造と戦略　183

表6-7　中国小売業トップ30社（2004年）

		売上高(億元)	前年比(%)	店舗数(店)			売上高(億元)	前年比(%)	店舗数(店)
1	百聯集団	676.3	22.5	5,493	17	新一佳超市	85.0	44.1	58
2	北京国美電器	238.8	34.3	227	18	武漢武商集団	78.6	11.8	38
3	大連大商集団	230.8	27.0	120	19	紅蘇文峰大世界連鎖	76.4	33.7	506
4	蘇寧電器	221.1	79.6	193	20	ウォルマート（米）	76.4	30.5	43
5	カルフール（仏）	162.4	20.9	62	21	ロータス（タイ）	73.9	39.9	41
6	北京華聯集団	160.0	17.6	70	22	家世界連鎖商業	72.3	37.1	69
7	蘇果超市（香港系）	138.8	44.9	1,345	23	メトロ（独）	63.6	13.2	23
8	農工商超市	137.0	10.7	1,232	24	人人楽連鎖商業	62.0	92.9	32
9	北京物美集団	132.8	56.1	609	25	武漢中百貨	60.9	34.6	330
10	三徳商社	132.5	24.2	254	26	北京王府井百貨	58.7	23.3	15
11	上海永楽家用電器	132.0	50.7	106	27	北京京客隆越市連鎖	52.4	12.7	140
12	重慶商社	131.1	18.0	153	28	東方家園	52.3	54.6	22
13	好又多（台湾）	120.0	155.3	88	29	利群集団	51.1	48.6	512
14	中国百勝（米）	118.7	26.2	1,400	30	武漢中商集団	45.8	24.8	24
15	華潤万家（香港）	110.1	6.7	476					
16	紅蘇五星電器	93.8	83.7	120		合計	3,845.6	32.9	13,801

出所：川端基夫「小売市場の急拡大に沸く中国の流通市場（上）―北京・天津地域―」『流通とシステム』No.123, 2005年, 61ページ（商務部商業発展改革局資料を基に作成）。

ド・スキャナーなどの情報システムを導入しなかったことである。2003年現在，カルフールは19都市において39店舗を出店している[40]。

一方，中国のディスカウントストア市場において，世界最大小売企業であるウォルマートが参入したのは，カルフールが参入した翌年の1996年のことであった。ウォルマートは最初，深圳周辺の広東省（6店舗）に限定し消極的出店戦略を採っていたが，今日では北方大都市にまで出店地域を拡張しており，2003年現在26店舗を展開し積極的出店戦略を採っていることがその特徴である。もう一つの特徴は，マルチ・フォーマット（多業態）戦略を採っていることである。つまり，ウォルマートは中国の小売市場においてスーパー・センター，会員制ホールセール・クラブ（サムズクラブ），ネイ

バーフッド・マーケットという三つの小売業態戦略を採用している。スーパー・センター業態は深圳⑥，大連②，福州②，廈門②，昆明②，長春②，汕頭①，瀋陽①，ハルビン①に出店しており，サムズクラブ業態は深圳，昆明，長春，福州に各1店舗ずつ出店している。ネイバーフッド・マーケット業態は深圳②に集中出店戦略を採用している（数字は出店店舗数である）[41]。

また，中国においては1996年，メトロとマクロが中国小売市場に参入したのを皮切りに，ウェアハウスストアが注目されている[42]。メトロは1997年に第1号店（キャッシュ・アンド・キャリー方式の倉庫型店舗）を出店する際，上海市の錦江集団と上海錦江麦徳龍現購自運有限公司と合弁事業を行って以来，1999年の9店舗（殆ど上海周辺への出店）から2003年には17店舗を出店した[43]。つまり，メトロの場合はウォルマートの出店戦略と同じく，最初は集中戦略を採っていたが，今日では出店地域を広げている。

さらに，中国のディスカウントストア市場においては，欧米の小売企業のみならず，台湾をはじめとする香港，日本，タイ（ロータス），マレーシア，韓国（Eマート）などのアジア諸国・地域からの小売企業も本格的に参入しており，間接的かつ直接的に競争を激化させている。詳しく言えば，2004年現在欧米系小売企業においてはカルフールが5位に，ウォルマートが20位になっているが，アジア系小売企業においては台湾系の好又多（ハイパーマーケット）が13位に，タイのロータス（スパー・センター）が21位になっている（表6-6を参照）[44]。

以上，中国のディスカウントストア市場においては，小売企業間の競争関係は「中国国内小売企業対外資系小売企業」との競争構造というよりも，むしろ米ウォルマート対仏カルフール，仏カルフール対独メトロ，独メトロ対和マクロ，和マクロ対日本のイトーヨーカ堂といった「外資系小売企業対外資系小売企業」の競争関係へと移行している[45]。さらに，外資系小売企業間の競争関係においても，今後は「欧米系対アジア系の小売企業」との競争構造へと細分化されていく可能性もあるといえる。

第4節 東アジアにおける欧米型ディスカウントストアの海外移転と戦略

　以上では欧米型ディスカウントストアの生成と特徴をはじめ，東アジアにおける欧米型ディスカウントストアの移転と展開，および競争構造と戦略について検討したが，以下では第3章の「小売ノウハウの海外移転に関するモデル」と，第4章の「韓国と中国における小売ノウハウの海外移転に関するアンケート調査の結果」を踏まえながら，韓国と中国における欧米型ディスカウントストアの小売ノウハウの移転と戦略の特徴について検討する。

1．韓国と中国におけるディスカウントストアの類似度と移転関係

　韓国と中国のディスカウントストアにおける小売ノウハウの類似度とそれらを規定する決定要因の依存度合については，それらが駆使している小売ノウハウを大きく11項目として分類し，韓国と中国現地のディスカウントストアを対象にアンケート調査やインタビュー調査を行い，7尺度によって測定した。

　韓国と中国におけるディスカウントストアの類似度を総平均した値（総平均値）*）（表6-7を参照）からみると，賃貸関連の小売ノウハウの類似度は4.0で平均値であった。しかし，類似度が4.0以上であった（適用度の低い）小売ノウハウは文化事業関連（5.0）の項目のみであり，いわゆる類似性が低く，異質性の高い小売ノウハウである。つまり，この項目は，移転の際現地小売環境において何らかの制限を受けてそのまま持ち込まれず，何らかの修正を加えられたことになる。つまり，これらは適応化を意味する。それに対して，類似度が4.0以下であった（適用度の高い）小売ノウハウには，1）社名（1.0），2）ユニフォーム（2.0），3）経営理念（3.1），4）店舗関連（2.7），5）マーチャンダイジング関連（3.7），6）販売関連（3.1），

＊　総平均値とは，韓国と中国におけるディスカウントストアの類似度をそれぞれ平均にした値から，さらに両国を合算し平均にした値である。

8）教育関連（2.8），9）保管・物流関連（2.9），11）情報システム関連（2.3）が含まれ，いわゆる類似性の高い小売ノウハウである。つまり，これらの項目は，現地小売環境に対してはほとんど制限を受けず，そのまま持ち込まれたことになる。つまり，これらは適用化を意味する。

　韓国と中国との比較の視点からみると，著しい特徴は，第1に，1）社名（1.0）と2）ユニフォーム（2.0）の小売ノウハウの類似度を平均した値が両国ともに非常に高く，いわゆる適用度が非常に高いことである。第2に，文化事業関連（韓5.7，中4.3）の小売ノウハウを除くと，すべての小売ノウハウにおいて中国での類似度が韓国でのそれよりも全体的に高いことである。つまり，中国のディスカウントストアは韓国のそれよりも適用度が高いということである。

　一方，両国ともに類似度の平均値が低かった小売ノウハウは，4）店舗関連（韓3.1，中2.3），6）販売関連（韓3.6，中2.6），8）教育関連（韓3.7，中2.0），9）保管・物流関連（韓3.3，中2.6），11）情報システム関連（韓2.7，中2.0）である。つまり，これらの小売ノウハウにおいては，両国ともに適用度が高い。言い換えれば，各国の小売ノウハウの間には，ほとんどその格差が見受けられないといえよう。

　他方，両国ともに類似度を平均した値が高かった小売ノウハウは，文化事業関連（韓5.7，中4.3）であるが，これはいわゆる適用度が低いことを意味する。また，韓国では類似度が平均値以下（適用度の低い）であったが，中国では平均値以上（適用度の高い）であった小売ノウハウとしては，5）マーチャンダイジング関連（韓4.4，中3.1），7）賃貸関連（韓4.5，中3.5）があげられる。つまり，これらの小売ノウハウについては，韓国では適用度が低い（適応化）が，中国では適用度が高い（適用化）。換言すれば，韓国では適応の移転であり，中国では適用の移転である。それゆえ，両国の間では，その格差が著しいといえよう。

　以上のように，韓国と中国のディスカウントストアにおける小売ノウハウ間の格差が生じた理由として考えられるのは，「小売ノウハウの海外移転モデル」から言えば，第1に，その移転対象となる小売ノウハウが「技術依存

第4節 東アジアにおける欧米型ディスカウントストアの海外移転と戦略　187

表6-8　韓国と中国におけるディスカウントストアの類似度（マニュアル化の度合）

	韓国におけるディスカウントストア（DS）の類似度		
	韓国DSの平均値	中国DSの平均値	韓中の総平均
1）社名	1.0	1.0	1.0
2）ユニフォーム	2.0	2.0	2.0
3）経営理念・業態コンセプト	1.7	4.5	3.1
4）店舗関連の小売ノウハウ	3.1	2.3	2.7
①立地選択の基準	3.7	3.0	3.4
②店舗設計	3.3	2.5	2.9
③ゾーニング	3.3	3.0	3.2
④内装・装飾	3.0	2.0	2.5
⑤サイン計画	2.3	1.5	1.9
⑥什器デザイン	2.7	1.5	2.1
⑦冷蔵・冷凍設備	3.3	2.5	2.9
5）マーチャンダイジング関連の小売ノウハウ	4.4	3.1	3.7
①商品開発・メーカー	5.7	3.5	4.6
②商品選定	5.0	3.5	4.3
③取引ルール	3.3	3.5	3.4
④仕入手法	4.3	2.0	3.2
⑤値決め手法	4.0	2.0	3.0
⑥品揃えの範囲と内容	3.3	2.5	2.9
⑦プリパッケージング	5.0	2.0	3.5
⑧ストアレイアウト	4.3	2.5	3.4
6）販売関連の小売ノウハウ	3.6	2.6	3.1
①ディスプレイ	3.3	2.0	2.7
②販売イベント	5.3	4.0	4.7
③広告方法	5.0	4.0	4.5
④接客	2.3	1.5	1.9
⑤アフターサービス	2.0	1.5	1.8
7）賃貸関連の小売ノウハウ	4.5	3.5	4.0
①テナントミックス	5.7	5.0	5.3
②テナント募集	5.0	4.0	4.5
③テナント契約方式	4.0	3.0	3.5
④賃貸管理	3.3	2.0	2.7
8）教育関連の小売ノウハウ	3.7	2.0	2.8
①人材開発	3.7	2.0	2.8
②社員の教育訓練	3.7	2.0	2.8
9）保管・物流関連の小売ノウハウ	3.3	2.6	2.9
①在庫管理	3.0	3.0	3.0
②商品配送	4.7	3.5	4.1
③チェックアウト	2.7	2.0	2.3
④商品補充	2.7	2.0	2.3
10）文化事業関連の小売ノウハウ	5.7	4.3	5.0
①文化イベント	5.7	4.0	4.9
②文化教室	5.7	4.5	5.1
11）情報システム関連の小売ノウハウ	2.7	2.0	2.3
①POSシステム	2.7	2.0	2.3
②POSシステムの運営程度	2.7	2.0	2.3

表6-9　小売ノウハウを規定する決定要因の依存度合

ディスカウントストアの小売ノウハウの項目	小売ノウハウを規定する決定要因の依存度合
1）店舗関連の小売ノウハウ	
①立地選択の基準	4
②店舗設計	1
③ゾーニング	4
④内装・装飾	3
⑤サイン計画	2
⑥什器デザイン	3
⑦冷蔵・冷凍設備	3
2）マーチャンダイジング関連の小売ノウハウ	
①商品開発・メーカー	4
②商品選定	3
③取引ルール	7
④仕入手法	6
⑤値決め手法	6
⑥品揃えの範囲と内容	4
⑦プリパッケージング	5
⑧ストアレイアウト	1
3）販売関連の小売ノウハウ	
①ディスプレイ	2
②販売イベント	7
③広告方法	7
④接客	2
⑤アフターサービス	3
4）賃貸関連の小売ノウハウ	
①テナントミックス	6
②テナント募集	5
③テナント契約方式	5
④賃貸管理	6
5）教育関連の小売ノウハウ	
①人材開発	5
②社員の教育訓練	1
6）保管・物流関連の小売ノウハウ	
①在庫管理	3
②商品配送	6
③チェックアウト	4
④商品補充	6
7）文化事業関連の小売ノウハウ	
①文化イベント	5
②文化教室	4
8）情報システム関連の小売ノウハウ	
①POSシステム	6
②POSシステムの運営程度	5
③公共料金収納代行サービス	6

型」なのか「管理依存型」なのかによって，移転のプロセスが異なるからであろう。第2に，移転対象となる小売ノウハウが現地の「文化構造」・「経済過程」・「企業内外の諸『組織』」という三つの要因に対してどの程度影響（表6-9を参照）を受けるか否かによっても，小売ノウハウの移転の格差が生じたりするからであろう。

2．韓国と中国における欧米型ディスカウントストアの移転と戦略

以下では，「小売ノウハウの海外移転モデル」を踏まえて韓国と中国における欧米型ディスカウントストアの小売ノウハウ移転について検討するが，分析の枠組みは移転対象となる小売ノウハウがペーパーにマニュアル化可能なのか不可能なのかの度合（7尺度）（表6-8を参照）を横軸に，それらを規定する決定要因の依存度合（7尺度）（表6-9を参照）を縦軸にとり，四つの空間において小売ノウハウを移転分布図として位置づける。移転分布図を作成するにあたっては，同平面図において韓国と中国の小売ノウハウを同時に位置づけているが，①～⑧は韓国の小売ノウハウを，ⓐ～ⓗは中国の小売ノウハウを指す。

まず，「店舗関連」から検討していくが，要点を先どりしていえば，図6-1の店舗関連の移転分布図からもみられるように，これらの小売ノウハウは韓国と中国はともに，ペーパーにマニュアル化またはコンピュータにプログラム化が比較的容易であり，かつそれらを規定する決定要因（「文化構造」・「経済過程」・「企業内外の諸『組織』」）の依存度合が比較的低いため，適用プロセスの「Ⅳ空間」に属している。それゆえ，店舗関連の小売ノウハウについては両国の間に，著しい格差は見受けられないことになる。

また，マーチャンダイジング関連の小売ノウハウの移転では図6-2で示されているように，店舗関連の移転とは異なり，移転対象となる小売ノウハウが，マニュアル化・プログラム化の度合はもちろん，それらを規定する決定要因の依存度合も大きく異なっており，四つの空間において各々の小売ノウハウが分散され移転される傾向にある。詳しく言えば，「Ⅰ空間」（部分的適用プロセス）に属する小売ノウハウには，韓国では③取引ルールのみで

190　第6章　東アジアにおけるディスカウントストアのグローバル競争と戦略・移転

図6-1　店舗関連の移転分布図

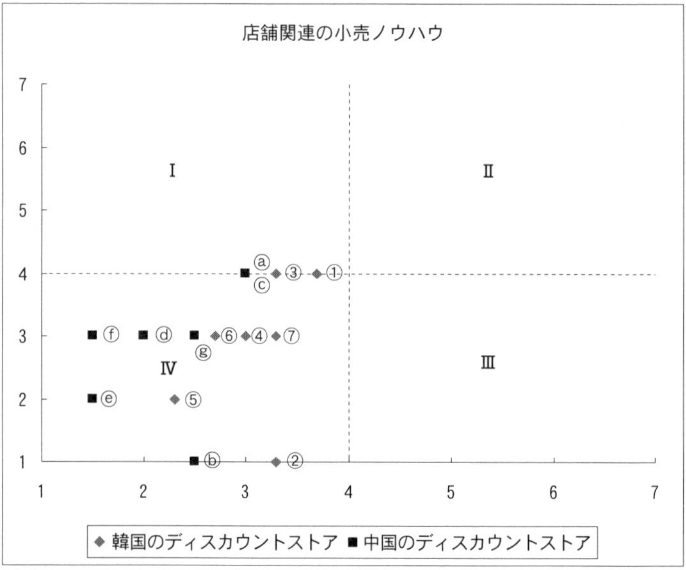

店舗関連の小売ノウハウ

（縦軸：1〜7、横軸：1〜7、破線で4の位置に区切られ、Ⅰ・Ⅱ・Ⅲ・Ⅳの4象限に分割されている）

- Ⅰ空間：ⓐ、ⓒ、③、①（座標4付近）
- Ⅳ空間：ⓕ、ⓓ、ⓑ、ⓖ、⑥、④、⑦（座標3付近）、ⓔ、⑤（座標2付近）、ⓑ、②（座標1付近）

◆ 韓国のディスカウントストア　■ 中国のディスカウントストア

あるが，中国ではⓒ取引ルール，ⓓ仕入手法，ⓔ値決め手法，ⓕプリパッケージングが含まれる。つまり，これらの項目は，比較的マニュアル化またはプログラム化が容易であるが，それらを規定する決定要因の依存度合が高いため，部分的適用の移転であるといえよう。ちなみに，中国ではⓐ商品開発・メーカーとⓕ品揃えの範囲と内容が，韓国では⑥品揃えの範囲と内容が「Ⅰ空間」と「Ⅳ空間」の境目に位置づけられているが，その理由はそれらを規定する決定要因の依存度合が中立的であるからである。「Ⅳ空間」（適用プロセス）に属する小売ノウハウには，韓国の場合は一つも含まれず，中国ではⓑ商品選定とⓗストアレイアウトが含まれている。つまり，この空間に属する小売ノウハウの移転の特徴は，マニュアル化またはプログラム化が非常に容易であり，かつそれらを規定する決定要因の依存度合が非常に低いことである。

　それに対して，「Ⅱ空間」と「Ⅲ空間」には中国の小売ノウハウは一つも含まれず，韓国では①商品開発・メーカーは中立的であるが，④仕入手法

第4節　東アジアにおける欧米型ディスカウントストアの海外移転と戦略　191

と⑦プリパッケージングが「Ⅱ空間」に属し，結局マニュアル化またはプログラム化が極めて難しく，かつそれらを規定する決定要因の依存度合も極めて高い適応の移転プロセスであったといえる。しかし，②商品選定と⑧ストアレイアウトは，マニュアル化またはプログラム化が極めて難しいが，それらを規定する決定要因の依存度合が比較的低いため，部分的適応プロセスの「Ⅲ空間」に属している。ちなみに，⑤値決め手法は，それらを規定する決定要因の依存度合が比較的高いが，マニュアル化またはプログラム化の度合が中立的であった。とくに，ここで注目すべき点は，韓国の③と⑥の項目を除くと，全体的に韓国より中国の方の適用度が高く，両国の間にはかなりの格差があるといえる。

　韓国と中国における「販売関連」の小売ノウハウの移転は，図6-3で示されているように，「Ⅱ空間」と「Ⅳ空間」とに二極化されていることが，その特徴である。詳しく言えば，「Ⅱ空間」に属する小売ノウハウには両国ともに，②ⓑ販売イベントと③ⓒ広告方法が含まれ，結局ペーパーにマ

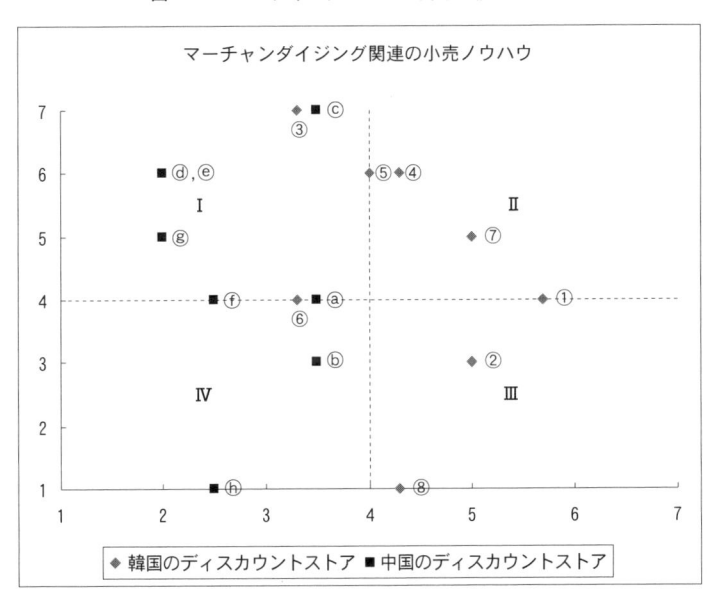

図6-2　マーチャンダイジング関連の移転分布図

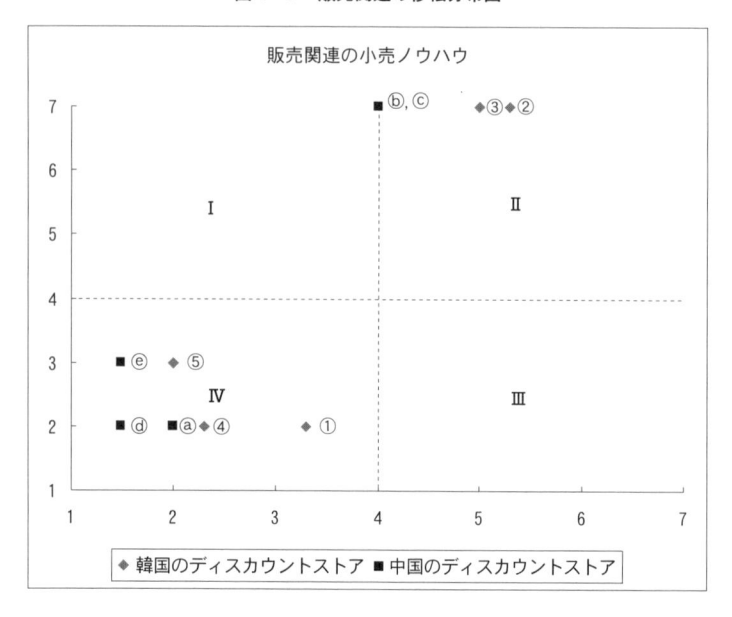

図6-3 販売関連の移転分布図

販売関連の小売ノウハウ

（◆ 韓国のディスカウントストア ■ 中国のディスカウントストア）

ニュアル化またはコンピュータにプログラム化が極めて難しく，かつそれらを規定する決定要因の依存度合も極めて高いことが，その特徴である。しかし，①ⓐディスプレイ，④ⓓ接客，⑤ⓔ商品補充については両国ともに，比較的ペーパーにマニュアル化またはコンピュータにプログラム化がしやすく，かつそれらを規定する決定要因の依存度が比較的低い適用プロセスの「Ⅳ空間」に属している。

「賃貸関連」の小売ノウハウの特徴は，韓国と中国はともにそれを規定する決定要因の依存が極めて強いという共通の性質があり，結局移転対象となる小売ノウハウのマニュアル化・プログラム化が可能であるか否かによって移転のプロセスが異なることである。「Ⅰ空間」に属する小売ノウハウには，韓国では④賃貸管理が，中国ではⓒテナント契約方式とⓓ賃貸管理が含まれ，これらは比較的マニュアル化・プログラム化がしやすいために部分的適用の移転である。しかし，「Ⅱ空間」に属する小売ノウハウには，韓国では①テナントミックスと②テナント募集が，中国ではⓐテナントミック

第4節　東アジアにおける欧米型ディスカウントストアの海外移転と戦略　193

スが含まれ，それらのマニュアル化・プログラム化が極めて困難であるために適応の移転プロセスであるといえる。ちなみに，中国では ⓑ テナント募集が，韓国では ⓒ テナント契約方式のマニュアル化・プログラム化の度合が中立的である（図6-4を参照）。

つぎに，「教育関連」の小売ノウハウの移転においては，韓国と中国ともに ①ⓐ 人材開発は「Ⅰ空間」に属し，マニュアル化・プログラム化がある程度可能であるが，それらを規定する決定要因の依存度合が非常に高いため，部分的適用の移転プロセスであるといえる。しかし，両国ともに ②ⓑ 社員の教育訓練については，全体的にそれを規定する決定要因の依存度合も極めて低く，かつそれらのマニュアル化・プログラム化も比較的容易であるため，「Ⅳ空間」の適用の移転プロセスであるといえる（図6-5を参照）。つまり，「教育関連」の小売ノウハウの移転においても，「販売関連」のそれと同じく，二極化されていることがその特徴であるといえよう。

「保管・物流関連」の小売ノウハウの移転の特徴は，図6-6においてもみ

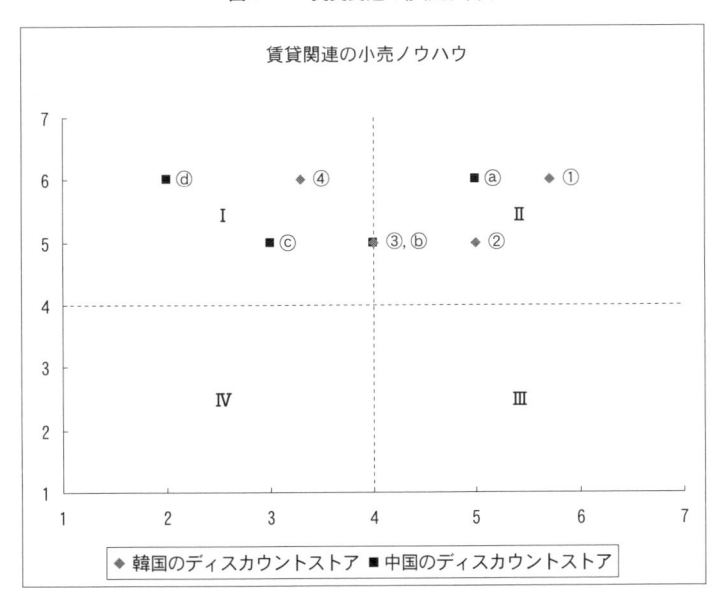

図6-4　賃貸関連の移転分布図

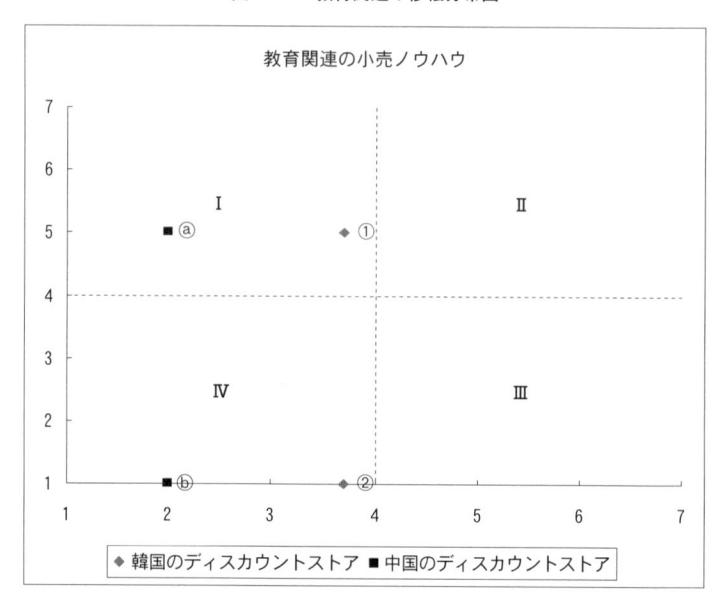

194　第6章　東アジアにおけるディスカウントストアのグローバル競争と戦略・移転

図6-5　教育関連の移転分布図

教育関連の小売ノウハウ

（◆韓国のディスカウントストア　■中国のディスカウントストア）

られるように，韓国での②商品配達（「Ⅱ空間」）を除くと，全体的に移転対象となる小売ノウハウのマニュアル化・プログラム化の度合が比較的容易であり，結局それらを規定する決定要因の依存度合によって移転のプロセスが異なるという傾向がある。「Ⅰ空間」に属する小売ノウハウには，韓国では④商品補充が，中国ではⓑ商品配送とⓓ商品補充が含まれ，どちらかというとそれらを規定する決定要因の依存度合が高いため，部分的適用の移転プロセスであるといえる。それに対して，「Ⅳ空間」に属する小売ノウハウには両国ともに，①ⓐ在庫管理が含まれ，それらを規定する決定要因の依存度合が低いために適用の移転プロセスであるといえる。ちなみに，両国ともに③ⓒチェックアウトはそれらを規定する決定要因の依存度合が中立的である。

　「文化事業関連」の小売ノウハウの移転においては図6-8に示されているように，他の小売ノウハウの移転とは異なり，両国ともにすべての項目が「Ⅱ空間」に属しており，移転対象となる小売ノウハウのマニュアル化・プ

第4節　東アジアにおける欧米型ディスカウントストアの海外移転と戦略　195

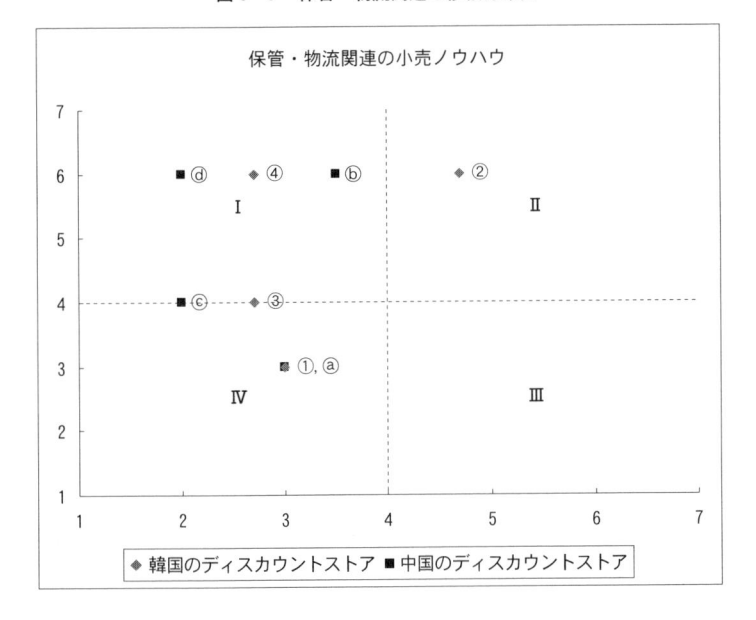

図6-6　保管・物流関連の移転分布図

ログラム化が難しいだけでなく，それらを規定する決定要因の依存度合も高いという特徴がある。韓国における①文化イベントのみが明確に「Ⅱ空間」に属しているが，それ以外の項目についてはマニュアル化・プログラム化の度合またはそれらを規定する決定要因の依存度合に対して中立的であった。

最後に，「情報システム関連」の小売ノウハウの移転は図6-8に示されているように，店舗関連の小売ノウハウとは違い，両国ともにそれらを規定する決定要因の依存度合が全体的に高いという共通の傾向があるために，結局移転対象となる小売ノウハウのマニュアル化・プログラム化の度合によって移転プロセスが異なるということが，その特徴である。つまり，両国ともに，①POSシステムと②POSシステムの運営程度は，マニュアル化・プログラム化が比較的可能であるが，それらを規定する決定要因の依存度合が全体的に高いため，部分的適用プロセスの「Ⅰ空間」に属している。

以上，韓国と中国における欧米型ディスカウントストアの海外移転は，移

転対象となるノウハウの「技術依存型小売ノウハウ」・「管理依存型小売ノウハウ」(マニュアル化・プログラム化の度合) の移転と, それらを規定する三つの決定要因の依存度合との間には, トレード・オフの関係が成立するといえる。結論的に言えば, 移転対象となる小売ノウハウを規定する三つの決定要因に密接に依存する「管理依存型小売ノウハウ」は, 海外移転が容易とはいえない。しかしながら, それらを規定する三つの決定要因にあまり依存しない「技術依存型小売ノウハウ」は, 海外移転の可能性が高いといえる。なぜなら, 一般的に技術依存型小売ノウハウは比較的マニュアル化しやすいからである (空間Ⅳ: 適用プロセス)。それに対して, 管理依存型小売ノウハウは複雑かつその組織などに内在化されており, マニュアル化が困難であるからである (空間Ⅱ: 適応プロセス)。しかしながら, マニュアル化・プログラム化しやすい技術型小売ノウハウであっても, それらを規定する三つの決定要因に深く依存すればするほど移転の可能性は低くなる (空間Ⅰ: 不完全適用プロセス)。もう一つのケースは, マニュアル化が困難である管理

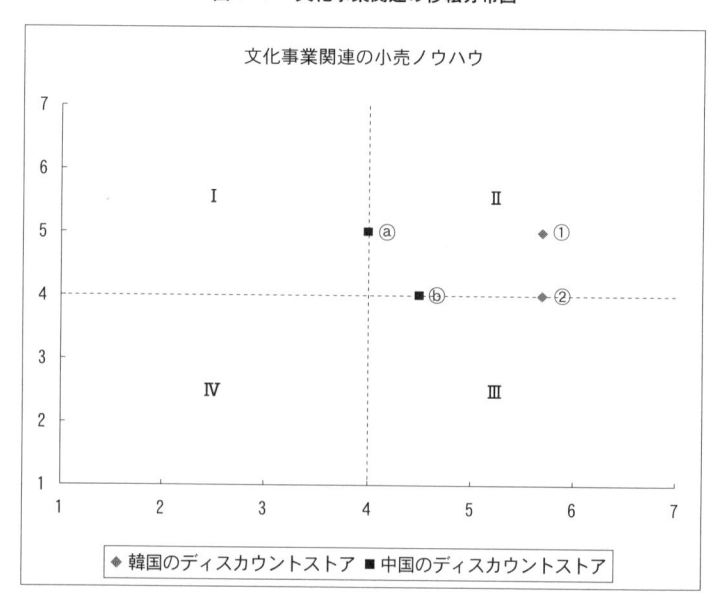

図6-7 文化事業関連の移転分布図

第4節 東アジアにおける欧米型ディスカウントストアの海外移転と戦略　197

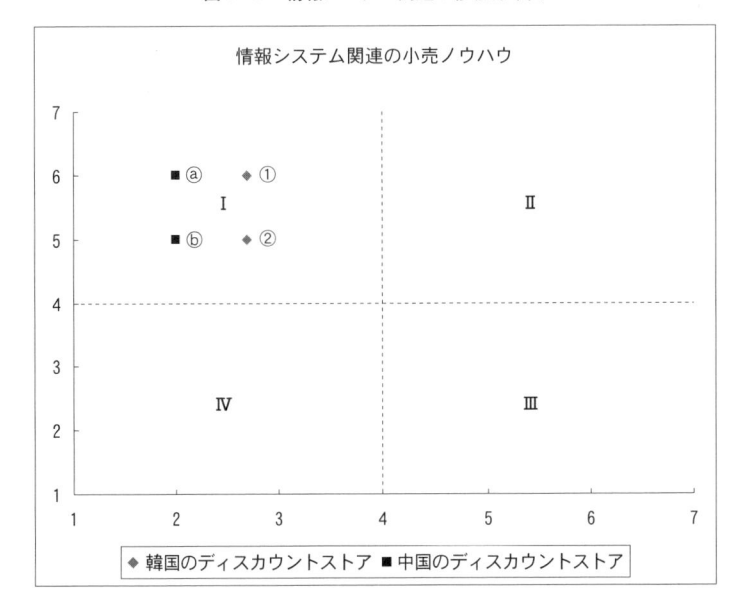

図6-8　情報システム関連の移転分布図

情報システム関連の小売ノウハウ

（■ 韓国のディスカウントストア　◆ 中国のディスカウントストア）

依存型小売ノウハウであっても，それらを規定する三つの決定要因にあまり依存しない場合もある（空間Ⅲ：不完全適応プロセス）。ここに提示されたフレームワークに従えば，欧米型ディスカウントストアの海外移転は，適応・不完全適応ないしは適用・不完全適用という四つのプロセスを辿ることになる。

すでに述べたように，東アジア市場においては，欧米型小売企業が次々と参入しており，グローバル小売競争が激化している。向山雅夫氏は「一般的に，欧米小売企業は海外小売市場において自国の小売市場で獲得した競争優位性のある小売ノウハウを修正せずにそのまま採用する標準化戦略を採ることが多い。それに対して，日本の小売企業は現地の小売市場の特性に合わせて，移転対象となる小売ノウハウを修正するという適応化戦略を採ることが多いといえる。例えば，最初にアジア小売市場への参入を果たしたのは日本の小売企業であったが，1990年代後半に入ってからは欧米小売企業の積極的事業展開とは逆に，日本の小売企業はアジア小売市場から撤退を続けてい

る。また,欧米小売企業は文化・社会・地理的に類似した周辺諸国への参入を果たし,早い時期から事業展開を行っているが,すべて成功をおさめているわけではない」[46]としている。つまり,これらの二つの戦略のうち,どちらの戦略が海外小売市場において有効な戦略であり,競争優位性の獲得の要因として働くかについては今のところ断定するのは非常に困難である。それは,既存の研究においては,競争戦略を構成する小売ノウハウのうち,どのような小売ノウハウを適用化(標準化)し適応化すべきかという枠組みまでは明らかにされていないからであろう。

しかし,韓国と中国における小売ノウハウの海外移転モデルの実証研究からいうならば,今後小売企業が採るべきグローバル競争戦略の枠組みは,Ⅳ空間に属する小売ノウハウについては適用化(標準化)戦略が,Ⅱ空間に属する小売ノウハウについては適応化戦略が有効である。しかし,Ⅰ空間に属する小売ノウハウについては部分的適用(標準)化戦略が,Ⅲ空間に属する小売ノウハウについては部分的適応化戦略が有効であるといえよう。

注
1) 渦原実男「総合ディスカウントストアの特性の研究」『西南学院大学商学論集』第43巻第2号,西南学院大学学術研究所,1996年,68-69ページ。
2) 渥美俊一『ディスカウンティング』実務教育出版,1996年。南知恵子「小売業態の発展」田島義博・原田英生編『ゼミナール流通入門』日本経済新聞社,1997年,124-150ページ。
3) 池尾恭一「小売業態の発展」田島義博・原田英生編『ゼミナール流通入門』日本経済新聞社,1997年,150ページ。
4) 南知恵子,前掲書,149-150ページ。
5) 流通問題研究会編『ディスカウントストア快進撃の研究』日本経済新聞社,1991年,25ページ。
6) 渦原実男,前掲誌,64ページ。
7) 白石善章・安瑢煥「日本におけるディスカウントストア業界の現状と課題」『流通科学大学論集』(流通・経営編)Vol.9 No.2,1997年,114ページ。
8) 渦原実男,前掲誌,65-66ページ。
9) 小林隆一「新業態小売業のローコスト・オペレーション」『流通政策』No53,6-7ページ。
10) 渥美俊一,前掲書,360ページ。
11) 上掲書,360-361ページ。
12) 安部 昇「ディスカウントストアの台頭と価格破壊に関する考察」『経営経理研究』第58号,拓殖大学経営経理研究所,1997年,197-227ページ。
13) 相原 修「M&Aと海外進出で巨大化するカルフール―ハイパーマーケットの挑戦―」『流通とシステム』第108号,2001年,12-19ページ。
14) 上掲誌,12-19ページ。

15) 福田順子「米国ディスカウントストア業界の現状」『公正取引』No.529, 1994 年, 14-19 ページ。
16) 上掲誌, 14-19 ページ。
17) ディール・バイイングとは, メーカーが小売業者に対して年間 4～5 回の割合で販売促進的に実施する特売のことである。
18) フォワード・バイイングとは, ディール・バイイングの最終日に大量に購買する方法である。
19) ダイバーティングは, アメリカのような国土の広い国においては, メーカーは全国一斉に特売を行うことはなく, 自社の戦略に基づいて特定地域に限って, もしくは地域別に順に実施するのが一般的である。そこで, 小売業としては, ディールが実施されている地域で大量に購入し, それを他の地域の店舗に転送（ダイバート）するという小売ノウハウの一つである。
20) カテゴリー・レビュー・プロセスは, 小売業がメーカーやベンダーをより有利な条件のために選別する方法である。
21) バックホール・アローアンスとは, 本来メーカーが行うべき商品輸送を, 小売業者が代行する場合に支払われるアローワンスのことである。
22) スロッティング・アローアンスとは, メーカーが次々と送り出す新製品を, 小売業者が代わって自社の倉庫に在庫する場合に支払われるアローアンスのことである。
23) パフォーマンス・アローアンスとは, 顧客の多様化を背景としてメーカーは市場細分化を考えなければならなくなっている。その市場開拓のための協賛金のことである。
24) 白石善章・安璿煥, 前掲誌, 117-119 ページ。
25) 宮下正房『現代の流通戦略』中央経済社, 1996 年, 141 ページ。
26) 上掲書, 140-141 ページ。
27) 南　亮一・矢作敏行「日本市場参入後のグローバル・リテイラー」矢作敏行編『中国アジアの小売業革新―全球化のインパクト』日本経済新聞社, 2003 年, 118 ページ。
28) 胡欣欣「中国小売業の近代化と外資参入動向」矢作敏行編『中国アジアの小売業革新―全球化のインパクト』日本経済新聞社, 2003 年, 37-43 ページ。
29) 矢作敏行『欧州の小売りイノベーション』白桃書房, 2000 年, 111-114 ページ。
30) 南　亮一・矢作敏行, 前掲書, 117-118 ページ。
31) 日経流通新聞 (8.10.31 日)
32) 南　亮一・矢作敏行, 前掲書, 118 ページ。
33) 上掲書, 118-119 ページ。
34) 宮下正房, 前掲書, 140 ページ。
35) 大韓商工会議所編『21 世紀に向かう流通産業の発展戦略と政策課題』大韓商工会議所, 1999 年, 79-80 ページ。（原文は韓国語である）
36) オセジョ・イムヨンキュン・ソンヨンウク・キムサントク「韓国ディスカウントストアの競争戦略―内外資本の事例比較―」矢作敏行編『中国・アジアの小売業革新―全球化のインパクト』日本経済新聞社, 2003 年, 207 ページ。
37) 上掲書, 208-210 ページ。
38) 上掲書, 208-210 ページ。
39) 上掲書, 220-221 ページ。
40) 胡欣欣, 前掲書, 37-39 ページ。
41) 上掲書, 39 ページ。
42) 寺嶋正尚・洪緑萍「中国における外資参入規制の緩和とそれが主要業態に与えた影響―百貨店・スーパーマーケット・コンビニエンスストア等―」『流通情報』No.408, 2003 年, 28-48

ページ。
43) 胡欣欣，前掲書，39-40 ページ。
44) 川端基夫「小売市場の急拡大に沸く中国の流通市場（上）―北京・天津地域―」『流通とシステム』No.123, 2005 年, 62 ページ。
45) 金　　琦「中国における流通業の国際化―消費市場の拡大と外資系小売業の競争―」『東京国際大学論叢』（商学部編）第 66 号, 2002 年, 25 ページ。
46) 向山雅夫「アジア流通革命の展望」ロス・デービス・矢作敏行編『アジア発グローバル小売競争』日本経済新聞社, 2001 年, 341 ページ。

結章
本研究の検証結果と残された課題

第1節　本研究の検証結果

　本書の序章においてもすでに述べたように，本研究の目的は，東アジア流通市場で小売活動を展開している小売企業に対象を限定して，各国小売企業のグローバル化の視点から分析し，第1に，東アジアの小売企業のグローバル化に関する理論的枠組みを構築すること，第2に，製造企業との比較の視点から小売ノウハウの海外移転について分析し，一般化モデルを検討することであった。本研究の枠組みは，製造企業における管理技術の海外移転に関する先行研究のレビューを前提に，小売ノウハウの海外移転を考察する視点として，①小売ノウハウ（技術依存型ないし管理依存型）と②文化的要因，③経済的要因，④企業組織的要因との関係といったそれぞれの座標軸をもとに，小売ノウハウの海外移転のモデルを提示し，それらの移転の可能性について検討した。具体的に言えば，小売ノウハウの海外移転のモデルに基づいて，韓国と中国の現地小売企業におけるアンケート・インタビュー調査を実施し，その調査で得られたデータなどを基礎に，各国の小売市場において，小売ノウハウが，どの程度本国から現地小売市場に移転されているのか，またそのノウハウがどの程度修正され現地に移転可能なのか，あるいは移転不可能なのか，不可能な場合それは何故なのかなどについて検討した。つまり，「Ⅰ空間」（不完全適用プロセス），「Ⅱ空間」（適応プロセス），「Ⅲ空間」（不完全適応プロセス），「Ⅳ空間」（適用プロセス）という四つの空間において，小売ノウハウを移転分布図に位置づけて，それらの理由について多角的分析検討を行った。

本研究の検証結果をまとめると，以下のとおりである。

まず，韓国と中国におけるコンビニエンスストアの類似度と移転から言えば，各国間の小売ノウハウの類似度においては，結表1で示されているように，韓中の総平均にした値からみると，類似度の低かった小売ノウハウ（総平均値が4.0以上）は「マーチャンダイジング関連」，「教育関連」，「文化事業関連」の項目であるが，とくに「文化事業関連」の小売ノウハウ（5.3）が最も低い。韓国と中国との比較の視点からいうと，類似度が中国より韓国の方が高い小売ノウハウは，「店舗関連」（韓3.4，中4.3），「マーチャンダイジング関連」（韓3.5，中4.9），「保管・物流関連」（韓3.3，中3.8）である。つまり，韓国では中国に比べて，これらの項目については適用度が高いことになる。換言するならば，小売ノウハウが現地環境に対してほとんど制約を受けず，そのまま持ち込まれたことになる（適用化）。しかし，類似度が中国よりも韓国の方が低かった小売ノウハウは，「販売関連」（韓4.2，中3.5），「教育関連」（韓5.0，中3.8），「情報システム関連」（韓4.1，中2.5）の項目である。つまり，これらの項目については韓国では中国に比べて適用度が低い（適応化）ことになる。ちなみに「文化事業関連」の小売ノウハウの項目においては，両国ともに類似度が5.3であり，両国ともに適用度が低く，現地環境において何らかの制約を受け，修正を加えられている（適応化）。

コンビニエンスストアの移転分布図から言えば，小売ノウハウの移転の特徴については，まず「店舗関連」からみていくが，「店舗関連」の小売ノウハウは，それらを規定する決定要因に対して依存度合が比較的低いため，韓国と中国との間には若干の差異があるものの，ほとんどの項目が適用プロセスの「Ⅳ空間」または不完全適応プロセスの「Ⅲ空間」に属していることである。また，「マーチャンダイジング関連」の小売ノウハウは，移転対象となる小売ノウハウのマニュアル化・プログラム化の度合とそれらを規定する決定要因の依存度合がさまざまであるため，四つの空間において各項目の小売ノウハウが比較的散見される傾向がある。「販売関連」の小売ノウハウの移転の特徴としては，「Ⅱ空間」と「Ⅳ空間」とに二極化されていることがあげられる。「保管・物流関連」の小売ノウハウは，中国での「在庫管理」

結表1　韓国と中国における小売ノウハウの類似度（適用度）

		韓国 CVS	韓国 DS	中国 CVS	中国 DS	韓中の総平均 CVS	韓中の総平均 DS
1．社名	（平均）	3.0	1.0	1.0	1.0	2.0	1.0
2．ユニフォーム	（平均）	5.3	2.0	4.0	2.0	4.7	2.0
3．経営理念	（平均）	3.0	1.7	2.0	4.5	2.5	3.1
4．店舗関連の小売ノウハウ	（平均）	3.4	3.1	4.3	2.3	3.9	2.7
①立地選択の基準		4.3	3.7	6.0	3.0	5.2	3.4
②店舗設計		3.0	3.3	4.5	2.5	3.8	2.9
③ゾーニング		2.3	3.3	4.0	3.0	3.2	3.2
④内装・装飾		3.3	3.0	3.5	2.0	3.4	2.5
⑤サイン計画		2.3	2.3	4.5	1.5	3.4	1.9
⑥什器デザイン		4.3	2.7	4.5	1.5	4.4	2.1
⑦冷蔵・冷凍設備		4.3	3.3	3.0	25	3.7	2.9
5．マーチャンダイジング関連の小売ノウハウ	（平均）	3.5	4.4	4.9	3.1	4.2	3.7
①商品開発・メーカー		3.3	5.7	6.0	3.5	4.7	4.6
②商品選定		3.3	5.0	5.5	3.5	4.4	4.3
③取引ルール		4.0	3.3	6.0	3.5	5.0	3.4
④仕入手法		4.0	4.3	5.5	2.0	4.8	3.2
⑤値決め手法		4.3	4.0	4.5	2.0	4.4	3.0
⑥品揃えの範囲と内容		2.3	3.3	4.5	2.5	3.4	2.9
⑦プリパッケージング		4.3	5.0	3.5	2.0	3.9	3.5
⑧ストアレイアウト		2.3	4.3	3.5	2.5	2.9	3.4
6．販売関連の小売ノウハウ	（平均）	4.2	3.6	3.5	2.6	3.9	3.1
①ディスプレイ		3.3	3.3	3.0	2.0	3.2	2.7
②販売イベント		5.7	5.3	5.5	4.0	5.6	4.7
③広告方法		5.3	5.0	5.5	4.0	5.4	4.5
④接客		3.0	2.3	2.0	1.5	2.5	1.9
⑤アフターサービス		3.7	2.0	1.5	1.5	2.6	1.8
7．賃貸関連の小売ノウハウ	（平均）	－	4.5	－	3.5	－	4.0
①テナントミックス		－	5.7	－	5.0	－	5.3
②テナント募集		－	5.0	－	4.0	－	4.5
③テナント契約方式		－	4.0	－	3.0	－	3.5
④賃貸管理		－	3.3	－	2.0	－	2.7
8．教育関連の小売ノウハウ	（平均）	5.0	3.7	3.8	2.0	4.4	2.8
①人材開発		5.0	3.7	4.5	2.0	4.8	2.8
②社員の教育訓練		5.0	3.7	3.0	2.0	4.0	2.8
9．保管・物流関連の小売ノウハウ	（平均）	3.3	3.3	3.8	2.6	3.5	2.9
①在庫管理		3.3	3.0	7.0	3.0	5.2	3.0
②商品配送		3.3	4.7	2.5	3.5	2.9	4.1
③チェックアウト		3.3	2.7	1.0	2.0	2.2	2.3
④商品補充		3.0	2.7	1.0	2.0	2.0	2.3
10．文化事業関連の小売ノウハウ	（平均）	5.3	5.7	5.3	4.3	5.3	5.0
①文化イベント		5.0	5.7	5.0	4.0	5.0	4.9
②文化教室		5.7	5.7	5.5	4.5	5.6	5.1
11．情報システム関連の小売ノウハウ	（平均）	4.1	2.7	2.5	2.0	3.3	2.3
①POSシステム		3.7	2.7	2.5	2.0	3.1	2.3
②POSシステムの運営程度		4.0	2.7	3.0	2.0	3.5	2.3
②公共料金等収納代行サービス		4.7	－	2.0	－	3.3	－

（「Ⅲ空間」）を除くと，それらを規定する決定要因の依存度合が比較的強いため，「Ⅰ空間」または「Ⅳ空間」に属していることが特徴である。「文化事業関連」の小売ノウハウの特徴は，他の小売ノウハウの移転とは異なり，全体的に適応プロセスの「Ⅱ空間」に収斂していることである。最後の「情報システム関連」の小売ノウハウの移転は，店舗関連の小売ノウハウとは異なり，全体的にそれらを規定する決定要因の依存度合が高いため，いずれも「Ⅰ空間」または「Ⅱ空間」に属していることが，その特徴である。

また，韓国と中国におけるディスカウントストアの類似度と移転の結果からいうと，各国間の小売ノウハウの類似度においては，表1でも示されているように，まず韓中の総平均にした値からみると，類似度の高い小売ノウハウとしては，「賃貸関連」と「文化事業関連」を除いた諸項目があげられる。「賃貸関連」の類似度はちょうど平均値（4.0）であるものの，コンビニエンスストアと同様に最も類似度の低い小売ノウハウは「文化事業」（5.0）である。また，韓国と中国との比較の視点から言えば，韓国では，「マーチャンダイジング関連」（4.4），「賃貸関連」（4.5），「文化事業関連」（5.7）の小売ノウハウの類似度は低い。しかし，中国では，「文化事業関連」（4.3）の小売ノウハウを除くと，諸項目の類似度が全体的に高い。つまり，ディスカウントストアの類似度では「文化事業関連」の小売ノウハウを除くと，類似度は韓国よりも中国の方が全体的に高い。類似度が高いことは，小売ノウハウが現地環境に対してほとんど制約を受けず，そのまま持ち込まれる適用化を意味する。それに対し，類似度が低いことは，現地小売市場において小売ノウハウを持ち込むときに現地環境によって何らかの制約を受け，修正を加えられる適応化を意味する。

ディスカウントストアの移転分布図から言えば，小売ノウハウの移転の特徴については，まず「店舗関連」から検討していくが，この項目の移転の特徴は韓国と中国はともに，ペーパーにマニュアル化またはコンピュータにプログラム化が比較的容易であり，かつそれらを規定する決定要因の依存度合が比較的低いため，適用プロセスの「Ⅳ空間」に属していることである。また，「マーチャンダイジング関連」の小売ノウハウは，小売ノウハウのマ

ニュアル化・プログラム化の度合とそれらを規定する決定要因の依存度合とが項目ごとに大きく異なり，四つの空間において各項目の小売ノウハウの移転が分散される傾向がある。また，「販売関連」の小売ノウハウの移転は，「Ⅱ空間」と「Ⅳ空間」とに二極化されていることがその特徴である。「賃貸関連」の小売ノウハウは両国ともに，それを規定する決定要因の依存が極めて強いため，「Ⅰ空間」または「Ⅱ空間」に属しており，結局小売ノウハウのマニュアル化・プログラム化が可能であるか否かによって移転のプロセスが異なることである。さらに，「教育関連」の小売ノウハウは，比較的マニュアル化・プログラム化がしやすいが，それらを規定する決定要因の依存度合によって「Ⅰ空間」または「Ⅳ空間」に二極化されている。同じく，「保管・物流関連」の小売ノウハウも，韓国での商品配送（「Ⅱ空間」）を除くと，全体的にマニュアル化・プログラム化の度合が比較的容易であるため，結局それらを規定する決定要因の依存度合によって移転のプロセス（「Ⅰ空間」または「Ⅳ空間」）が異なる。「文化事業関連」の小売ノウハウの移転は，他の小売ノウハウの移転とは違い，両国ともにすべての項目が「Ⅱ空間」に属していることが特徴である。最後に，「情報システム関連」の小売ノウハウは両国ともに，小売ノウハウのマニュアル化・プログラム化が可能であり，かつそれらを規定する決定要因の依存度合が全体的に高いため，部分的適用プロセスの「Ⅰ空間」に属している。

　さらに，コンビニエンスストアとディスカウントストアの比較の視点から言えば，ディスカウントストアは，コンビニエンスストアよりも，それらを営む小売ノウハウの類似度が高いことである（第4章の図4－14を参照）。それは，ディスカウントストアはコンビニエンスストアより商圏（trading areas），いわば特定エリアで買い物をする顧客の地理的吸引範囲が広いため，それらの類似度が高いと考えられる。ここで注目すべきことは，小売ノウハウの海外移転と小売企業のカバーする商圏とが密接に関係していることである。つまり，海外小売市場において，顧客の地理的吸引の範囲が広い小売企業であればあるほど，その移転対象となる小売ノウハウの類似度が高くなる。いわば適用化（標準化）戦略である。逆に言えば，顧客の地理的吸引

の範囲が狭い小売企業であればあるほど，その移転対象となる小売ノウハウの類似度が低くなる。いわば適応化戦略である。

　以上のように，韓国と中国における小売ノウハウの海外移転は，「技術依存型」・「管理依存型」小売ノウハウの海外移転と，移転対象となる小売ノウハウを規定する三つの決定要因（① 文化構造，② 経済過程，③ 企業内外諸組織）との間には，例外もあるが，トレード・オフの関係が成立することが明らかになった。「技術依存型小売ノウハウ」は，ペーパーでマニュアル化され図示化することができる，そしてコンピュータでプログラム化できる技法である。それらの諸要素は，機械そのものであったり，人間と機械の関係に依存しており，その国の技術レベルに関係していても，その国の人々の文化（価値）からは比較的中立的である。いわゆる適用化（標準化）（Ⅰ空間またはⅣ空間）の移転プロセスを採ることになる。それに対して，「管理依存型小売ノウハウ」は，ほとんどの技法が人間に内在化されており，比較的マニュアル化やプログラム化ができない。それらの諸要素は，人間と機械の関係のみではなく，人間と人間の関係に依存する技法である。しかしながら，マニュアル化もしくはプログラム化しやすい諸要素であっても，その移転対象となる技術を規定する三つの要因（文化構造，経済過程，企業内外諸組織）との関係が深くなればなるほど移転の可能性が低くなる。いわゆる適応化（Ⅱ空間またはⅢ空間）の移転プロセスを採ることになる。

　小売ノウハウの海外移転のモデルから言えば，韓国と中国における日本型・欧米型小売企業の競争優位戦略は，「Ⅳ空間」に属する小売ノウハウについては適用化（標準化）戦略を採っているが，むしろ「Ⅱ空間」に属する小売ノウハウについては適応化戦略を採っていることである。しかし，「Ⅰ空間」に属する小売ノウハウについては部分的適用化（標準化）戦略を，「Ⅲ空間」に属する小売ノウハウについては部分的適応化戦略を採っていることが，その枠組みとして提示できるといえる。つまり，今後，小売企業が採るべきグローバル競争戦略の枠組みとしては，「Ⅳ空間」に属する小売ノウハウについては適用化（標準化）戦略が，「Ⅱ空間」に属する小売ノウハウについては適応化戦略が有効である。また，「Ⅰ空間」に属する小売ノウ

ハウについては部分的適用化戦略が,「Ⅲ空間」に属する小売ノウハウについては部分的適応化戦略が有効であるといえよう。

第2節　残された課題

　本書においては,製造業における経営技術の海外移転に関する研究の成果をふまえつつ,小売ノウハウ(技術)の海外移転に関する試論的モデルを用いて,東アジア小売市場における現地小売企業を対象として実証研究を行い,小売企業のノウハウ(技術)の海外移転に関する理論的一般化の可能性を検討してきた。しかしながら,本書においては「日本型」や「欧米型」といった移転の仕方を分類せずに一般理論の構築に焦点を合わせており,小売ノウハウの海外移転の一般化理論の枠組みについての一定の法則性は提示することが出来たものの,日本型や欧米型小売ノウハウの海外移転に関する一般化理論の解明にまでは至らなかった。

　そこで,残された課題として,第1にこれまでの理論的研究をより発展させて,アジア小売市場のみならず,欧米小売市場においてもすでに提示したモデルと突き合わせて現地小売企業を対象とする実証研究を行い,日本型小売ノウハウの海外移転の一般化理論の枠組みを提示し,日本小売企業のグローバル戦略のあり方を検討することである。

　また,本書では,日本型コンビニエンスストアや欧米型ディスカウントストアが展開されているにもかかわらず,それらの理論的研究についてはほとんど解明できず,かつ端緒的考察となったため,今後日本型ないし欧米型小売ノウハウとは何かなどについて理論的枠組みや実証研究を行うことが,第2の課題である。

　第3の課題は,小売ノウハウの海外移転が小売企業のグローバル戦略に対してどのような影響を与え,または小売企業のグローバル戦略が小売ノウハウの海外移転に対してどのような影響を与えるか,いわゆる小売ノウハウの海外移転と小売企業のグローバル戦略とのかかわりについて理論的展開が不十分であり,それらを解明することが出来なかったことである。

第4の課題は，本書でもすでに提示したように，コンビニエンスストアやディスカウントストアのみならず，百貨店やスーパーマーケットなどの諸小売業態を対象とする実証研究を行い，商圏と小売ノウハウの海外移転との関係を明らかにすることである。

　しかし，残された課題はこれ以外にもあるものの，筆者の提示した小売ノウハウの一般化理論の試みが小売企業のグローバル戦略の構築に寄与することを願う次第である。

小売ノウハウ（技術）の海外移転に関するアンケートのお願い

久留米大学商学部
研究代表者：金　亨洙

　この調査は，研究代表者：金　亨洙が，文部科学省の科学研究費の援助を受けて行うものです。純粋に学術的調査で，調査結果は学術論文をまとめて発行する目的以外には使用致しません。貴社の名前を公表することは一切しませんし，記入内容についてもプロジェクト・メンバー以外には秘密を厳守します。ご多忙と存じますが，学術の発展のために，どうぞご協力お願い申し上げます。

【貴社の概要について】
1）貴社の属する業態について，○印をつけてください。
　　「　1＝百貨店　　2＝スーパーマーケット　　3＝コンビニエンスストア
　　　4＝ディスカウントストア　5＝専門店　6＝その他（　　　　　）」
2）貴社の資本金規模　　　（　　　　　　　　　　　　　　　　）
3）従業員規模　　　　　　（　　　　　　　　　　　　　　人　）
4）貴社の設立・進出時期　（　　　　　　　　　　　　　　年　）
【貴社名】　　　　　　　　（　　　　　　　　　　　　　　　　）
【ご回答者の職種】　　　　（　　　　　　　　　　　　　　　　）

1．最初小売市場に進出するさい，どのような方式で進出しましたか？　○印をつけてください。
　1）海外直接投資　2）フランチャイズ契約　3）合弁事業　4）経営管理契約
　5）M&A　　　6）その他（　　　　　　　　　　　　　）

　・最初小売市場に進出するさい，海外小売市場の視察やセミナーや会議などに参加したことがありますか？
　　　　　　　　　「　1＝有　　　　2＝無　」
　・最初小売市場に進出するさい，海外小売企業での教育・訓練を受けたことが

ありますか？
「　1＝有　　　2＝無　」

2．貴社の「社名（商標）」は，本社・支社の社名とどの程度似ていますか？　○印をつけてください。
　　　　7＝全く似ていない　　　6＝殆ど似ていない　　　5＝やや似ていない
　　　　4＝どちらでもない　　　3＝やや似ている　　　　2＝殆ど似ている
　　　　1＝全く似ている
　　　その理由は何ですか？（
　　　　　　　　　　　　　　　　　　　　　　　　　　　　　　　　　　　　　）

3．貴社の「ユニフォーム」は，本社・支社のユニフォームとどの程度似ていますか？　○印をつけてください。
　　　　7＝全く似ていない　　　6＝殆ど似ていない　　　5＝やや似ていない
　　　　4＝どちらでもない　　　3＝やや似ている　　　　2＝殆ど似ている
　　　　1＝全く似ている
　　　その理由は何ですか？（
　　　　　　　　　　　　　　　　　　　　　　　　　　　　　　　　　　　　　）

4．貴社の小売経営理念や政策は，本社・支社の小売経営理念や政策とどの程度似ていますか？　○印をつけてください。
　　評価基準：7＝全く似ていない　6＝殆ど似ていない　5＝やや似ていない
　　　　　　　4＝どちらでもない　3＝やや似ている　　2＝殆ど似ている
　　　　　　　1＝全く似ている
　　　その理由は何ですか？（
　　　　　　　　　　　　　　　　　　　　　　　　　　　　　　　　　　　　　）

5．以下の小売ノウハウのうち，貴社内（本社・支社）ですでにマニュアル化・図示化され，かつコンピューターにプログラム化されている項目については全て○をつけてください。又，マニュアル化・図示化され，かつコンピューターにプログラム化されていない項目については全て×をつけてください。
　　1）立地選定の基準　　　2）店舗設計　　　　3）ゾーニング
　　4）内装・装飾　　　　　5）サイン計画　　　6）什器デザイン

7）冷蔵・冷凍設備　　8）商品開発　　　　　9）商品選定
10）取引ルール　　　　11）仕入れ手法　　　　12）値きめ手法
13）品揃えの範囲　　　14）プリパッケージング　15）ストアレイアウト
16）ディスプレイ　　　17）販売イベント　　　18）広告方法
19）接客　　　　　　　20）アフターサービス　　21）テナントミックス
22）テナント募集　　　23）テナント契約方式　　24）家賃管理
25）人材開発　　　　　26）社員の教育訓練　　　27）在庫管理
28）商品配送　　　　　29）チェックアウト　　　30）商品補充
31）文化イベント　　　32）文化教室　　　　　　33）POSシステム
34）POSシステムの運営程度　　35）公共料金等の収納代行サービス

6．以下の小売ノウハウのうち，貴社の本社と支社との間に「類似性が高い」と考えられる項目について，7つ○印をつけてください。

1）立地選定の基準　　2）店舗設計　　　　　3）ゾーニング
4）内装・装飾　　　　5）サイン計画　　　　6）什器デザイン
7）冷蔵・冷凍設備　　8）商品開発　　　　　9）商品選定
10）取引ルール　　　　11）仕入れ手法　　　　12）値きめ手法
13）品揃えの範囲　　　14）プリパッケージング　15）ストアレイアウト
16）ディスプレイ　　　17）販売イベント　　　18）広告方法
19）接客　　　　　　　20）アフターサービス　　21）テナントミックス
22）テナント募集　　　23）テナント契約方式　　24）家賃管理
25）人材開発　　　　　26）社員の教育訓練　　　27）在庫管理
28）商品配送　　　　　29）チェックアウト　　　30）商品補充
31）文化イベント　　　32）文化教室　　　　　　33）POSシステム
34）POSシステムの運営程度　　35）公共料金等の収納代行サービス

7．以下の小売ノウハウのうち，貴社の本社と支社との間に「類似性が低い」と考えられる項目について，7つ○印をつけてください。

1）立地選定の基準　　2）店舗設計　　　　　3）ゾーニング
4）内装・装飾　　　　5）サイン計画　　　　6）什器デザイン
7）冷蔵・冷凍設備　　8）商品開発　　　　　9）商品選定
10）取引ルール　　　　11）仕入れ手法　　　　12）値きめ手法
13）品揃えの範囲　　　14）プリパッケージング　15）ストアレイアウト

16）ディスプレイ　　　17）販売イベント　　　18）広告方法
19）接客　　　　　　　20）アフターサービス　21）テナントミックス
22）テナント募集　　　23）テナント契約方式　24）家賃管理
25）人材開発　　　　　26）社員の教育訓練　　27）在庫管理
28）商品配送　　　　　29）チェックアウト　　30）商品補充
31）　文化イベント　　32）文化教室　　　　　33）POSシステム
34）POSシステムの運営程度　　　35）公共料金等の収納代行サービス

8．店舗関連の項目について，以下の小売ノウハウのうち，貴社の本社・支社とどの程度似ていますか？
　　　　評価基準：7＝全く似ていない　6＝殆ど似ていない　5＝やや似ていない
　　　　　　　　　4＝どちらでもない　3＝やや似ている　　2＝殆ど似ている
　　　　　　　　　1＝全く似ている

　　1）立地選定の基準　　　「　1　　2　　3　　4　　5　　6　　7　」
　　2）店舗設計　　　　　　「　1　　2　　3　　4　　5　　6　　7　」
　　3）ゾーニング　　　　　「　1　　2　　3　　4　　5　　6　　7　」
　　4）内装・装飾　　　　　「　1　　2　　3　　4　　5　　6　　7　」
　　5）サイン計画　　　　　「　1　　2　　3　　4　　5　　6　　7　」
　　6）什器デザイン　　　　「　1　　2　　3　　4　　5　　6　　7　」
　　7）冷蔵・冷凍設備　　　「　1　　2　　3　　4　　5　　6　　7　」

9．マーチャンダイジング関連の項目について，以下の小売ノウハウのうち，貴社の本社・支社とどの程度似ていますか？
　　　　評価基準：7＝全く似ていない　6＝殆ど似ていない　5＝やや似ていない
　　　　　　　　　4＝どちらでもない　3＝やや似ている　　2＝殆ど似ている
　　　　　　　　　1＝全く似ている

　　1）メーカー・商品開発　「　1　　2　　3　　4　　5　　6　　7　」
　　2）商品選定　　　　　　「　1　　2　　3　　4　　5　　6　　7　」
　　3）取引ルール　　　　　「　1　　2　　3　　4　　5　　6　　7　」
　　4）仕入れ手法　　　　　「　1　　2　　3　　4　　5　　6　　7　」
　　5）値決め手法　　　　　「　1　　2　　3　　4　　5　　6　　7　」
　　6）品揃えの範囲と内容　「　1　　2　　3　　4　　5　　6　　7　」
　　7）プリパッケージング　「　1　　2　　3　　4　　5　　6　　7　」

8）ストアレイアウト 「 1　　2　　3　　4　　5　　6　　7 」

10. 販売関連の項目について，以下の小売ノウハウのうち，貴社の本社・支社とどの程度似ていますか？
　　評価基準：7＝全く似ていない　6＝殆ど似ていない　5＝やや似ていない
　　　　　　　4＝どちらでもない　3＝やや似ている　2＝殆ど似ている
　　　　　　　1＝全く似ている
　　1）ディスプレイ　　　　　「 1　　2　　3　　4　　5　　6　　7 」
　　2）販売イベント　　　　　「 1　　2　　3　　4　　5　　6　　7 」
　　3）広告方法　　　　　　　「 1　　2　　3　　4　　5　　6　　7 」
　　4）接客　　　　　　　　　「 1　　2　　3　　4　　5　　6　　7 」
　　5）アフターサービス　　　「 1　　2　　3　　4　　5　　6　　7 」

11. 賃貸関連の項目について，以下の小売ノウハウのうち，貴社の本社・支社とどの程度似ていますか？
　　評価基準：7＝全く似ていない　6＝殆ど似ていない　5＝やや似ていない
　　　　　　　4＝どちらでもない　3＝やや似ている　2＝殆ど似ている
　　　　　　　1＝全く似ている
　　1）テナントミックス　　　「 1　　2　　3　　4　　5　　6　　7 」
　　2）テナント募集　　　　　「 1　　2　　3　　4　　5　　6　　7 」
　　3）テナント契約方式　　　「 1　　2　　3　　4　　5　　6　　7 」
　　4）家賃管理　　　　　　　「 1　　2　　3　　4　　5　　6　　7 」

12. 教育関連の項目について，以下の小売ノウハウのうち，貴社の本社・支社とどの程度似ていますか？
　　評価基準：7＝全く似ていない　6＝殆ど似ていない　5＝やや似ていない
　　　　　　　4＝どちらでもない　3＝やや似ている　2＝殆ど似ている
　　　　　　　1＝全く似ている
　　1）人材開発　　　　　　　「 1　　2　　3　　4　　5　　6　　7 」
　　2）社員の教育訓練　　　　「 1　　2　　3　　4　　5　　6　　7 」

13. 保管・物流関連の項目について，以下の小売ノウハウのうち，貴社の本社・支社とどの程度似ていますか？

評価基準：7 ＝全く似ていない　6 ＝殆ど似ていない　5 ＝やや似ていない
　　　　　4 ＝どちらでもない　3 ＝やや似ている　　2 ＝殆ど似ている
　　　　　1 ＝全く似ている

1）在庫管理　　　　　　「　1　　2　　3　　4　　5　　6　　7　」
2）商品配送　　　　　　「　1　　2　　3　　4　　5　　6　　7　」
3）チェックアウト　　　「　1　　2　　3　　4　　5　　6　　7　」
4）商品補充　　　　　　「　1　　2　　3　　4　　5　　6　　7　」

14. 文化事業関連の項目について，以下の小売ノウハウのうち，貴社の本社・支社とどの程度似ていますか？

評価基準：7 ＝全く似ていない　6 ＝殆ど似ていない　5 ＝やや似ていない
　　　　　4 ＝どちらでもない　3 ＝やや似ている　　2 ＝殆ど似ている
　　　　　1 ＝全く似ている

1）文化イベント（展覧会等）「　1　　2　　3　　4　　5　　6　　7　」
2）文化教室　　　　　　「　1　　2　　3　　4　　5　　6　　7　」

15. 情報システム関連の項目について，以下の小売ノウハウのうち，貴社の本社・支社とどの程度似ていますか？

評価基準：7 ＝全く似ていない　6 ＝殆ど似ていない　5 ＝やや似ていない
　　　　　4 ＝どちらでもない　3 ＝やや似ている　　2 ＝殆ど似ている
　　　　　1 ＝全く似ている

1）POS システム　　　　　　「　1　　2　　3　　4　　5　　6　　7　」
2）POS システムの運営程度　「　1　　2　　3　　4　　5　　6　　7　」
3）公共料金収納代行サービスの提供「　1　　2　　3　　4　　5　　6　　7　」

16. その他の小売ノウハウのうちについても，貴社の本社・支社と類似性があるものがあれば，自由に書いてください。

評価基準：7 ＝全く似ていない　6 ＝殆ど似ていない　5 ＝やや似ていない
　　　　　4 ＝どちらでもない　3 ＝やや似ている　　2 ＝殆ど似ている
　　　　　1 ＝全く似ている

・（　　　　　　　　　　）「　1　　2　　3　　4　　5　　6　　7　」

ご協力ありがとうございました。貴社のますますのご発展を願っております。

소매노우하우 기술의 국제이전에 관한 앙케이트 조사

일본 쿠루메대학교상학부 (久留米大学商学部)
연구대표자 : 김 형수 (金　亨洙)

이 조사는 연구대표자 金　亨洙가 文部科学省의 科学研究費의 援助에 의해 실시되는 현지조사입니다. 이 조사는 순수한 학술적 조사이고 논문으로 발표하는 목적 이외에는 사용되지 않습니다. 귀하의 회사명을 공표하지 않은 것은 물론, 기업내용에 대해서도 연구팀 구성원 이외에는 비밀로 할 것을 엄수합니다. 바쁘신 중에서도 학술의 발전을 위해서 귀하의 협력을 부탁드립니다. 대단히 감사합니다.

【貴社의 개요에 관하여】
　1）貴社에 속한 업체（업태）에 대해서, 이하의 기호에 ○표를 해 주십시오.
　　　「　1＝백화점　　　2＝슈퍼마켓　　　3＝편의점
　　　　4＝할인점　　　5＝전문점　　　　6＝기타（　　　　　）」
　2）貴社의 자본금 규모　　（　　　　　　　　　　　　　　원）
　3）종업원 규모　　　　　（　　　　　　　　　　　　　　人）
　4）貴社의 설립・진출시기（　　　　　　　　　　　　　　年）
【貴社名】　　　　　　　　（　　　　　　　　　　　　　　　）
【응답자의 직종】　　　　　（　　　　　　　　　　　　　　　）

1．최초 소매시장에 진출할때 사용한 진출전략은 무엇입니까？ 해당 번호에 ○ 표를 해 주십시오.
　1）해외직접투자　2）프란차이즈계약　3）조인트벤처　4）경영관리계약
　5）M&A　　　　6）기타（　　　　　　　　　　　　　　　）

　・최초 소매시장에 진출할때, 해외시장의 시찰・국제세미나・국제회의등에 참가한 적이 있습니까？
　　　　　　「　1＝있음　　　2＝없음　」

小売ノウハウ（技術）の海外移転に関するアンケートのお願い

・최초 소매시장에 진출할때 해외소매기업의 교육훈련을 받은 적이 있습니까?

「　1＝있음　　　2＝없음　」

2. 貴社의 사명(社名)은 本社의 社名과 어느정도 유사합니까? 해당 번호에 ○표를 해 주십시오.

　　　7＝완전히 틀리다　　　6＝상당히 틀리다　　　5＝약간 틀리다
　　　4＝중간정도　　　　　　3＝약간 유사하다　　　2＝상당히 유사하다
　　　1＝완전히 유사하다
　　　그 이유는 무엇입니까？（　　　　　　　　　　　　　　　　　　　　
　　　　　　　　　　　　　　　　　　　　　　　　　　　　　　　　　　　）

3. 貴社의 「유니폼」은 本社의 유니폼과 어느정도 유사합니까？해당 번호에 ○표를 해 주십시오.

　　　7＝완전히 틀리다　　　6＝상당히 틀리다　　　5＝약간 틀리다
　　　4＝중간정도　　　　　　3＝약간 유사하다　　　2＝상당히 유사하다
　　　1＝완전히 유사하다
　　　그 이유는 무엇입니까？（　　　　　　　　　　　　　　　　　　　　
　　　　　　　　　　　　　　　　　　　　　　　　　　　　　　　　　　　）

4. 貴社의 소매경영이념・정책은 本社의 소매경영이념・정책과 어느정도 유사합니까？ 해당 번호에 ○표를 해 주십시오.

　　　7＝완전히 틀리다　　　6＝상당히 틀리다　　　5＝약간 틀리다
　　　4＝중간정도　　　　　　3＝약간 유사하다　　　2＝상당히 유사하다
　　　1＝완전히 유사하다
　　　그 이유는 무엇입니까？（　　　　　　　　　　　　　　　　　　　　
　　　　　　　　　　　　　　　　　　　　　　　　　　　　　　　　　　　）

5. 이하의 소매기술 중에서 貴社내부（本社・支社）에 메뉴얼화・도표화 또는 컴퓨터 프로그램화되어 있는 항목에 대해서는 전부 ○표를 해 주십시요. 그렇지 않은 항목에 대해서는 ×표를 해 주십시오.

　　1) 입지선정 기준　　　2) 점포설계　　　　3) Zoning
　　4) 내장・장식　　　　5) 싸인계획　　　　6) 집기디자인

7) 냉장・냉동설비	8) 상품개발	9) 상품선정
10) 거래방식	11) 구매방법	12) 가격결정
13) 상품진열 범위	14) 팩케징・포장	15) Store Layout
16) Display	17) 판매이벤트	18) 광고방법
19) 접객	20) Customer Service	21) Tenant Mix
22) Tenant 모집	23) Tenant 계약방식	24) 임대료관리
25) 인재개발	26) 사원교육훈련	27) 재고관리
28) 상품배송	29) Checkouts	30) 상품보충
31) 문화이벤트	32) 문화교실	33) POS 시스템
34) POS 시스템의 운영정도		35) 공공요금수납대행서비스

6. 이하의 소매기술 중에서 貴社의 本社와 支社간에 「유사성이 많다」라고 생각되는 항목에 대해서 7 항목 ○표를 해 주십시오.

1) 입지선정 기준	2) 점포설계	3) Zoning
4) 내장・장식	5) 싸인계획	6) 집기디자인
7) 냉장・냉동설비	8) 상품개발	9) 상품선정
10) 거래방식	11) 구매방법	12) 가격결정
13) 상품진열 범위	14) 팩케징・포장	15) Store Layout
16) Display	17) 판매이벤트	18) 광고방법
19) 접객	20) Customer Service	21) Tenant Mix
22) Tenant 모집	23) Tenant 계약방식	24) 임대료관리
25) 인재개발	26) 사원교육훈련	27) 재고관리
28) 상품배송	29) Checkouts	30) 상품보충
31) 문화이벤트	32) 문화교실	33) POS 시스템
34) POS 시스템의 운영정도		35) 공공요금수납대행서비스

7. 이하의 소매기술 중에서 貴社의 本社와 支社간에 「유사성이 적다」라고 생각되는 항목에 대해서 7 항목 ○표를 해 주십시오.

1) 입지선정 기준	2) 점포설계	3) Zoning
4) 내장・장식	5) 싸인계획	6) 집기디자인
7) 냉장・냉동설비	8) 상품개발	9) 상품선정
10) 거래방식	11) 구매방법	12) 가격결정
13) 상품진열 범위	14) 팩케징・포장	15) Store Layout

16) Display　　　　　17) 판매이벤트　　　　18) 광고방법
19) 접객　　　　　　 20) Customer Service　21) Tenant Mix
22) Tenant 모집　　　23) Tenant 계약방식　 24) 임대료관리
25) 인재개발　　　　 26) 사원교육훈련　　　27) 재고관리
28) 상품배송　　　　 29) Checkouts　　　　 30) 상품보충
31) 문화이벤트　　　 32) 문화교실　　　　　33) POS 시스템
34) POS 시스템의 운영정도　　　　35) 공공요금수납대행서비스

8. 점포관련의 소매기술에 관한 질문입니다. 이하의 소매기술 중에서 貴社가 本社(支社)와 어느정도 유사성이 있습니까?

   평가기준 : 7 = 완전히 틀리다　　6 = 상당히 틀리다　　5 = 약간 틀리다
   　　　　　4 = 중간정도　　　　　3 = 약간 유사하다　　2 = 상당히 유사하다
   　　　　　1 = 완전히 유사하다

   1) 입지선정 기준　　　「　1　　2　　3　　4　　5　　6　　7　」
   2) 점포설계　　　　　 「　1　　2　　3　　4　　5　　6　　7　」
   3) Zoning　　　　　　「　1　　2　　3　　4　　5　　6　　7　」
   4) 내장·장식　　　　 「　1　　2　　3　　4　　5　　6　　7　」
   5) 싸인계획　　　　　 「　1　　2　　3　　4　　5　　6　　7　」
   6) 집기디자인　　　　 「　1　　2　　3　　4　　5　　6　　7　」
   7) 냉장냉동설비　　　 「　1　　2　　3　　4　　5　　6　　7　」

9. 머천다이징관련의 소매기술에 관한 질문입니다. 이하의 소매기술 중에서 貴社가 本社(支社)와 어느정도 유사성이 있습니까?

   평가기준 : 7 = 완전히 틀리다　　6 = 상당히 틀리다　　5 = 약간 틀리다
   　　　　　4 = 중간정도　　　　　3 = 약간 유사하다　　2 = 상당히 유사하다
   　　　　　1 = 완전히 유사하다

   1) 상품개발　　　　　 「　1　　2　　3　　4　　5　　6　　7　」
   2) 상품선정　　　　　 「　1　　2　　3　　4　　5　　6　　7　」
   3) 거래방식　　　　　 「　1　　2　　3　　4　　5　　6　　7　」
   4) 구매방법　　　　　 「　1　　2　　3　　4　　5　　6　　7　」
   5) 가격결정　　　　　 「　1　　2　　3　　4　　5　　6　　7　」
   6) 상품진열 범위　　　「　1　　2　　3　　4　　5　　6　　7　」
   7) 펙케징·포장　　　 「　1　　2　　3　　4　　5　　6　　7　」

8） Store Layout 「 1　 2　 3　 4　 5　 6　 7 」

10. 판매관련의 소매기술에 관한 질문입니다. 이하의 소매기술 중에서 貴社가 本社（支社）와 어느정도 유사성이 있습니까？
　　평가기준： 7＝완전히 틀리다　　6＝상당히 틀리다　　5＝약간 틀리다
　　　　　　　4＝중간정도　　　　3＝약간 유사하다　　2＝상당히 유사하다
　　　　　　　1＝완전히 유사하다

　1） Display 　　　　　　　 「 1　 2　 3　 4　 5　 6　 7 」
　2） 판매이벤트 　　　　　　 「 1　 2　 3　 4　 5　 6　 7 」
　3） 광고방법 　　　　　　　「 1　 2　 3　 4　 5　 6　 7 」
　4） 접객 　　　　　　　　　「 1　 2　 3　 4　 5　 6　 7 」
　5） Customer Service 　　　 「 1　 2　 3　 4　 5　 6　 7 」

11. 임대료관련의 소매기술에 관한 질문입니다. 이하의 소매기술 중에서 貴社가 本社（支社）와 어느정도 유사성이 있습니까？
　　평가기준： 7＝완전히 틀리다　　6＝상당히 틀리다　　5＝약간 틀리다
　　　　　　　4＝중간정도　　　　3＝약간 유사하다　　2＝상당히 유사하다
　　　　　　　1＝완전히 유사하다

　1） Tenant Mix 　　　　　　「 1　 2　 3　 4　 5　 6　 7 」
　2） Tenant 모집 　　　　　 「 1　 2　 3　 4　 5　 6　 7 」
　3） Tenant 계약방식 　　　　「 1　 2　 3　 4　 5　 6　 7 」
　4） 임대료관리 　　　　　　「 1　 2　 3　 4　 5　 6　 7 」

12. 사원교육훈련관련의 기술에 관한 질문입니다. 이하의 소매기술 중에서 貴社가 本社（支社）와 어느정도 유사성이 있습니까？
　　평가기준： 7＝완전히 틀리다　　6＝상당히 틀리다　　5＝약간 틀리다
　　　　　　　4＝중간정도　　　　3＝약간 유사하다　　2＝상당히 유사하다
　　　　　　　1＝완전히 유사하다

　1） 인재개발 　　　　　　　「 1　 2　 3　 4　 5　 6　 7 」
　2） 사원교육훈련 　　　　　「 1　 2　 3　 4　 5　 6　 7 」

13. 보관・물류관련의 소매기술에 관한 질문입니다. 이하의 소매기술 중에서 貴社가 本社（支社）와 어느정도 유사성이 있습니까？

평가기준 : 7 ＝ 완전히 틀리다   6 ＝ 상당히 틀리다   5 ＝ 약간 틀리다
         4 ＝ 중간정도   3 ＝ 약간 유사하다   2 ＝ 상당히 유사하다
         1 ＝ 완전히 유사하다

1) 재고관리   「 1   2   3   4   5   6   7 」
2) 상품배송   「 1   2   3   4   5   6   7 」
3) Checkouts   「 1   2   3   4   5   6   7 」
4) 상품보충   「 1   2   3   4   5   6   7 」

14. 문화사업관련의 소매기술에 관한 질문입니다. 이하의 소매기술 중에서 貴社가 本社 (支社) 와 어느정도 유사성이 있습니까?

평가기준 : 7 ＝ 완전히 틀리다   6 ＝ 상당히 틀리다   5 ＝ 약간 틀리다
         4 ＝ 중간정도   3 ＝ 약간 유사하다   2 ＝ 상당히 유사하다
         1 ＝ 완전히 유사하다

1) 문화이벤트 (전시회등) 「 1   2   3   4   5   6   7 」
2) 문화교실   「 1   2   3   4   5   6   7 」

15. 정보시스템의 소매기술에 관한 질문입니다. 이하의 소매기술 중에서 貴社가 本社 (支社) 와 어느정도 유사성이 있습니까?

평가기준 : 7 ＝ 완전히 틀리다   6 ＝ 상당히 틀리다   5 ＝ 약간 틀리다
         4 ＝ 중간정도   3 ＝ 약간 유사하다   2 ＝ 상당히 유사하다
         1 ＝ 완전히 유사하다

1) POS 시스템   「 1   2   3   4   5   6   7 」
2) POS 시스템의 운영정도   「 1   2   3   4   5   6   7 」
3) 공공요금수납대행서비스 제공 「 1   2   3   4   5   6   7 」

16. 그 밖에 貴社가 本社 (支社) 간에 [유사성] 또는 [상이점]이 있다라고 생각되는 소매기술에 대해서도 기입해 주십시오.
  ・(   )「 1   2   3   4   5   6   7 」

협력해 주셔서 대단히 감사합니다. 貴社의 무궁한 발전을 기원합니다.

关于零售业市场运营技术的国际转移的书卷调查请求

久留米大学商学部

研究代表者：金　亨洙

　　此调查（研究代表者：金　亨洙）是由日本文部省科学研究费的援助而进行的科研项目，是纯粹的学术调查。只用于发表论文，不做他用。对于采访内容，除科研组成员外严守秘密。百忙之中，为了发展学术研究，请给予协助，拜托了。

【关于贵公司的概要】
1）贵公司的业态：1 百货店　2 超级市场　3 便利店　4 大卖场　5 专门店
　　　　　　　　6 其他（　　　　　）　请打圈。
2）贵公司的资本金规模（　　　　　　　　　　　　　　　）
3）从业人员数　　　　（　　　　　　　　　　　　人　）
4）贵公司的设立时期　（　　　　　　　　　　　　年　）
【贵公司名】　　　　　（　　　　　　　　　　　　　　）
【回答者的职务】　　　（　　　　　　　　　　　　　　）

1．最初进入零售业时，是以什么方式进入的？ 以下请打圈。
　　1）海外直接投资　2）连锁加盟　3）合并事业　4）经营管理契约
　　5）企业合并和收购　6）其他（　　　　　　　　　）

　　・最初进入零售业时，有过对海外零售市场进行视察或参加过专门研讨会吗？
　　　　　　　　　　「　1 有　　2 没有　」

　　・最初进入零售业时，在国外零售企业接受过教育吗？
　　　　　　　　　　「　1 有　　2 没有　」

2．贵公司的公司名，总公司和分公司的相似程度如何？以下请打圈
　　　　7＝完全不同　6＝几乎不同　5＝不太相似　4＝都不是
　　　　3＝有点相似　2＝几乎相同　1＝完全相同

小売ノウハウ（技術）の海外移転に関するアンケートのお願い

　　　　理由是什么？（_____
　　　　_____）

3．贵公司的制服，总公司与分公司的相似程度如何？以下以下请打圈
　　　　7＝完全不同　　　6＝几乎不同　　5＝不太相似　　4＝都不是
　　　　3＝有点相似　　　2＝几乎相同　　1＝完全相同
　　　理由是什么？（_____
　　　　_____）

4．贵公司的零售经营理念和政策，总公司和分公司的相似程度如何？以下以下请打圈
　　　　7＝完全不同　　　6＝几乎不同　　5＝不太相似　　4＝都不是
　　　　3＝有点相似　　　2＝几乎相同　　1＝完全相同
　　　理由是什么？（_____
　　　　_____）

5．以下的零售经营手段中，对在贵公司内（总公司，分公司）已经被准则化，图示化，并且电脑程序化的项目请打圈。
　　1）店铺选址的基准　　2）店铺设计　　　　3）地区规划　　　　4）内部装饰
　　5）商品分布标示　　　6）商品设计　　　　7）冷藏．冷冻设备　8）商品开发
　　9）商品选定　　　　　10）交易规则　　　　11）进货方法　　　 12）定价方法
　　13）备货的范围　　　 14）事先包装　　　　15）店内配置　　　 16）陈列展示
　　17）促销活动　　　　 18）广告方法　　　　19）待客　　　　　 20）售后服务
　　21）租赁方法　　　　 22）招商　　　　　　23）招商契约　　　 24）租金管理
　　25）人才开发　　　　 26）职员的教育训练　27）在库管理　　　 28）商品配送
　　29）结账　　　　　　 30）商品补充　　　　31）文化交流活动　 32）文化教室
　　33）销售信息管理系统（pos）　　　　　　　34）销售信息管理系统的运营程度
　　35）代收公共费用服务的提供

6．以下的零售经营手段中，在贵公司的总公司和分公司之间相似程度较高的请选7项。
　　1）店铺选址的基准　　2）店铺设计　　　　3）地区规划　　　　4）内部装饰
　　5）商品分布标示　　　6）商品设计　　　　7）冷藏．冷冻设备　8）商品开发

9）商品选定　　　10）交易规则　　　11）进货方法　　　12）定价方法
13）备货的范围　　14）事先包装　　　15）店内配置　　　16）陈列展示
17）促销活动　　　18）广告方法　　　19）待客　　　　　20）售后服务
21）租赁方法　　　22）招商　　　　　23）招商契约　　　24）租金管理
25）人才开发　　　26）职员的教育训练　27）在库管理　　　28）商品配送
29）结账　　　　　30）商品补充　　　31）文化交流活动　32）文化教室
33）销售信息管理系统（pos）　　　　34）销售信息管理系统的运营程度
35）代收公共费用服务的提供

7．以下的零售经营手段中，在贵公司的总公司和分公司之间相似程度较低的请选 7 项。

1）店铺选址的基准　2）店铺设计　　3）地区规划　　4）内部装饰
5）商品分布标示　　6）商品设计　　7）冷藏.冷冻设备　8）商品开发
9）商品选定　　　10）交易规则　　　11）进货方法　　　12）定价方法
13）备货的范围　　14）事先包装　　　15）店内配置　　　16）陈列展示
17）促销活动　　　18）广告方法　　　19）待客　　　　　20）售后服务
21）租赁方法　　　22）招商　　　　　23）招商契约　　　24）租金管理
25）人才开发　　　26）职员的教育训练　27）在库管理　　　28）商品配送
29）结账　　　　　30）商品补充　　　31）文化交流活动　32）文化教室
33）销售信息管理系统（pos）　　　　34）销售信息管理系统的运营程度
35）代收公共费用服务的提供

8．在以下的与店铺相关的经营手段中，总公司和分公司的相似程度如何？
　　　评价基准：7＝完全不同　6＝几乎不同　5＝不太相似　4＝都不是
　　　　　　　　3＝有点相似　2＝几乎相同　1＝完全相同

1）店铺选址的基准　「　1　　2　　3　　4　　5　　6　　7　」
2）店铺设计　　　　「　1　　2　　3　　4　　5　　6　　7　」
3）地区规划　　　　「　1　　2　　3　　4　　5　　6　　7　」
4）内部装饰　　　　「　1　　2　　3　　4　　5　　6　　7　」
5）商品分布标示　　「　1　　2　　3　　4　　5　　6　　7　」
6）商品设计　　　　「　1　　2　　3　　4　　5　　6　　7　」
7）冷藏.冷冻设备　「　1　　2　　3　　4　　5　　6　　7　」

9. 在以下的与商品开发相关的手段中，总公司和分公司的相似程度如何？
　　评价基准：7＝完全不同　6＝几乎不同　5＝不太相似　4＝都不是
　　　　　　　3＝有点相似　2＝几乎相同　1＝完全相同
　1）商品开发　　　　「　1　　2　　3　　4　　5　　6　　7　」
　2）商品选定　　　　「　1　　2　　3　　4　　5　　6　　7　」
　3）交易规则　　　　「　1　　2　　3　　4　　5　　6　　7　」
　4）进货方法　　　　「　1　　2　　3　　4　　5　　6　　7　」
　5）定价方法　　　　「　1　　2　　3　　4　　5　　6　　7　」
　6）备货的范围　　　「　1　　2　　3　　4　　5　　6　　7　」
　7）事先包装　　　　「　1　　2　　3　　4　　5　　6　　7　」
　8）店内配置　　　　「　1　　2　　3　　4　　5　　6　　7　」

10. 在以下的促销手段中，总公司和分公司的相似程度如何？
　　评价基准：7＝完全不同　6＝几乎不同　5＝不太相似　4＝都不是
　　　　　　　3＝有点相似　2＝几乎相同　1＝完全相同
　1）陈列展示　　　　「　1　　2　　3　　4　　5　　6　　7　」
　2）促销活动　　　　「　1　　2　　3　　4　　5　　6　　7　」
　3）广告方法　　　　「　1　　2　　3　　4　　5　　6　　7　」
　4）待客　　　　　　「　1　　2　　3　　4　　5　　6　　7　」
　5）售后服务　　　　「　1　　2　　3　　4　　5　　6　　7　」

11. 在以下的租赁管理手段中，总公司和分公司的相似程度如何？
　　评价基准：7＝完全不同　6＝几乎不同　5＝不太相似　4＝都不是
　　　　　　　3＝有点相似　2＝几乎相同　1＝完全相同
　1）租赁方法　　　　「　1　　2　　3　　4　　5　　6　　7　」
　2）招商　　　　　　「　1　　2　　3　　4　　5　　6　　7　」
　3）招商契约　　　　「　1　　2　　3　　4　　5　　6　　7　」
　4）租金管理　　　　「　1　　2　　3　　4　　5　　6　　7　」

12. 在以下的教育管理手段中，总公司和分公司的相似程度如何？
　　评价基准：7＝完全不同　6＝几乎不同　5＝不太相似　4＝都不是
　　　　　　　3＝有点相似　2＝几乎相同　1＝完全相同
　1）人才开发　　　　「　1　　2　　3　　4　　5　　6　　7　」

2）职员的教育训练　　　　「　1　　2　　3　　4　　5　　6　　7　」

13. 在以下的物流关联管理手段中，总公司和分公司的相似程度如何？
　　　评价基准：7＝完全不同　6＝几乎不同　5＝不太相似　4＝都不是
　　　　　　　　3＝有点相似　2＝几乎相同　1＝完全相同
　　1）在库管理　　　　　　「　1　　2　　3　　4　　5　　6　　7　」
　　2）商品配送　　　　　　「　1　　2　　3　　4　　5　　6　　7　」
　　3）结帐　　　　　　　　「　1　　2　　3　　4　　5　　6　　7　」
　　4）商品补充　　　　　　「　1　　2　　3　　4　　5　　6　　7　」

14. 在以下的文化事业运营手段中，总公司和分公司的相似程度如何？
　　　评价基准：7＝完全不同　6＝几乎不同　5＝不太相似　4＝都不是
　　　　　　　　3＝有点相似　2＝几乎相同　1＝完全相同
　　1）文化交流活动（展览会等）「　1　　2　　3　　4　　5　　6　　7　」
　　2）文化教室　　　　　　「　1　　2　　3　　4　　5　　6　　7　」

15. 在以下信息系统管理手段中，总公司和分公司的相似程度如何？
　　　评价基准：7＝完全不同　6＝几乎不同　5＝不太相似　4＝都不是
　　　　　　　　3＝有点相似　2＝几乎相同　1＝完全相同
　　1）销售信息管理系统（pos）「　1　　2　　3　　4　　5　　6　　7　」
　　2）销售信息管理系统的运营程度「　1　　2　　3　　4　　5　　6　　7　」
　　3）代收公共费用服务的提供「　1　　2　　3　　4　　5　　6　　7　」

16. 除了以上的管理手段之外，总公司和分公司之间如果还有类似点的话，请记录。
　　　评价基准：7＝完全不同　6＝几乎不同　5＝不太相似　4＝都不是
　　　　　　　　3＝有点相似　2＝几乎相同　1＝完全相同
　　・（　　　　　　　　　　）「　1　　2　　3　　4　　5　　6　　7　」
　　・（　　　　　　　　　　）「　1　　2　　3　　4　　5　　6　　7　」

多谢协助，谨祝贵公司生意兴隆！

和文人名・事項索引

ア行

ICC (International Chamber of Commerce) 89
アイデンティティー 37
アウトレット 168
青木均 66, 78, 84, 85
アコーディオン理論 51, 53, 54
アジア小売市場 197, 207
渥美俊一 168
アフターサービス 99, 115
安部昇 169
アメリカ型 76
　──コンビニエンスストア 76, 126, 129, 143, 144
　──ディスカウントストア 169, 170
アメリカナイゼーション (Americanization) 76
アメリカ流通概要資料集 135
安保哲夫 76
R&D (research and development) 29
アローワンス 172
アンケート調査 107, 185
アンチトラスト法 29
池尾恭一 62
板垣博 77
ERA (European Retail Alliance) 36
EMD (European Marketing and Distribution) 34
ECR (efficient consumer response) 28
一般化理論 ⅱ, 7, 17, 18, 21, 24, 27, 207
　──の枠組み 207
EDI (electronic data interchange) 28
EDLP (Every Day Low Price) 166, 169, 170, 171, 180
移転分布図 154, 189
移転モード 69, 70, 71, 72, 84
移転論 4, 66
　──型「小売の輪」 4, 69
　──型「小売の輪」の理論的枠組み 66, 67
移動コスト (travel cost) 82, 83
伊藤呉服店 61
移動と関係ないコスト (non-travel cost) 82
イノベーション 49, 54
Eマート 175, 178, 179
衣類雑貨百貨店 60
インタビュー調査 107, 185
インフォーマル移転 11, 108
インフラストラクチャー 79, 80, 81, 83, 100
植木元英 76
ウェアハウスストア 184
ウォルマート 177
渦原実男 78, 168
内なる国際化 15
AI移転 146, 148
AI (Accelerated Inventory Management) システム 136
AMS (Associated Marketing Service) 34, 36
営業権取得 (concessions) 70
SEED 38
SED 34
Sainsbury 38
　──の戦略的提携のネットワーク 39
SAL移転 146, 148
SSDDS (self service discount department store) 166
SPA (Specialty store retail of Private Apparel : 自社ブランド商品の小売業) 174
Nisa 38
江原淳 79
M&A 108
黄江明 141
欧米型 207
　──小売企業 175, 197

和文人名・事項索引　227

──ディスカウントストア　5, 6, 165, 170, 172, 173, 174, 185, 189, 195, 197, 207
応用と革新（Adapt & Innovate）　146
大型店舗出店規制策　173
岡本康雄　77
小川孔輔　145, 148
オセジョ　180
オフプライスストア　166, 168
オ・ボン・マルシェ　60, 61

カ行

会員制ホールセール・クラブ　183
海外移転　1, 2, 91
海外視察（observation）　83
海外直接投資（FDI）　84, 108
開発輸入　23, 50, 174
外部効果　79, 80
外部的環境　13, 16, 100
価格破壊　53, 55, 64
格上げ（trading up）　53
革新的小売業態　60, 64, 67, 68
拡張型『小売の輪』　67
格付け（grading）　80, 97
家族経営　13
ガソリンスタンド系コンビニエンスストア　135
カテゴリー・キラー　166
カテゴリー・レビュー・プロセス　172
加藤司　79
カルフール（Carrefour）　72, 177
川上志向　47
川下志向　47
川端基夫　9, 12, 17, 23, 25, 26, 78
環境的理論　51, 57, 59
関係の戦略性　30
関係の対等性　30
関係の長期化　30
韓国　106
　　──系ディスカウントストア　180
　　──小売構造の特徴　133
　　──スーパーチェーン協会　178
　　──ディスカウントストア　175
　　──の小売市場の自由化　130
　　──のコンビニエンスストア市場　139, 140

──百貨店協会　134
──マーケティング研究院　134
完全買収　38
管理依存型　2, 78, 154, 189
　　──小売ノウハウ　91, 96, 99, 101, 149, 154, 162, 196, 206
管理運営依存（operational dependency）　80
管理的技術（managerial technologies）　89
管理的側面（managerial dimension）　89
危機－変化モデル　51, 55, 56
企業間の情報共有　29
企業内外の諸組織　92
木地節郎　47, 48
来住元朗　50, 61
技術依存型　2, 78, 154, 186
　　──小売ノウハウ　90, 96, 99, 101, 149, 154, 162, 196, 206
技術移転形態　85
技術的側面（technical dimension）　89
既存研究の課題　25
機能的戦略提携　30
機能の統合化　126
紀ノ国屋　63
規模の経済　79, 80, 81
キムズ・クラブ　178
キャッシュ・アンド・キャリー方式　177, 184
QR（quick response）　28
教育関連　117, 151, 193, 202
　　──の移転分布図　194
教育関連の小売ノウハウ　157, 193, 205
供給側面　79, 83
　　──の阻害要因　79, 80, 81, 83
業種（kind of business）　47
競争的理論　51, 55
　　──の問題点　59
競争優位性　3, 197
競争優位戦略の源泉　39
業態（type of operation）　47
　　──修正　49
共同仕入れ　32, 35
　　──機構（buying club）　32
共同セールスキャンペーン　32
共同取組　29, 31
業務的コントロール（operating control）

　　　　　88, 89
金亨洙　78
金顕哲　143, 144
協力的関係（co-operative relationships）　31
強力な小売ブランド　16
キング・カレン（King Kullen）　62
近代的小売業態　61, 65
クラスターⅠ　19
クラスターⅡ　20
クラスターⅢ　20
クラスターⅣ　21
グローバリズム　27
グローバル化　9, 10
　——研究　7, 17
　——推進力　23
　——度　21
グローバル競争戦略　3, 6
　——の枠組み　206
グローバル小売競争　ⅰ, 12, 28, 181, 197
グローバル出店政策（global）　18, 19
グローバル戦略　10, 26
　——論　24
グローバル提携戦略　28
　——の成否　39
グローバル・パス　21
グローバル・マーケティング戦略　13
グローバル流通活動　10
経営管理技術の海外移転　2, 78
経営管理的次元　32
経営管理方式　91, 93, 94
　——を規定する三つの要因　91, 92
経営管理メカニズム　16
経営技術の移転問題　11
経営資源　12, 31
経営組織の移転　93
計画的移転（planned flow）　83, 84, 145
経済過程　92
経済的・地位不確実性モデル　57
ゲリラ的廉価販売　167
限定的（分散的）出店政策　20
公共料金収納代行サービス　121
攻撃的国際化志向小売企業　19, 20
広告方法　115, 191
高コスト　53

　——・高コントロール戦略　19, 21
公式的小売ノウハウの国際移転　84
公式的な中央事務局　36
公正取引委員会　48
行動基準の型（pattern of conduct）　92
購買力の最大化（maximization of purchasing power）　35
小林隆一　168
合弁事業　108
小売イノベーション　165
小売価格の決定　171
小売革新　61
小売環境の制度的条件　67
小売企業間の競争関係　184
小売企業間の協力関係　31
小売企業間のグローバル戦略的提携　34
　——の類型　34
小売企業のグローバル化　14, 22
　——研究　ⅰ, 4
　——理論　24
小売企業のグローバル戦略　ⅱ, 4, 23, 207
小売企業のグローバル類型化論　26
小売企業の国際化　12
　——戦略　16, 26
小売企業の制度化　32
小売技術の国際移転研究　78
小売機能　78, 85, 86
小売業革新の第1勢力　61
小売業経営動態　135
小売業者大会（convention）　83
小売業セミナー（seminar）　83
小売業対外開放　181
小売業態　48
　——間の競争　68, 178
　——構造　1
　——のイノベーション　50
　——の開発　49
　——の形成　72
　——のコンセプト　49, 64
　——の選択基準　51
　——の存続　59
　——の適応度　59
　——発展　4, 52, 66
　——発展の諸理論仮説　4

――発展論　65
――変化モデル　51
小売経営　49, 86
――技術　10
――方式　98, 168
――理念や政策　109
小売コングロマリット　180
小売コンセプト・哲学（retailing concept & philosophy）　90
小売市場の完全資本自由化　128, 132
小売資本　13
小売選択行動　50
小売組織　11, 88
合理的移転（rational movement）　83
小売ノウハウ　1
――・アイデアの移動・移転（flow of knowhow/ ideas）　11
――間の類似度の格差　154
――の一般化理論　208
――の移転可能性　99
――の移転手段（vehicles of flow）　83, 145
――の移転の格差　189
――の海外移転　1, 2, 3, 78, 79, 96, 101, 106
――の海外移転のモデル　6, 149, 150, 154, 161, 186, 189, 198, 201, 206
――の革新　49
――の属性　5, 107
――の標準化　16
――のマニュアル化・プログラム化　156, 161
――の類似度　107, 151, 185
――を規定する三つの決定要因　150
小売の三つの輪の理論　55, 56
小売の輪　1, 55, 57, 58, 65, 67
――の理論　51, 52, 59, 65
――の理論の特徴　53
小売ブランド　37
小売マーケティング環境　144, 145
小売マーケティング技術　96
小売マーケティング戦略　54, 106
小売ミックス戦略　98
小売ライフ・サイクル理論　51, 53, 54
子会社のアイデンティティーを生かす支配的株所有または完全買収　38

顧客の地理的吸引の範囲　123
顧客満足　50
――提供の基本属性　12
国際化　9
国際競争（foreign competition）　11
国際的移転　10, 66
国際的ソーシング（international sourcing）　11
国際的提携（international alliances）　11
国際的取引関係　10
国際マーケティング行動　1
国際マーケティング論　25
国内完結型　11
国内市場の飽和化　13
コスト・経営管理レベル　18
コスト・効用分析（cost-benefit analysis）　81
コストコ社　177
コスト優位　30
呉服商　61
コ・マーケティング協定（co-marketing agreements）　36, 38
コミュニケーション方法　98
コラボレーション（collaboration）　29
コーロン　133
コンビニエンスストア　107
――の小売ノウハウ　148
――のコンセプト　127
――の成立　126
――の定義　133, 134, 145
――の類似度　151, 202
――・マニュアル　129

サ行

サイクル　88
――論　53
在庫管理　118, 136, 194
最低価格保証（low price guarantee）　170, 172
細分化　184
採用と模倣（Adopt & Imitate）　146
在来型コンビニエンスストア　135, 136
在来市場　65
サウスランド・アイス社　126

230　和文人名・事項索引

サウスランド社の再建　144
坂川裕司　51
佐藤肇　60
佐藤善信　12
サービス・アピール型革新　49
サプライ・チェーン　21
差別化　30, 48, 52, 69
差別的優位性　55, 68
サムズクラブ　175
産業の標準化　29
参入戦略　182
三豊スーパーマーケット　64
仕入れ（buying）　34
仕入技術　87
仕入・在庫　98
仕入手法　190
仕入れ政策　167, 172
自主マーチャンダイジング　167
自然淘汰・適応行動　57
実証研究　106
シナジー効果　32
品揃え戦略　26
品揃えの範囲と内容　113, 190
支配的持分株所有（majority controlling interest）　38
支払い業務　88
資本参加型提携（equity participating alliances）　36
資本自由化　176
資本の国際化　12
清水滋　86, 96
社員の教育訓練　118, 193
社会的格付（social ranking）　92
社会・文化的差異（sociocultural variations）　21
尺度A　107
尺度B　107
ジャパンナイゼーション（Japanization）　76, 130, 143
社名（商標）　109, 151
上海可的便利有限公司（可的）　142
上海華聯便利商業有限公司（華聯羅森）　142
上海好徳便利有限公司（好徳）　142
上海良友連鎖経営有限公司（良友）　142

周期的循環　57
什器デザイン　111
自由形態企業（free-form corporation）　180
習熟と創発（Adept & Invent）　147
集中的出店政策（concentrated Internationalization）　18
柔軟な価格設定　170, 171
周辺品揃え　26
収斂化　160
出店行動　21, 22
需要側面　79, 81, 83
──の阻害要因　83
循環的理論　51, 53, 54, 58
ジョイント・ベンチャー　37, 70, 72, 84
商業統計表業態別統計編（小売業）　137
商業の国際化　12
消極的段階（Reluctance）　15
商圏（trading areas）　64, 123, 205
少数持分株（minority equity stake）　37
消費起点型流通システム　28
消費者行動　48, 57
消費者志向的分類　48
消費者のライフスタイル　57
商標化（branding）　80
商品アイテムの拡充　136
商品開発・メーカー　113, 190
商品供給連鎖　30
商品計画　86
商品構成　135
商品・サービス構成　98
商品選定　113, 190, 191
商品調達　10, 21, 22, 23, 63
商品の国際化　11
商品の多角化　126
商品の標準化　26
商品のプリパッケージング（prepackaging）　80
商品配送　118
商品配達　194
商品補充　99, 118, 192, 194
商品ラインの専門化　126
情報技術提供諮問　108
情報システム　183
──関連　121, 122, 151, 202

――関連の小売ノウハウ　161, 195, 205
上流階層（the affluent classes）　101
植民地型小売企業　7
ショッピングセンター時代　54
所有特殊的優位（ownership-specific advantage）　16
白石善章　168, 173
白木屋　8
進化モデル　57
真空地帯理論　51, 53
シンクロナイズ　10, 26
人材開発　118, 193
新商品開発　140
新世界百貨店　61, 175
慎重な国際化志向小売企業　19
眞露　133
垂直的提携　30, 31
スイッチング　81
水平的拡大（horizontal extension）　84
水平的提携　30, 31
スケールメリット追求型小売経営　165
図示化　96
鈴木孝　48
鈴木安昭　11, 106
スチュアート　165
ストアレイアウト　98, 113, 190, 191
スパー（SPAR）　34
スーパー・センター　166, 168, 175, 183
スーパーマーケット　62, 165
スロッティング・アローアンス　172
生活維持型小売業　133
生産設備・生産技術の移転　91, 93
製造業の機能　96
制度的環境条件　4, 60
製販同盟　29
製品の同質化　13
接客　115, 192
――販売技術　86
絶対依存（ultimate dependency）　80
折衷論　16
ゼネラル・ストア　54, 126
セーフウェイ・コーポレーション（Safeway Corporation）　72
セブン-イレブン　126, 137
――・ジャパン　134
狭い商品ライン　54
セールス・プロモーション　86, 88
セルフ・サービス　56, 62, 79, 97, 173
――方式　134, 145, 171
選好分布曲線　65
潜在的なシナジー　36
セントラル・キッチンの建設　136
全米コンビニエンスストア協会　133
専門型ディスカウントストア　167, 168, 169, 173, 174, 177
専門的技術の共有（expertise exchange）　34
専門店　126
戦略的提携　28, 29, 30
――の定義　30
戦略的マーケティング　29
総合型ディスカウントストア　167, 168, 174, 176
総合スーパー　55, 64
倉庫型店舗　175
そごう呉服店　61

タ行

組織形態　47
組織マネジメント　88
ソフト技術（soft technology）　91
損益分岐点　169
第1次外資系小売企業の参入ブーム　176
ダイエー　64
大韓商工会議所　135
第3次外資系小売企業の参入ブーム　177
大象流通　133
大胆な国際化志向小売企業　19
大店舗規制　8
第2次外資系小売企業の参入ブーム　176
ダイバーティング　172
大丸　8
――呉服店　61
タイムラグ利用型グローバル　22, 23
大量仕入れ　60
大量販売　60, 165
高島屋　8
――呉服店　61
高橋由明　4, 77, 78, 91, 93, 94, 97, 100, 120, 160

TAKAHASHI モデル　4, 95, 101
竹田志郎　32
多国籍化　9
　　──政策　19
多国籍出店　19
　　──政策（multinational）　18, 21
田島義博　27, 61
多店舗化　169
田中道夫　49
多頻度少量購入　82
ターミナル百貨店　61
単純グローバル　22
　　──に向かう道（グローバル・パス）　21
単純ドメスティック　21, 22
段取り換え（セッティング・アップ）技術　93
断片・一時（snapshot）的提携　34
地域開発計画（Plan Unit Development）　135
チェックアウト　118, 194
チェーンオペレーション　167, 173
チェーンストア　165
チェーン理論　64
注意深い段階（Caution）　15
中央事務局　36
　　──のある提携（alliances with central secretariats）　36
中国　106
　　──新技術投資創業公司（CVIC）　181
　　──におけるコンビニエンスストア　141
　　──のディスカウントストア市場　181, 183, 184
中コスト・コントロール　18
丁字屋　62
調整理論　57, 58
直接投資　16
　　──論　25
地理的出店度合　18, 21
地理的側面　14
賃金・昇進システム　94
賃貸管理　117, 192
賃貸関連　116, 122
　　──の移転分布図　193
　　──の小売ノウハウ　192, 205
通商産業大臣官房調査統計部　134

通信販売　165
DIY（Do It Yourself）　38
出家健治　143
低価格　52, 68, 69, 165
　　──アピール型革新　49
　　──参入　65
　　──志向小売業態　179
　　──政策　170
　　──戦略プログラム　172
提携形態　34
提携対提携　39
提携内の提携（alliances within alliances）　34
低コスト　53
　　──・コントロール　18
定式化　95
低所得層（low-income neighborhoods）　101
ディスカウントストア　107
　　──型小売業態　166, 167
　　──の移転分布図　204
　　──の類似度　185, 204
ディスカウント政策　136
ディスカウント・ハウス　166, 167
低ステイタス　52, 67, 69
ディスプレイ　115, 192
TPR（Temporary Price Reduction）　171, 172
低マージン　52, 53, 67, 69
ディール・バイイング　172
適応化　ii, 5, 9, 24, 26, 27, 70, 102, 151, 162, 185, 198, 202, 204
　　──戦略　4, 162, 181, 197, 198, 206
適応行動理論　51
適応プロセス　97, 99, 102, 157, 160, 161, 196, 201
適用化　ii, 4, 70, 102, 162, 186, 198, 202, 204, 205
　　──戦略　162, 206
適用度　151
　　──の高い　186
適用プロセス　98, 99, 102, 155, 156, 157, 158, 190, 196, 201
テナント契約方式　117, 192, 193
テナント募集　117, 192

テナントミックス　117, 192
店頭品揃えの最適化　30
伝統的小売商の反発　79, 81
店舗オペレーション　88, 149
店舗関連　111, 122, 151, 155, 189, 202
　　――の移転　155
　　――の移転分布図　189
　　――の小売ノウハウ　189, 202
店舗内在庫のスリム化　144
東亜百貨店　62
動機研究　16, 17
統合的研究　14
東洋マート　133
東横百貨店（現在の東急百貨店）　61
独立的展開（Self-Start Entry）　70
都心型コンビニエンスストア　135
都心百貨店　61
富の分布　57
ドメスティック産業　9, 66, 77
ドメスティック志向型グローバル化　22
ドラッグストア　71
鳥羽欽一郎　89
取引環境（trading environments）　19
取引組織体（trade bodies）　35
取引ルール　113, 189, 190
トレード・オフ　94, 99, 101, 162
　　――関係　91, 196, 206

ナ行

内在化　98, 99, 149, 154
内部化優位（internalization advantage）　16
内部的環境要因　100
内部投資　15
中川敬一郎　92
中村久人　32
ナショナル・ブランド（NB）　82
7点尺度　107
二極化　157, 191
二重構造　61
二層小売構造　133
日本型　76, 207
　　――コンビニエンスストア　5, 6, 130, 143, 144, 145, 148, 150, 207
　　――コンビニエンスストアの移転　149, 161

　　――コンビニエンスストアの特徴　144
　　――マーケティング　76
　　――流通システム　76
日本小売業協会　48
日本的経営管理・生産システム　106
日本的マーケティング革新　146
日本のコンビニエンスストアの第1号店　128
ニュー・ソウル・スーパーマーケット　64
ネイバーフッド　175, 183
値決め手法　190, 191

ハ行

買回品　60
買収（Acquisition）　70
ハイパーマーケット　170
High-Low価格　172
薄利多売　60, 126
バーコード・スキャナー　182
バックホール・アローアンス　172
バッタ屋ルート　173
発注業務　136
ハード技術（hard technology）　91
ハナロ・クラブ　180
パフォーマンス・アローアンス　172
林廣茂　145, 148
バラエティストア　71
原田保　10
パワーセンター　166, 168
販売イベント　115, 191
販売関連　115, 151, 202
　　――の移転分布図　192
　　――の小売ノウハウ　157, 191, 202, 205
販売促進的低価格政策　170, 172
ヒエラルキー　35
POS（point of sale）　28
東アジア流通市場　201
非計画的移転（unplanned flow）　83, 145, 148
BGS　34
ビジネスモデル　12
PB（Private Brend）　32
　　――商品開発　167
　　――の商品構成　170
百貨店　60, 65

──の小売ノウハウ　60
──の誕生・移転　60
標準化 (standardization)　ⅱ, 9, 26, 27, 80, 97, 162, 198, 205
　──概念　25
　──戦略　4, 145, 197
　──適応化戦略　18
　──適応化の問題　26, 27
　──適応化の論争　9
　──適応化問題　25
標準小売価格　167
平田百貨店　62
ファクトリー・アウトレット　166
和信百貨店　62
ファミリーマート　137
フィルター構造　23
　──論　23, 27
フィルター要素　27
フォーマル移転　11, 108
フォワード・バイイング　172
不完全適応プロセス　98, 100, 102, 155, 197, 201, 202
不完全適用プロセス　97, 99, 102, 196, 201
複合型小売業態　50
複合的提携戦略 (multiple alliance strategies)　38
複線的グローバル・パス　22
普光　133
福田順子　170
プッシュ要因　145, 176
物的技術と関連する設備 (equipment)　89
ブティック時代　54
部分的適応化戦略　162, 198, 206, 207
部分的適用化戦略　162, 198, 206, 207
部分的適用プロセス　157, 158, 161, 189
部分的買収・持分株参加 (partial acquisition and equity participation)　37
プライス・クラブ　178
プライベート・ブランド (PB)　140
フランチャイジング　70, 84
フランチャイズ契約　71, 108
フランチャイズ・システム　21, 71
フランチャイズ方式　128, 129, 130, 143
ブランディング (branding)　34

ブランドネーム　99
プリパッケージング (prepackaging)　97, 113, 190, 191
プル要因　145, 174, 176
フルライン化　169
フレッシュ食品　136
プログラム化　93, 94, 95, 96, 154, 196
プログレッシブ・グローサー　134
プロダクション・プロセス　76
プロダクト・マーケティング (product marketing)　34
プロモーション力　10
文化構造　92, 120, 160
文化事業関連　120, 122, 151, 202
　──の小売ノウハウ　194, 204, 205
　──の小売ノウハウの移転　160
分散的出店政策 (dispersed Internationalization)　18, 19
平面空間　95, 149
ベネトン (Benetton)　71
弁証法仮説 (Dialectic Hypothesis)　55
包括的戦略提携　30
保管・物流関連　118, 122, 151, 202
　──の移転分布図　195
　──の小売ノウハウ　193, 203, 205
　──の小売ノウハウの移転　158
ポジショニング　53
POS　182
　──システム　80, 121, 136, 195
　──システムの運営程度　121, 195
ボディショップ (Body Shop)　71
ポートフォリオ　19
ボランタリー・チェーン　31, 32, 128
ボランタリー方式　128, 130, 143

マ行

毎日配送システム（デイリー・プログラムの採用）　136
マグネット　178
マーケティング移転　145
マーケティング慣行　77
マーケティング技術　76, 77, 88, 146
マーケティング計画樹立技術　86
マーケティング情報収集分析技術　86

マーケティング政策・戦略　3, 19, 89
マーケティングミックス　25, 26
マージャ・フィールド　60
マス・コミュニケーション　80
マス・マーチャンダイジング　79, 80
マーチャンダイジング（merchandising）
　　　86, 88, 149
　――関連　113, 122, 151, 202
　――関連の移転分布図　191
　――関連の小売ノウハウ　189, 204
　――機能　88
　――計画　89, 127
　――の調達（the procurement of merchandise）　35
松屋呉服店　61
マニュアル化　93, 94, 95, 96, 98, 154, 196
マネジメント　85
　――契約（management contracts）　84
　――・コントロール（management control）　88, 89
マルチ・フォーマット（多業態）　183
三浦信　86, 88
三越呉服店　61, 62
三星テスコ　179
三家英治　47
宮下正房　174
ミニ・スーパーマーケット　81
三村優美子　30
向山雅夫　9, 11, 16, 17, 21, 22, 25, 26, 197
メーシーズ　60, 165
メトロ　177
モータリゼーション　64, 82

ヤ行

野心的段階（Ambition）　15
安く売れる仕組み　168
安室憲一　76
矢作敏行　11, 30
ユニフォーム　99, 109, 151
緩やかな提携（loose affiliations）　35

よろず屋　50

ラ行

ライセンシング　70
立地特殊的優位（location-specific advantage）　16
利便性　49, 82
リミテッドライン　169
流通　1
　――企業　13
　――企業の国際化　13
　――経済研究所　134
　――コスト（distribution cost）　82
　――システム　10, 27, 30
　――支配力　167
　――チャンネル　80
　――チャンネルの短縮　81
　――のグローバル化　27
理論的枠組み　2, 21, 23
ルーティン化された技術　93
ルーブル（Louvre）　61
冷蔵・冷凍設備　111
冷凍システム（cold chain）　80
聯華　142
連合（coalition）　29
労働組合　94
労働資本の代替化　79
労働節約（labor saving）　81
ロケーション選定の基準　98
ローコスト・オペレーション　165, 166, 167, 168, 169, 170, 171, 174
ローコスト経営　168, 169, 170
ローソン　137
ロッテ・マート　179

ワ行

ワナメーカー　60
ワールド・パワー志向小売企業　21
ワン・ストップ・ショッピング　49, 60, 82

欧文人名索引

Akehurst 25
Alderson 57, 58
Alexander 10, 25
Anderson 36
Blumle 14
Bowersox 30
Brand 53
Briw 14
Brown 51
Bruine 14
Bucklin 36, 57, 89
Bunce 14
Burt 14, 15, 16
Clarke-Hill 28, 30, 31, 34
Cravens 31
Cundiff 100
Cunningham 29, 101
Davidson 54
Davidson, Bates and Bass 51
Davies 13, 14
Dawson 31
Deiderik and Dodge 51
Dunning 16
El-Ansary 54, 55
Enrico Colla 12
Exstein 14
Ferkauf 166
Gist 51, 55
Goldman 78, 79, 101
Harrigan 37
Ho 78
Hollander 14, 51, 53
Isalla 101
Izraeli 51, 55
Kacker 14, 78, 79, 83, 145, 147
Kanter 31
Lau 78, 101
Laulajainen 14

Li 100
Lo 100, 101
Maronick 59
Mason 55
May 58
McGoldrick 11, 13
McNair 51, 52, 58, 67
McNair & May 57
Moore 101
Narus 36
Nielsen 51, 53, 54, 59
Okochi 100
Paiz 101
Pellegrini 14
Pellegrini and Dawson 16
Regan 54
Robinson and Clarke-Hill 28, 30, 31, 34, 38
Rogers 72
Salmon 13, 14, 26
Salmon and Tordjman 16
Sengupta 36
Shaw 31
Shimokawa 100
Sin 78
Stern and El-Ansary 51, 54, 55
Tomas 57
Tordjman 13, 14, 26
Treadgold 14, 15, 18, 19
Varadarajan 29
Walker 59
Weitzman 14
William 101
Williams 16
Wrigley 14
Yau 100
Yoshino 14, 16, 100

初出論文一覧

本書は，以下の諸論文に基づいて構成されており，それぞれ大幅な加筆・修正がなされている。

序　章　書き下ろし。
第1章　「小売企業のグローバル戦略の一般化理論に関する研究」久留米大学商学会『久留米大学商学研究』第12巻3号，2006年12月。
　　　　補節：「小売企業間のグローバル戦略的提携に関する研究」久留米大学商学会『久留米大学商学研究』第9巻3号，2003年12月。
第2章　前半：「小売業態の概念と小売業態に関する諸理論仮説の再検討」中央大学商学研究科『大学院研究年報』第26号，1997年2月。
　　　　後半：「『移転論』からの小売業態発展の理論的枠組みを求めて」久留米大学商学会『久留米大学商学研究』第11巻4号，2006年3月。
第3章　前半：「小売業の国際化の概念と小売ノウハウの国際的移動の一考察」中央大学『中央大学企業研究所年報』第19号，1998年7月。
　　　　後半："Transferability of Retail Marketing Technology into Overseas Retailers : Theoretical Perspective", Institute of Comparative Studies of International Cultures and Societies, No.34 January, 2005.
　　　　「海外小売企業における小売ノウハウ（技術）の移転可能性に関するモデル化―製造企業との比較の視点から―」久留米大学商学会『久留米大学商学研究』第8巻2号，2002年12月。
第4章　書き下ろし。
第5章　前半：「海外コンビニエンスストア産業における小売技術の国際移転に関する一考察」久留米大学商学会『久留米大学商学研究』第11巻1号，2005年6月。
　　　　後半：「日本型コンビニエンスストアの移転と戦略に関する研究―韓国と中国の実証調査を中心に―」久留米大学商学会『久留米大学商学研究』第13巻1号，2007年6月。
第6章　前半：「東アジアのディスカウントストア産業における欧米型小売技術（ノウハウ）の国際移転・戦略に関する考察」久留米大学商学会『久留米大学商学研究』第12巻1号，2006年7月。
　　　　後半：「欧米型ディスカウントストアの競争戦略に関する研究―韓国と

　　　　　　　中国の海外移転の視点から―」久留米大学商学会『久留米大学商
　　　　　　　学研究』第 13 巻 1 号，2007 年 6 月。
結　章　書き下ろし。

著者略歴

金　亨洙（キム　ヒョンス）

韓国生まれ
1990年　韓国仁川大学卒業
1994年　中央大学大学院商学研究科修士課程修了
1999年　中央大学大学院商学研究科博士課程修了（商学博士）
2000年　中央大学商学部非常勤講師
2001年　久留米大学商学部専任講師
2002年　久留米大学商学部准教授，現在に至る。
専攻分野　マーケティング論・国際マーケティング論・国際流通論

小売企業のグローバル戦略と移転
──小売ノウハウの海外移転の理論と実証──

2008年3月31日　第1版第1刷発行　　　　　　　　　検印省略
2017年3月31日　第1版第3刷発行

著　者　　金　　　亨　洙

発行者　　前　　野　　　隆

発行所　　株式会社　文　眞　堂
東京都新宿区早稲田鶴巻町533
電話　03（3202）8480
FAX　03（3203）2638
http://www.bunshin-do.co.jp
郵便番号（162-0041）振替00120-2-96437

製作・モリモト印刷
© 2008
定価はカバー裏に表示してあります
ISBN978-4-8309-4607-3　C3034